語文叢書 2 -1

國語學散稿

姜信沆

도서출판 월인

〈語文叢書 2〉 간행에 부쳐

韓國語文教育研究會는 1969년 創立되어 지금에 이르기까지 164회에 걸쳐 學術發表會와 講演會를 해왔습니다. 38년 동안 한 해에 4회 이상씩 연구발표회를 지속해 온 것입니다. 참고로 말씀드린다면 1회 강연회에선 一石 李熙昇 선생님과 蘭汀 南廣祐 선생님께서 '한글 전용과 漢字·漢文 教育'에 대해 발표하셨는데, 그 내용은 國漢文混用과 漢字教育을 통해서 國語의 傳統性을 회복하고 우리의 傳統文化를 繼承 發展시켜야 된다는 것이었습니다. 先學들의 일평생에 걸친 우리 말과 글, 국어국문학에 대한 熱情은 우리 學會의 內實있는 結果物로 나타났습니다. 季刊으로 發行되는 <語文研究>는 國語國文學 分野에서 名實相符한 가장 권위있는 學術誌로서 134號까지 발간되었습니다. 또 <語文研究>에 실린 少壯學者들의 우수 論文을 專功分野別로 선정하여 「語文論文賞」을 시상하고 있습니다. 한편 우리 학회가 주장해온 國漢文混用과 漢字教育을 通한 國語教育의 正常化에 관한 語文運動과 政策에 관한 글들은 月刊 <語文生活>을 통하여 發表되고 있습니다.

韓國語文教育研究會와 社團法人 韓國語文會가 實行해온 固有目的事業은 크게 ① <語文研究> 刊行(年 4號) ② 學術發表會와 學術講演會 開催(年 5回 以上) ③ 月刊 <語文生活> 發行 등입니다. 그런데 이번에 중요한 목적사업이 하나 새로이 기획된 것입니다.

2005년 가을에 한국어문교육연구회의 총무 이사인 南基卓 江原大學校 教授를 위원장으로 語文叢書刊行委員會(朴德裕 仁荷大學校 教授, 方仁泰

서울教育大學校 教授, 崔尙鎭 慶熙大學校 教授, 韓東完 前 西江大學校 教授)를 구성하여 3개년에 걸쳐 편찬사업을 진행하기로 하였습니다. 1차 년도의 작업은 <語文硏究> 1~127호에 실린 어문운동과 어문정책에 관련된 글을 선정하고 각 글마다 간단한 해설을 붙인 것으로서 <語文叢書 [1]-1 國漢文混用論>, <語文叢書 [1]-2 漢字敎育論>의 書名으로 2006년 12월에 출간되었습니다. <어문총서 [1]> 시리즈는 계속해서 해방 이전과 이후의 어문운동과 어문정책에 관한 글들을 수집하여 출판해 나갈 것입니다.

이번에 <語文叢書 [2]> 시리즈로 發刊되는 책들은 國語國文學界의 碩學들의 原稿를 편찬하는 것입니다. 이 시리즈의 첫 번째 책은 제4대 한국어문교육연구회 회장을 역임하시고 사단법인 한국어문회 부이사장이신 姜信沆 선생님께서 玉稿를 주셔서 <語文叢書 [2]-1 國語學散稿>라는 書名으로 출간하게 되었으며, 두 번째로는 조대 국립국어연구원장을 지내신 故 安秉禧 서울대 명예 교수의 原稿를 출판하기로 계획되어 있습니다.

앞으로 <語文叢書 [2]> 시리즈의 출판 작업은 한국어문교육연구회의 固有目的事業으로 지속적으로 추진될 것이며 國語國文學 各分野에 걸쳐 학문적으로 권위있고 훌륭한 책들을 發刊하여 韓國學과 韓國文化의 發展을 위해 寄與할 것입니다.

人文學이 설 곳을 잃어버린 현 시점에서 인문학 중에서도 가장 중요한 國語國文學 硏究에 매진하는 여러분들에게 존경하는 마음을 전하며 學問的으로 큰 業績을 이루기를 祈願합니다.

2007年 2月 20日

韓國語文敎育硏究會 會長 金 勳

머리말

이 책에 수록된 글들은 韓國語文教育研究會에서 企劃하고 있는 語文叢書의 一部로 刊行되기 위하여 마련된 것이다.

이 책에는 拙著, 『수정증보 訓民正音研究』(2003.4.25, 成大出版部)와 『韓漢音韻史研究』(2003.10.25, 太學社)에 收錄되지 않은 論文들을 모았다. 따라서 內容上으로는 國語史, 國語學史, 方言 分野에 걸쳐 있으며, 時期的으로도 1979年부터 2006年 사이에 쓴 글들이 수록되어 있다.

모든 論文은 아무리 自信있게 썼다고 自負하는 글이라고 하더라도 觀點을 달리하고 새로운 資料를 補完한 同學들에 의하여 辛辣하게 批判을 받게 마련이다. 따라서 여기 收錄된 글들도, '安東方言의 文體法'을 비롯하여 '揚雄 『方言』의 燕朝方言' 등에 대하여 異見을 가진 분들이 많을 것이다. 假借없는 叱正을 바라마지 않는 바이다.

끝으로 보잘 것 없는 이 책을 語文叢書의 一部로 수록해 주신 韓國語文教育研究會 관계 여러분과 出版을 맡아 주신 '도서출판 월인' 관계 여러분께 심심한 감사의 말씀을 드린다.

2007年 1月 22日

姜 信 沆

삼가 씀

차례

'正音'에 대하여

1. 조선조의 '正音'

1) '소리'와 글자를 뜻하는 '정음'

세종은 우리 겨레의 고유문자를 만들고 나서 새 글자의 이름을 '훈민정음'이라고 하였다. 그리고 1447년(세종 29)에 번역이 완료된 것으로 여겨지고 있는 국역본『훈민정음』에서는 '훈민정음'을 '百姓 ᄀᆞᄅᆞ치시논 正ᄒᆞᆫ 소리'라고 하였다. 이와 같이 '소리'와 '글자'를 동일시한 글은 1447년의『석보상절』서문에도 나온다.

> 正音은 正ᄒᆞᆫ 소리니 우리나랏 마ᄅᆞᆯ 正히 반ᄃᆞ기 올히 쓰논 그릴씨 일후믈 正音이라 ᄒᆞᄂᆞ니라 … 漢字로 몬져 그를 밍ᄀᆞᆯ오 그를 곧 因ᄒᆞ야 正音으로 밍ᄀᆞᆯ씨 (하략)

1443년(세종 25) 12월조의 조선왕조실록 기사에서는 1일부터 말일까지의 기록을 날짜순으로 차례차례 기술한 다음 제일 끄트머리에서 날짜 표시 없이 다음과 같이 기록하였다.

> 是月 上 親制諺文二十八字 其字倣古篆 分爲初中終聲 合之然後 乃成

字 … 是謂訓民正音

이달에 임금께서 친히 '언문' 28자를 지으셨으니 그 글자는 중국의 고전 글자와 비슷한데 초성 중성 종성으로 나뉘어지며 이들을 합친 뒤에 글자(음절)를 이룬다. … 이를 훈민정음이라 일컫는다.

이 기사에서는 '諺文'이나 '訓民正音'이 모두 새 글자의 이름이라고 하였다.

이어서 訓民正音에 관한 기사로 제일 먼저 나온 것이 1444년(세종 26) 2월 15일의 『古今韻會(擧要)』 번역(한글에 의한 注音)에 관한 것이다.

以諺文譯韻會

언문으로 운회(고금운회거요)를 번역하다.

원래 실록 기사에 쓰인 용어는 실록 편찬 당시의 편찬자가 무의식 중에 고쳐서 기록한 것으로 볼 수도 있어서, 『세종실록』에 기록된 기사대로 모두 그대로 인정할 수는 없겠으나, 위의 기사에서는 새 글자를 '諺文'이라고만 표현했다.

『고금운회(거요)』의 번역 사업으로 촉발된 집현전 부제학 崔萬理 등의 「언문 창제 반대 상소문」과 이 상소문을 받아 보고 세종이 신하들과 나눈 문답에서는 다음과 같이 쓰이었다. (세종 26년 2월 20일의 실록 기사)

臣等伏覩諺文制作

創作諺文 有駭觀聽

諺文皆本古字 非新字也

今別作諺文 捨中國而自同於夷狄

또 훈민정음 관계 사업을 담당하기 위하여 宮中에 설치되었던 것으로 보이는 기관의 이름은 正音廳, 諺文廳이었다.

1446년(세종 28) 9월에 편찬이 완료된 새 글자의 해설책은, 그 이름이 역시 『訓民正音』인데 이 책 안에서는 다음과 같이 여러 용어가 쓰이고 있다.

> 今 正音之作 初非智營而力索 但因其聲音而極其理而已(制字解)
>
> 이제 '정음'을 만든 것은 애초부터 슬기로써 마련하고 애씀으로써 찾은 것이 아니라 다만 그 성음 원리에 따라서 그 이치를 다한 것뿐이다.
>
> 正音二十八字尙其象(制字解 訣)
>
> 정음이라는 글자를 만들 때 상형을 존중하였다.
>
> 正音之字只廿八(制字解 訣)
>
> 정음 글자는 스물여덟뿐이라.
>
> 正音初聲 卽韻書之字母也(初聲解)
>
> 정음의 초성은 즉 운서의 자모다.

이 구절은 "정음글자의 초성글자는 중국음운학의 자모"라고 말한 것 같기도 하고, "정음의 음절 초성은 字音의 음절 초성(성모)과 같은 것이다."라고 말한 것으로 볼 수도 있다. 왜냐하면 中聲解에서

> 中聲者 居字韻之中 合初終而成音
>
> 중성이라는 것은 자음의 가운데에 있어서 초성과 종성과 합해져서 하나의 음(음절)을 이룬다.

라 하고 初聲解에서

終聲者 承初中而成字韻

종성이라는 것은 초성과 중성을 이어받아서 하나의 자운(음절)을 이룬다.

라고 한 것으로 보아, 『훈민정음 해례본』 집필자들은 '소리'와 '글자'를 同一視한 것으로 보이는 면도 있기 때문이다.

癸亥冬 我殿下 創制正音二十八字 略揭例義 以示之 名曰訓民正音

계해년(1443년, 세종 25) 겨울에 전하(세종)께서 정음 28자를 만드시고 간단히 예의를 보이신 다음 훈민정음이라고 하셨다.

1447년(세종 29)에 편찬된 『東國正韻』의 序文에서 申叔舟는 『동국정운』의 체재를 설명하면서 "以御製訓民正音定其音(세종께서 만드신 훈민정음으로 동국정운의 음을 정하였다.)"라고 하여 '훈민정음'이 표음문사임을 말하고 있다.

2) 漢音(중국본토한자음)을 뜻하는 '정음'과 『洪武正韻』의 正音

(1) 『四聲通攷』 凡例와 『四聲通解』 凡例

"以圖韻諸書及今中國人所用定其字音"을 '正音'이라고 明言은 안 했으나, 바로 이어서 "又以中國時音所廣用而不合圖韻者 逐字書俗音於反切之下"라고 하였으므로, 圖(韻圖)나 韻(韻書)에 표시되어 있는 음과 중국사람이 쓰고 있는 음으로 정한 '字音'이 '正音'이 되는 셈이다. 여기서 말한 '今中國人所用'과 '中國時音'이 어떻게 다른지 구별하기 힘드나 '今中國人所用'은 '규범음', '中國時音'은 '현실음'으로 구별한 듯하다. 이를 『四聲通解』 凡例에서는 "字之取捨 音之正俗 專以洪武正韻爲準"이라고 하였다.

그러나 『四聲通解』에 수록되어 있는 「飜譯老乞大朴通事凡例」의 '正俗音'항에서는 "凡字有正音而又有俗音"이라 하고 그 사용 실태를 자세히 설명하고 있다. "今見漢人之呼 以一字而或從俗音 或從正音 或一字以呼有兩三俗音 以通攷所不錄者 多焉"이라고 하여 하나의 字音에 正音과 여러 종류의 俗音이 있었음을 지적하였다.

(2) 1439년(세종 21) 9월 18일의 실록 기사

司諫院의 上疏文

우리나라 사람이 나이 어려 혀가 굳어지지 않은 때를 당하여 모두 福建省의 音訓을 배우고, 나이 성장하여 혀가 이미 굳어진 뒤에 華語와 같아지고자 하여 承文院과 司譯院에 들어오는데, 처음과 나중에 익힌 것이 달라서 공효를 이루기가 어려우니, 금후로는 서울 안의 8세 이상 衣冠子弟를 모두 中央 一部에 모아 어려서부터 장성할 때까지 모두 正音을 배우게 하는 것이 어떠합니까?

(3) 1450년(세종 32) 윤정월의 실록 기사

世宗實錄 권127, 32年 閏正月 戊申條

命直集賢殿 成三問 應敎 申叔舟 奉禮郎 孫壽山 問韻書于使臣 (중략) 鄭麟趾曰 小邦遠在海外 欲質正音 無師可學 本國之音 初學於雙冀學士 冀亦福建州人也 使臣曰 福建之音 正與此國同 良以此也 金何曰 此二子 欲從大人 學正音 願大人敎之 三問 叔舟 將洪武韻講論良久 (하략)

직집현전 성삼문 등에게 사신한테 운서에 대해 물어보게 하였다. (중략) 정인지가 말하기를 "우리나라는 해외에 멀리 있어서 한어자음의 정음을 물어보려고 하여도 배울 만한 스승이 없습니다. 우리나라 한자음은 처음에 고려 광종 때 쌍기 학사한테 배웠습니다만, 쌍기 학사도 복주 사람입니다."라고 하였다. 사신이 말하기를 "복건음도 이 나라 자음과 같으므로 이것으로 좋을 것이오."라고 하였다. (접대 담당이었던) 김하가 "이 두 사람이 대인한테 '정음'을 배우고자 하오니 대인께서 가르쳐 주소서."라고 했다. 삼문과 숙주가 '홍무운'(『홍무정운』에 수록된 字音)을 가지고 한참 이야기하였다.

(4) 1475년(성종 6) 6월 21일(무술)의 실록 기사

영의정 申叔舟가 卒하다. 그에 대한 긴 傳記 가운데 다음과 같은 말이 나온다.

> 오랫동안 禮曹를 관장하여 事大交隣을 자신의 소임으로 삼아 詞命이 그의 손에서 많이 나왔다. 正音을 알고 漢語에 능통하여 洪武正韻을 번역하였으며 漢音을 배우는 자들은 많이 이에 힘입었다.

이상과 같은 조선왕조실록의 기사에서는 '正音'이라는 용어가 華音을 뜻하는 것으로 쓰인 것 같다.

3) 音樂의 '正音'

1430년(세종 12) 2월 19일 예조에서 儀禮詳定所와 함께 奉常判官 朴堧의 上書 條件을 의논하고 왕께 아뢴다. 이 글 가운데 박연의 말에는 다음과 같은 구절이 있다.

> ① 만약 있는 數대로 종을 다 두드려 친다면, 소리가 서로 섞여서 邪音과 正音이 어지럽게 울리니
> ② 옛날 제도로는 소리 중의 黃鐘이 正音이온대

그리고

> 女樂은 '正音'이 아니다.

라는 기사도 있다.

1460년(세조 6) 3월 2일(기묘)에 명나라 欽差正使 禮科給事中 張寧과

副使 錦衣衛都指揮 武忠을 환영하는 잔치를 太平館에서 하는데, 잔녕이 '女樂'을 사용하지 말아 달라고 하자 이에 대하여 임금(세조)은 다음과 같이 대답하였다.

> 진실로 女樂이 正音이 아닌 줄은 알지만 그러나 우리나라 祖宗 이래로 중국에서 大人이 오면 항상 이를 사용하였소.

4) 東國正韻식 한자음을 '正音'이라고 한 듯한 기사

『문종실록』 문종 즉위년(1450) 12월 18일(무자) 기사에 執義 魚孝瞻이 다음과 같이 아뢰었다는 내용이 있다.

> "帝王의 학문은 모름지기 義理를 깨달아 알아 本源을 함양하는 것을 귀하게 여깁니다. 이제 世子(端宗)가 書筵에서 正音으로써 進讀하니 義理에 精하지 못합니다. 또 血氣가 안정되지 않았는데도 다만 正音만을 익히니 保養하는 도리가 아닐까 합니다. 마땅히 俗韻에 따르소서."
>
> 이에 임금(文宗)이 대답하였다.
>
> "선왕(世宗)이 이미 세운 법이니 내가 감히 마음대로 고치겠는가?"
>
> 어효첨이 다시 아뢰었다.
>
> "그렇다면 세자가 독서할 때 잘못하여 俗韻을 읽더라도 書筵官이 반드시 일일이 따라서 읽고 고쳐서 바로잡을 것이 없습니다. 진실로 오래도록 지켜 나가면 자연히 익숙하여질 것입니다."
>
> 이에 임금도 "그것은 옳은 말이다."라고 하였다.

여기서 말하는 '正音'은 '東國正韻식 한자음'을 가리키는 것으로 보이며 '俗韻'은 '전승 한국한자음'을 가리키는 것으로 보인다.

5) '訓民正音'을 '反切'이라고 한 예

최세진이 지은 『훈몽자회』(1527) 범례에서 "諺文字 俗所謂反切二十七字"라고 했는데, 『承政院日記』 영조 46년(1770) 경인 윤5월 22일 기사에는 '訓民正音'을 '反切'이라고 한 구절이 나온다.

> 윤5월 22일 신시(하오 3~5시)에 임금(영조)께서 集慶堂에 납시어… 洪啓禧와 徐命膺이 뫼시는데, 임금께서 '訓民正音'을 읽게 하시고 또 그때의 예조판서 鄭麟趾의 「訓民正音序文」을 읽히고 또 「세종어제서문」을 읽게 하시기를 마치고서 말씀하셨다.
>
> "문득 훈민정음 생각이 나서 읽게 했는데 28자 외에는 또 없는가?"
>
> 서명응이 "훈민정음은 반절입니다."라고 아뢰고, 홍계희가 "옛날 譯官이 소리를 가지고(입으로 전해서) 서로 배운 사람들은 착오가 없지 않았으므로 훈민정음을 만들어냈습니다."라고 아뢰었다.

그런데 이어서 영조와 홍계희, 서명응 사이의 대화에서는 이해하기 힘든 대목이 나온다.

> 上曰 無諺文之前 將何以通情耶
>
> 임금: 언문이 없던 때에는 무엇을 가지고 의사소통을 했는가?
>
> 啓禧曰 薛聰 以俗言之 未通 創出此矣
>
> 홍계희: 설총이 속언(이두를 가리키는 듯-필자)으로 의사소통을 했습니다만 통하지 않아서 언문(훈민정음)을 창제했습니다.
>
> 上曰 歌辭 上乎
>
> 임금: 가사도 올릴 수 있는가?(언문으로 가사를 표현하거나 또는 樂譜에 올릴 수 있느냐고 한 듯)
>
> 啓禧曰 我國不習於辭 故 雖叶歌聲而甚難矣

계희: 우리나라가 辭(중국의 詞를 뜻하는 듯)를 배우지 않아서 비록 노랫소리에 맞추어도 매우 어렵습니다.

命膺曰 俗傳邦音 異乎中國 故 欲爲中國而然矣 世宗朝欲變方言 凡於開座必先禁方言 以此民間 幾爲華音矣 厥後廢却 故 至今不變 可勝歎矣

명응: 전승해 오는 우리나라의 음(한자음을 뜻하는 듯)이 중국의 음과 달라서 중국 본토음과 똑같이 되고자 해서 그렇게 된 것입니다. 세종 때 方言(우리나라의 전승한자음을 말하는 듯)을 고치고자 하여 대개 開座에서 반드시 먼저 方言 사용을 금하였으므로 민간에서 어느 정도 중국 음과 같게 되었는데 그 뒤 그만두게 되어 지금에 이르기까지 변하지 않았으니(중국 본토음으로 변하지 않았으니) 통탄할 일입니다.

2. 中國의 '正音'

중국에서도 '正音'은 두 가지 뜻으로 썼다.

첫째는 '純正한 樂音'이라는 뜻으로 썼다. 『淮南子』(漢나라 淮南王 劉安이 지은 21권짜리 책) 「天文篇」에서 "姑洗生應鐘 比於正音 故爲和(먼저 생경한 것을 떨쳐버리고 12律 가운데의 第12律로 하면 正音과 견줄 만하므로 고르게 된다.)"라고 하였다.

둘째는 '地方音을 矯正하는 標準音'을 뜻하였다.

1) 南朝의 '正音'

『南史』(중국 남북조시대 남조의 하나인 齊(479~493)의 역사책) 「胡諧之傳」에 다음과 같이 있다.

上以諧之家人語 傒音不正, 乃遣宮內四五人往諧之家教子女語, 二年後,帝問曰: "卿家人語音已正未?" 諧之答曰: "宮人少, 臣家人多, 非唯不能得正音, 遂使宮人頓成奚語."

上(南齊의 나라 高帝인 蕭道成)이 호해지네 사람들이 말하는 奚音(奚는 고대 중국의 동북지구 민족 이름. 奚音은 그들 언어의 음)이 바르지 않다고 해서 곧 宮 안의 사람 4, 5인을 호해지 집에 보내어 자녀들의 말을 가르치게 했다. 2년 뒤 임금이 호해지에게 묻기를 "경의 집사람들 語音이 이미 바로잡아졌는가?"라고 하니 호해지가 "궁인은 적고 신하의 집사람은 많아서 비단 正音을 쓰지 못하게 되었을 뿐만 아니라 드디어 宮人들로 하여금 빨리 奚語를 사용하게 만들도록 했습니다."라고 아뢰었다.

중국 남북조시대에 南朝사람들은 京師의 말과 다른 말을 '奚語'라고 하여 비웃었다고 한다.

2) 邵古와 邵雍 父子의 正音

宋學 鼻祖의 한 사람이 邵雍(1011~1077)은 「皇極經世聲音唱和圖」라는 하나의 韻圖를 만들고, 이 도표에 배열된 正音(聲母)과 正聲(韻母)의 결합으로 字音을 나타내려고 하였다. 그러나 이 운도는 그의 독창에 의해서 만들어진 것이 아니고 그의 아버지인 邵古(986~1064)의 학설을 이어받은 것이라고 한다(平田昌司, 1991).

邵古의 文字·音韻學 관계 저작은 이미 散失되었으나, 張行成이 『易通變』 권19에서 '正音敍錄'이라는 표제 아래 治平 2년(1065)에 쓴 邵雍의 原序가 붙은 邵古의 글을 인용하고 있다. 이 「正音敍錄」의 내용과 「皇極經世聲音唱和圖」의 내용과는 서로 비슷한 점이 많다. 그런데 邵古의 음운학적 특징은 '正(규범화)'이었다. 그는 「正音敍錄」에서 다음과 같이 말하였다.

以聲正音 以書正言 以文正辭 以理正事 音言辭事正而道不正者 未之有也

소리로써 음을 바르게 하고, 글로써 말을 바르게 하고, 문장으로써(글자로써) 말을 바르게 하고, 理로써 사실을 바르게 한다. 음, 말, 말(문장어), 일이 바른데 道가 그르게 되는 일은 아직 없었다.

그리고 또 다음과 같이 말하였다.

由是訛正牽乎僻論　是非生乎曲說　幡然淆亂於天下矣　不有正聲·正音惡能正之哉

이로써 잘못이 편견에 이끌리어 시비가 바르지 못한 말에서 생겨나고 세상을 철저히 어지럽힌다. 정성과 정음이 없으면 어찌 이를 바로잡을 수 있겠는가!

邵古의 생각은 韻圖 형식을 빌어서 하나의 이상적이고 표준적인 음운체계를 가지고 方言을 통일하고자 하는 것이었다.

이러한 사상을 이어받아서 만들어진 邵雍의 「皇極經世聲音唱和圖」는 모든 字音을 天聲 10(主母音, 韻尾, 聲調)과 地音 12(聲母, 介音)의 결합으로 표시하려고 한 것이다. 오늘날 학자들 사이에는 이 「성음창화도」가 이 세상의 모든 음을 나타내려고 한 운도였다는 견해와, 11세기 중기 이전의 북방어음, 특히 洛陽 地方을 중심으로 한 現實標準音의 音韻體系를 나타낸 것이라고 보는 견해가 있는데, 중국음운학자들은 대개 후자의 견해를 취하여 漢語音韻史 연구의 자료로 이용하고 있다.

3) 宋·元·明·淸 시대의 '正音'

李无未(1996)에서는 宋나라 때 사람들이 수도인 開封(汴梁)과 그 부근의 洛陽 일대의 語音을 언제나 '純正之音'으로 인식하고 있었음을 지적하고 있다.

宋人常把汴梁・洛陽一帶的語音看作是純正之音, 這是有史籍可證的. 如“西塘集 耆旧續聞”卷七載, 南陽人陳鵠稱: “鄉音是處不同, 惟京都天朝得其正.”

陸游“老學庵筆記”卷六也說: “四方之音有訛音… 中原惟洛陽得天地之中, 語音最正.”

陳陸二人說的正音是指口語音, 當時的讀書人念字音未必遵守這个規範.

송나라 사람들이 개봉과 낙양 일대의 어음을 ‘순정음’으로 간주하고 있었다는 것은, 여러 사적에 나타나 있다. 예를 들면 『서당집 기구속문』 권7에는 남양 사람인 진혹이 말하기를 “향음은 지방마다 다른데 오직 서울만이 바르다.”라고 했고, 또 진유는 『노학암필기』 권6에서 말하기를 “사방의 음이 잘못된 것이 있다. … 중원은 이 세상에서 오직 낙양의 어음이 가장 바르다.”라고 하였다.

진씨와 육씨 두 사람이 말한 ‘정음’은 구두음을 가리키는 것인데 당시의 학자들이 반드시 이 규범을 지켜서 字音을 발음한 것은 아니다.

“聲訛”雖然是孫奕個人正音理論的總結, 但也或多或少代表了南宋時讀書人的正音意識.

『성와』는 비록 손혁 개인의 ‘正音’ 이론을 총괄한 것이지만, 많거나 적거나 남송 시대 학자들의 정음 의식을 나타낸 것이다.

元代周德淸撰作“中原音韻”是更是具有革新精神, 審定字音, 完全以表現口語實際的“中原之音”爲標準… 使得他的正音規範“守自然之音, 通天下之語”, 創造了漢語語音 規範史上的奇蹟. 周德淸正音意識的形成不是一蹴而就的, 而是在前人工作的基礎上觸發的靈感.

원나라 때 주덕청이 지은 『중원음운』은 더욱 혁신 정신을 갖춘 것으로서 자음의 선정은 완전히 실지로 쓰고 있는 ‘중원음’의 구두어를 표준으로 삼고, … 그의 ‘正音規範’은 “자연음을 바탕으로 해서 천하에 통용되는 말”이 되게 하여 漢語 어음의 규범사상 기적을 이루어냈다. 주덕청의 '正音意識'은 단번에 이루어진 것이 아니라 앞 사람들이 이룩해 놓은 바탕 위에 촉발된 영감이다.

우리는 흔히, 정통적인 운서의 音系나 틀에서 벗어나서 주덕청이 14세기의 현실북방음을 반영한 『中原音韻』이라는 운서를 편찬한 것이라고 말해 왔는데, 그도 '天下에 통할 수 있는 正音'을 나타내기 위하여 운서를 편찬하였다는 것이다.

세종의 『東國正韻』 편찬에 큰 영향을 준 운서는 明 太祖가 편찬시킨 『洪武正韻』(1375)으로 보이는데, 이 책의 序文을 쓴 宋濂은 서문의 한 구절에서 다음과 같이 말하였다.

皇上 稽古右文 萬幾之暇 親閱韻書 見其比類失倫 聲音乖舛 召詞臣諭之曰 韻學起於江左 殊失正音 有獨用 當併爲通用者… 若斯之類 不可枚擧 卿等 當廣詢通音韻者 重刊定之

황상(명나라 태조)께서 옛것을 상고하고 글을 숭상하여 국가의 政事를 돌보는 틈틈이 친히 운서를 뒤져서, 그 안에 同類이면서 次序를 잃음과 성음이 어긋남이 있음을 보시고는, 문신을 불러 말씀하시기를 운학이 揚子江 下流의 동남지역(江蘇省 지역)에서 발달하여 '정음'이 크게 잘못되어, 그 전의 운서에서 '獨用'이라고 한 운에도 마땅히 합해야 통용될 운이 있고… 이러한 예를 다 들 수 없으니 경들이 널리 통할 수 있는 음운을 마땅히 물어서 다시 편찬하라고 하셨다.

그래서 『洪武正韻』 범례에 의하면

以中原雅聲 正之

중원아성(서문에는 中原雅音으로 나옴)으로 바로잡았으며

> 五方之人 皆能通解者 斯爲正音也
>
> 여러 지방 사람이 모두 다 알 수 있는 음이 正音이다.

라고 하였다. "五方之人 皆能通解者 斯爲正音也"라고 한 것은 邵古가 생각하고 있던 理想音인 '正聲·正音' 사상과 통하는 것이다.

楊耐思(1996)에서는 『中原音韻』과 『古今韻會擧要』의 音系에 대하여 다음과 같이 설명하고 있다.

> 『中原音韻』是"以中原之音爲正"… 所以『中原音韻』所代表的. 不言而喩是當時的正音, 也就是當時的標準音.
>
> 『중원음운』은 '중원음'을 '바른 음'이라고 한 것이다. … 그러므로 당시의 '정음'이며 또한 당시의 표준음이다.

> 『韻會』所據作『七音』, 一開始就標明, "蒙古字韻音同." 其小序說, "韻書始于江左, 本是吳音. 今以七音韻母通考韻字之序, 惟以雅音求之, 無不諧叶." 雅音就是正音, 標準音.
>
> 『七音』을 근거로 하여 편찬된 『고금운회거요』는 처음부터 "『몽고자운』과 같음"을 내세웠다. 그 작은 서문에서 말하기를 "운서 편찬이 양자강 하류의 유역에서 편찬되기 시작되었으므로 그 音系는 吳音이다. 이제 「七音韻母通考」의 운자 순서대로 '雅音'을 나타내면 부합되지 않는 것이 없다."라고 하였다. '雅音'은 곧 '정음'이며 '표준음'이다.

이와 같이 元나라에서는 『몽고자운』과 『고금운회거요』가 나타내는 '書面(文言)'의 표준음과 『중원음운』이 나타낸 '구두어'의 표준음이 있었다.

淸나라 때의 '정음'에 대해서는 叶宝奎(1996)에서 예를 들고 있다.

> 莎彝尊이 지은 『正音咀華』(1853)는 原名이 『正音辨微』로서 저자인 사씨

는 欽定『자전』과『音韻闡微』의 字音이 '正音'이며, 이 字音은 전통적인 讀書音을 가르킨다고 하였는데,『正音咀華』는 '正音'을 가르치는 讀本이었다.

叶宝奎(1996)에서는 또 다음과 같이 지적하고 있다.

> 所謂'正音'指的是漢民族共同語的標準音, 明清時期"正音"實爲官話的標準音, 是近代變化了的北方話傳統讀書音.
>
> 이른바 "正音"은 漢민족의 공통 표준어를 가르키는 것으로서, 명나라와 청나라 때의 "正音"은 사실은 관화의 표준음이며, 근대에 이르러 변화한 북방지역의 전통 독서음이다.

위에서 간단히 고찰해 본 바와 같이 역대 중국에서는 표준음을 '正音'이라고 했고 음악에서도 정악을 '正音'이라고 했다.

3. 日本 文獻上의 '正音'

일본 문헌에서는 '正音'을 '글자'를 뜻하는 용어로 쓰지 않았다.

일본에서는 일찍 일본에 들어와서 일본어의 음운체계에 맞도록 변한 일본 한자음을 俗音 또는 和音이라 하고, 百濟를 통해서 들어갔던 中國 南方 系統의 音(사실은 이 남방음도 원래 중국 북방에 살고 있던 漢族들이 揚子江 유역으로 이주하면서 함께 가지고 가서 그곳 土着音과 융합된 일종의 北方音이라고 한다.)을 吳音이라고 하였다.

그러다가 7세기부터 이들을 소위 '日本漢音'으로 바꾸려는 노력을 기울였다.

『日本書紀』 권30 持統天皇 3年(689) 6月 등의 記事에서는 '音博士'를 우대하였다는 기사가 있다.

持統天皇 3年(689) 6月 庚子(19日)條

賜大唐續守言 薩弘恪等稻, 各有差.

持統天皇 5年(691) 9月 己巳 朔 壬申(4日)條

賜音博士大唐續守言・薩弘恪, 書博士百濟末士善信, 銀人卄兩

持統天皇 6年(692) 12月 辛酉 朔 甲戌(14日)條

賜音博士續守言, 薩弘恪水田, 人四町.

이들 音博士들은 일본 사람들에게 나중에 日本漢音이라고 일컬어지는 唐나라 때의 長安音을 가르친 사람들이다. 특히 續守言은 唐나라 軍人의 一員으로서 百濟에 쳐들어왔다가 포로가 되어 백제가 일본에 넘겨준 사람이다.

위의 기사는 일본 조정에서 唐代 長安音을 얼마나 重視하였는가 하는 면을 보여 주고 있다.

『日本紀略』에서는 '漢音'을 '正音'이라고 하였다.

『日本書紀』延曆 11年(792) 閏11月 20日條

勅, 明經之徒不習正音, 發聲誦讀旣致訛謬, 宜熟習漢音.

明經(원래 명경은 經術에 밝은 것을 말하며 수나라와 당나라 때에는 明經科와 進士科가 있었음)의 무리가 '正音'을 배우지 않아서 소리를 내어 글을 읽는데 이미 잘못이 많으니 마땅히 '漢音'에 숙달되도록 하라고 임금이 명령했다.

『類聚國史』「佛道部」

延曆 12年(793) 夏 4月 丙子 制, 自今以後年分度者 非習漢音 勿命得度

연력 12년 여름 4월 병자에 이제부터 한 해에 나누어 受戒(出家)하는 사람으로서 '漢音'을 배우지 않았으면 수계(출가)를 할 수 없도록 규정을 만들었다.

이와 같이 일본에서는 '漢音'을 '正音'으로 삼고 이의 교육에 힘썼음을 알 수 있다.

4. 맺는 말

세종대왕은 새 표음문자를 창제하고, 그 글자의 이름을 '訓民正音'이라고 했는데 세종이 백성에게 가르치려고 한 '正音'이 무엇이었는지 文獻上 明示된 곳이 없으므로 그 '正音'에 대하여 무엇이라고 단언할 수는 없다. 국역본 『훈민정음』에서는 단순히 '百姓 ᄀᆞᄅᆞ치시논 正ᄒᆞᆫ 소리'라고 하였으나, 그 '正ᄒᆞᆫ 소리'가 앞에서 고찰해 본 바와 같이, 우리말 語音의 標準音, 음악의 正音, 그리고 새로 개정한 東國正韻식 標準 漢字音, 이 밖에 당시의 중국 표준음이었던 洪武正韻식 漢語字音(곧 洪武正韻譯訓의 정음)까지를 다 포괄하고 있었다는 것이라고 생각해 볼 수 있다. 이러한 사실의 일면을 정인지는 그가 쓴 「훈민정음서문」에서 "字韻則淸濁之能辨 樂歌則律呂之克諧 無所往而不達(한자음은 청탁을 능히 구별하여 제대로 올바른 음을 알 수 있고 악가도 律呂(음계)를 고르게 할 수 있어 옳은 음을 나타낼 수 있어서, 어느 곳에서도 갖추어지지 않은 바가 없고 어느 곳에 가더라도 통달되지 않은 곳이 없다."라고 한 것이다.

(『韓國語硏究』 1, 2003, 韓國語硏究會)

<追記>

Werner Sasse 교수(독일 한국어학자)는 『語文생활』(韓國語文會刊行) 2004

년 11월호에서 다음과 같이 말하였다.

"제목을 訓民正音'字'가 아니고 訓民正'音'이라고 붙인 것을 보면 한글은 韓國말의 音을 意味하는 것이 아니고 漢字의 音을 正確하게 百姓들에게 가르치기 위해서 創制했음을 알 수 있다. 다시 말하자면『東國正韻』을 쉽게 사용할 수 있게, 또 漢字音을 效果的으로 가르칠 수 있게 하기 위해서 '百姓들에게 올바른 音을 가르친다'라는 뜻으로 冊을 作成한 것이다." 鄭愚相 교수도『語文생활』(2006年 5月號)에서 같은 뜻으로 말을 하였다.

참고 문헌

楊耐思(1996),「元代漢語的標準音」,『薪火編』, 山西高校聯合出版社.

李无未(1996),「南宋<示儿編> "聲訛"的正音性質」,『語言研究』1996年增刊, 中國音韻學研究會.

叶宝奎(1996),「也談<正音咀華>音系」,『語言研究』1996年增刊, 中國音韻學研究會.

平田昌司(1991),「<皇極經世聲音唱和圖>與<切韻指掌圖>」,『東方學報』56, 東京.

森 博達(1991),『古代の音韻と日本書紀の成立』, 大修館書店, 東京.

『五大眞言』안의 漢字에 대한 한글 注音 고찰

1. 머리말

『삼국사기』 권18 고구려 本紀 제6「小獸林王」조에는 다음과 같은 기사가 있다.

> 二年夏六月 秦王符堅 遣使及浮屠順道 送佛像經文 王遣使回謝 以貢方物 立大學 教育子弟
>
> 서기 357년(소수림왕 2) 여름 6월에 진나라[1] 부견이 사신과 순도스님을 파견하고 불상과 견문을 보냈다. 왕이 선물과 함께 답례사신을 보내고 대학을 세워서 자제들을 교육했다.

> 三月始頒律令
>
> 3월에 율령을 처음으로 반포하다.

> 四月僧阿道來
>
> 4월에 아도스님이 오다.

---

1) 중국 東晋 5胡 16國시기 나라의 하나(352~394). 符堅은, 28년간 재위(357~384), 수도 長安, 前秦이라고도 함.

五年春二月 始創肖門寺 以置順道 又創伊弗蘭寺 以置阿道

360년(소수림왕 5) 봄 2월에 처음으로 초문사를 세워서 순도에게 맡기고 또 이불란사를 세워서 아도에게 맡기었다.

인도의 불교가 기원 전인 西漢 말기에 중국에 전래되었다고 전해지고 있으므로, 위의 기사에 의하면 중국보다 약 200년 뒤에, 고구려는 중국을 통해서, 漢譯佛經을 받아들인 것이다.

원래 중국에서는 중앙아시아 지역을 거쳐서 중국 내륙지역에 梵文과 巴利文(Pāli)으로 된 불경이 전해지자, 이 경전을 漢語로 번역했었다. 이들 漢譯佛經의 주류는 梵文佛經이었으며, 148년(東漢 桓帝 建和 2)에 安世高가 번역을 시작하였다. 안세고는 본래 安息國(西域의 국명, 波斯地方의 왕국)의 太子였으나 스님이 되어 147년에 西域을 거쳐 중국 洛陽에 왔다. 곧 바로 漢語를 깨우쳐서 수많은 불경을 한어로 번역하였다. 安世高 이후에도 西域僧들이 줄을 이어서 중국에 와서 불경 한역에 종사하였으며, 漢人 僧侶가 이 사업에 참여하기 시작한 것은 훨씬 뒤의 일이었다.

梵文 佛經을 漢譯하는 사람들은 두 가지 방법을 썼었다. 그 하나는 表意文字인 漢字를 이용하여 意譯하는 방법이었고, 또 하나는 漢字의 표음성을 이용하여 音譯하는 방법이었다.

이 글에서는 음역 불경의 하나인『五大眞言』을 고찰해 보고자 한다. 고찰 내용은 梵文 또는 巴利文의 音韻과 漢音과의 對音 관계를 주로 살필 것이다.

2.『五大眞言』안의 한글 注音의 성격

이 글에서는『五大眞言』의 한글 음역을 고찰하여 한역불경에서 한어 字

音과 범어의 음을, 특히 舌內入聲韻尾音을 어떠한 원칙 아래 범어의 음과 대비시켰는지 살펴보고자 한다.

『五大眞言』이 편찬된 8세기는, 중국에서 불경이 한어로 번역되기 시작한 2세기와는 6백년이라는 시차가 있으나 범문을 한어로 번역하는 원칙에는 다름이 없었을 것이다.

원래 『五大眞言』의 원전은 당나라 승려인 不空(705~774)이, 梵文으로 된 眞言(부처님 말씀)을 한어 자음으로 음역한 것이다. 이것을 한글 창제 이후 仁粹大妃(1437~1504)의 명령으로 學祖 등이 1485년(성종 16)에 범자와 한자만으로 된 중국본 불경을 구해다가 梵字와 그것을 음역한 한자와 나란히 한글 음역을 기록하여 『오대진언』을 편찬한 것이다.

여기에서 고찰하는 『오대진언』은, 서울대학교 규장각 소장본(奎 6749)이, 1485년의 초간본이 아니고 후대의 중간본이나 黑口와 黑魚尾를 충실히 보여주고 있어서, 내용상에도 초간본과 크게 다르지 않을 것으로 보아, 이 책을 가지고 15세기 梵·漢·한글 사이의 대음 관계를 살펴보았다.

不空은 원래 獅子國 (今 斯里蘭卞 스리랑카) 사람으로서 鳩摩羅什(312~385), 眞諦, 玄奘(596~664)과 함께 중국 4大 譯經家의 한 사람으로 일컬어지고 있다. 720년(開元 8)에 스승인 金剛智를 따라 洛陽에 와서 역경에 종사했다. 스승이 입적한 뒤 742년(天寶 원)에 일단 귀국했다가 746년(천보 5)에 『金剛頂瑜伽經』 등 불경 1,200 권을 가지고 長安(今 西安)에 돌아와 기왕의 漢譯佛經을 재검토하고, 새로이 143권의 불경을 번역하였다.

이보다 앞서 중국에서는 앞에서 이미 말한 바와 같이 147년(東漢 桓帝 建和원년)에 西域으로부터 洛陽에 온 安息國太子 出身인 安世高가 148년부터 譯經을 시작하여, 중국 三國 시대의 支謙을 거쳐 東晋시대에 이르러 西域에서 온 佛僧이 專擔해 오던 역경사업에 중국 출신 불승도 참여하게 되었다. 東晋시대부터 國立譯經所(譯場)가 설립되어 梵文과 漢語에 能通한 승려(서역 및 중국 출신) 들이 역경에 참여, 특히 印度 출신인

鳩摩羅什이, 401년(弘治元)에 중국에 와, 402년(弘治 2)부터 8년간에 걸쳐 『法華經』, 『阿彌陀經』, 『金剛經』 등 425권을 번역하였다. 鳩摩羅什은 原文을 충실히 번역하되 '誦習者'가 쉽게 받아들이고 이해하기 쉽도록 번역문의 文體에 마음을 썼고, 중국의 佛徒가 '樂誦'할 수 있도록 힘을 기울이었다.[2)]

이러한 전통을 唐나라 때의 玄奘이 이어 받아 '漢梵吻合無間'에 노력하고, 不空도 이 전통을 이었다. 飜譯은 의역과 음역으로 이루어졌으며, 『五大眞言』은 音譯佛典의 하나다. 宗教의 神秘性을 유지하기 위하여 '不翻' 즉 음역을 하였다.

西域에서 온, 승려 또는 漢人의 승려들이 불경을 음역할 수 있었던 것은 그들이 梵語와 漢語字音에 精通하고 있었기에 가능한 일이었다. 그들은 한어의 자음을 表音文字처럼 이용해서 범어의 음을 기록하였다.

이제 『오대진언』의 표기 예를 살펴보고자 한다.

漢字의 字音을 이용해서 범어의 음을 표기하는 방식은 여러 가지가 있었다.

> 첫째는 한자의 자음을 그대로 이용한 것.
> 둘째는 한자 자음의 일부, 특히 성모음만을 이용한 것.
> 셋째는 설내입성음 -t를 그대로 이용하거나 -t →-l로 변형하여 표기한 것.

學祖 등이 이러한 표기 원리를 밝혀내어 한글로 또다시 轉寫한 것은, 그들이 漢譯佛經과 범어에 능통했던 증거다.

漢語字音의 上古音 및 中古音 入聲韻尾 -p, -t, -k 가운데 -p, -k은 傳承韓國漢字音에서 그대로 유지되고, -t는 -l로 변해서 전승된 원인에 대하여

---

2) 魏承思(1999), 『中國佛教文化論稿』, 上海人民出版社, pp.39～45.

하나의 가설로 제기된 것이, 10세기경 漢語의 '唐五代 西北方音'을 받아들인 결과라는 것이었다. 즉, 羅常培(1933)에 의하면 10세기경 西安地域 등 唐나라 西北地方에서 살고 있던 漢人들이, 漢語字音을 이용해서 西藏語(티벳어)를 표기할 때, 한어 자음의 -p, -t, -k 入聲韻尾로 티벳어의 -b, -d, -g를 표기하고 있다. 이것은 한어 자음의 -p, -t, -k 입성운미음이 15세기 이후 완전히 소실되기 이전에 -b, -d, -g로 변화한 단계를 나타낸 것이라고 하였다.

有坂秀世(1957) 에서는 이 자료를 근거로 하여 漢語 入聲韻尾의 변화를 다음과 같이 추정하였다.

p ⟶ b ⟶ ʔ ⟶ 소실

t ⟶ d ⟶ r ⟶ ʔ ⟶ 소실

k ⟶ g ⟶ ʔ ⟶ 소실

有坂氏는 전승한국한자음의 -t > -l은 위의 변화과정 가운데에서 t → d → r의 단계를 받아 들였다고 하였다.

그러나 姜信沆(1997)에서는 이러한 근거에 대하여 회의를 표시한 바가 있다. 이 글에서는 漢譯佛經의 자료를 검토하여, 佛僧들이 한어의 字音을 이용하여 범문을 표기할 때, 梵文의 -r, -l를 어떻게 표음하였는지 아울러 살펴보고자 한다.

周法高(1975:83)에서는 한역불경을 唐 이전 자료와 唐·宋 시대 자료로 나누고, 唐 이전 불경이 당·송 시대 불경보다 梵·漢 對音 관계가 덜 엄밀하다고 하였다.

그러나 이 글에서는 이들을 구별하지 않고 똑같은 성격을 가진 하나의 자료로 다루려 한다.

3. 『五大眞言』 안의 한글 注音 분석

한어 자음 일부인 聲母만을 이용해서 범문을 음역한 경우에는, 마치 중세국어의 合用並書처럼 두 개의 한자를 꼭 붙여서 기록하였다. 또 경우에 따라서, 성모음만을 이용하여, 앞 음절의 終聲(韻尾音)을 표기하기도 하였다. 이 글에서는 이들 자료와 梵文 原音과도 가능한 대로 對照해 보려고 노력하였다. 고찰방법은 표의문자인 한자들이 표음문자처럼 이용된 예를 漢字 별로 하나하나 분석하였다. (梵文 가운데 <佛>은『佛學詞典』에서 따온 것.)

訖 ㄱ　穆訖 得多 迦　色訖 帝
　　　·목 ·다 가　·식 :뎨

ᄀᆞ　訖 哩瑟 拏　訖 囉 婆 野　塞訖 哩
　　　ᄀᆞ :릿 나　ᄀᆞ ·라 바 :야　ᄉᆞᆨ :리

乞 ㄱ　藥乞 灑　囉乞 灑　諾乞 灑
　　　·약 사　·락 사　낙 사

　　　薄乞 灑 抳　囉乞 察　諾乞 察
　　　·박 사 애　·락 사　낙 사

　　　博乞 灑　娑 囉乞　灑 野
　　　·박 사　·사 ·락　사 야

　　　播乞 灑　洛乞 鏟　鍋乞 史
　　　·박 사　·락 :산　·국 :시

ᄀᆞ 乞 釤 乞 灑 婆 野 乞 史 抳
·ᄀᆞ 삼 ·ᄀᆞ 사 ·바 :야 ᄀᆞ :시 ·ᄂᆡ

ᄋᆞ 唵 乞 哩
:옴 ᄋᆞ ·리

嗗 ᄀᆞ 阿 嗗 嚕
:아 ᄀᆞ ·로

仡 ᄀᆞ 塞仡 哩
·ᄉᆞᆨ 리

ᄋᆞ 仡 囉 賀 南
:ᄋᆞ ·라 :하 남
·ᄋᆞ ·라

疙 ᄋᆞ 尾 疙 囉 賀 阿 疙 曩 阿 疙 寧 曳
·미 :ᄋᆞ ·라 ·하 :아 :ᄋᆞ ·나 :아 :ᄋᆞ ·니 :예

葛 ㄱ 藥葛 釤 囉葛 叉
·약 ·삼 ·락 사

悉 ㅅ 悉底囉 婆 Sthavira
·씰 바 悉替那 <佛>

시 悉 地 悉 地 唵 蘇 悉 地
·시 ·디 ·시 ·디 :옴 ·소 ·시 ·디

悉 瑟吒 野
·시 ᄯᅡ 야

瑟 ㅅ 悉 瑟吒 野 底 悉吒 地 悉恥
悉 ·시 ᄯᅡ 야 ·디 ᄯᅡ ·디 ·ᄯᅵ

阿 瑟吒 麼 賀 Yaṣṭi-vana
·아 ᄯᅡ :마 하 洩悉知林, 洩悉知林(西域記 9)

悉破 囉 拏 尾瑟 努 訖 哩瑟 拏
:ᄲᅡ ·라 :나 밋 ·노 ᄀᆞ :릿 노

訥 瑟吒 南 Jyaistha
·노 ᄯᅡ 남 逝瑟吒

訥 瑟吒 啣 跢 Dantakāstha
·노 ᄯᅡ ·진 다 彈多扼瑟搋(玄應音義 15)

地 瑟吒 那 Ariṣṭa
·디 ᄯᅡ 나 阿梨瑟迦紫

地 瑟姹 曩 地 瑟底 多
·디 ᄯᅡ 나 ·디 ·ᄯᅵ 다

瑟吒 囉 野 地 悉恥 帝 底 悉恥 多
·ᄯᆞ ·라 ·야 ·디 :ᄯᅧ :뎨 ·디 :ᄯᅧ 다

塢 瑟抳 釤 Kausthila

·오 ·시 :삼 俱瑟祉羅(阿彌陀經通贊 上)

mahākausthila

摩訶俱瑟恥羅(法華音訓)

努 瑟鴿 尾 瑟普 姹

노 :쌈 ·미 :ᄉᆸ 타

쌈

足 瑟鹹 補瑟 置 訖 哩瑟 拏

:쇼 :ᄯᅵ ·봇 :티 ᄀᆞ :릿 나

瑟 ᄉᆞ 吠 瑟 拏 始 嚟 瑟 弭 迦

:베 ᄉᆞ 나 ·ᄉᆞ :례 ·ᄉᆞ ·미 가

窣 ㅅ 窣覩 帝 窣覩

ᄯᅩ :뎨 ·ᄯᅩ

澀 ᄉᆞ 三 補 澀 閉 多 澀 麼

澁 ·삼 ·보 ·ᄉᆞ :베 ·다 ·사 ·마

塞 ㅅ 塞仡 哩 塞訖 哩

·ᄉᆨ ·리 ·ᄉᆨ :리

ᄉᆞ 塞 謇

ᄉᆞ :간

薩 ㅅ　設 薩怛 囉　唵 尾 薩普 囉
　　　샤 ᄉᆞᆮ 라　:옴 ·미 ·ᄉᆞᆸ ·라

濕 시(ᄉᆜ)　濕 縛 囉 野　Aśvakarṇa
　　　·ᄉᆜ ·ᄫᅡ 라 야　頞濕縛羯拏(玄應音義 24)
　　　·ᄉᆜ :ᄫᅡ
　　　aśvaghosa　Maheśvara
　　　阿濕縛窶沙(玄奘西域記 8)　摩醯濕伐涅<佛>

室 싀　室 旨 迦　Bandhuśri　Śrāvaṇa
　　　·싀 ·지　畔徒室利<佛>　室羅伐拏<佛>

梵文의 ś음을 나타내기 위하여 '濕·室'자의 성모반을 이용하여 표음하였는데, 한글로는 '시'에다가 '一'를 첨가하여 기록했다. 또 '縛'은 『廣韻』에서 '符钁切', 또는 '符臥切'로 聲母가 脣輕音이며 藥韻 소속자이므로 'vakar 대 縛羯', 'vagho 대 縛窶'는 순경음 성모와 입성운미 -k음을 제대로 반영하고 있다. 그런데 한글은 이미 입성운미가 소실된 'ᄫᅡ'로 표기하고 있다.

娑 ㅅ　娑麽 囉　娑怛 他　娑底囉 婆 嚩
　　　·ᄽᅡ 라　ᄽᅡ ·타　·ᄽᅵᆯ ·바 :바

　　　耨 娑嚩鉢 難　娑跢 左　娑擔 婆 野
　　　·녹 ·ᄽᅡᆸ ·나　ᄽᅡ 자　:ᄽᅡᆷ ·바 야

　　　耨 娑嚩跛 曩　娑普
　　　·녹 ·ᄽᅡᆸ ·나　·ᄉᆞᆸ

ᄼ 娑 嚩 娑 嚩 賀

ᄼ :ᄫᅡ ᄼ ·ᄫᅡ 하

入 ᅀᅳ 入 嚂 入 嚩 里 多 入 嚩 攞

·ᅀᅳ ·림 :ᅀᅳ ᄫᅡ :리 다 :ᅀᅳ :ᄫᅡ 라

日 ᅀᅳ 日 嚂 Jvāla

:ᅀᅳ 람 入嚩羅<佛>

다음은 독립된 漢字의 성모음을 가지고 음절말음을 표기한 예들이다.

囉 -ㄹ 悉底囉 婆 婆底囉 婆 嚩

·씰 바 ·씰 ·바 :바

唵 部囉 部 嚩囉 他

:옴 볼 :보 ·발 ·타

哩 -ㄹ 素哩 曳 嚩哩 史 啊哩 也

·솔 :예 ·발 ·시 알 야

素哩 野 捺哩 捨 馱 囉哩 史

·솔 ·야 ·놀 ·사 다 ·랄 시

羅 -ㄹ 布羅 拏

·볼 ·나

嘌 -ㄹ 那嘌 智 那嘌 吒 摻嘌 麽

·날 ·디 ·날 타 잘 :마

慕嘌 帝　悉 駄嘌 替　嚩嘌 跢
·몰 :뎨　·싣 ·달 :뎨　·발 다

那嘌 帝　母嘌 諦　Sa̅mvṛti
날 :뎨　·몰 :뎨　三佛栗底<佛>

沫嘌 誐　羯嘌 麽　Karmadāna
·말 :아　갈 :마　羯磨陀那<佛>

薩嘌 嚩囉 他
·살 ·발 ·타

-n, -m, -k은 독립된 자음으로 표기한 예가 많다.

寅 -n　曩 迦 哩寅　頞 寅　難 旎演
演　·나 가 :린　:닌　난 :닌

孕 -ŋ　阿 瑟吒 尾孕　底孕　Saṅghāṭî
·아 ·짜 :밍　:딩　僧伽梨<佛>

-m　阿 瑟吒 喃　抳淫　捻 鉢擔
:아 ·짜 :남　:님　:닙 :담

素唵　嚕唵　Sammata
:솜　롬　三末多<佛>

鉢 -p　你鉢 多 野　颯鉢 跢 南
닙 다 야　·삽 :다 :남

Guṇaprabha

瞿拏鉢剌婆(西域記 4)

跛 -p 耨 娑嚩跛 曩

·녹 ·쌉 ·나

-k 毗藥

·뱍

위에서 든 예들 이외에도 漢譯佛經 『五大眞言』에서는 梵文의 -r, -l을 音譯하기 위하여 여러 가지 방법을 썼다. -r, -l 음을 나타내기 위하여, 대개 -t 운미를 가진 字音을 이용하되, -r, -l 대 -t 음으로 표기하거나 다시 '囉·哩·嘌'자 등을 첨가하여 표기하였다. 또 -t 음을 탈락시켜 버리고 표기하기도 했다.

① -t → -l (+ 囉)

薩 薩囉 嚩囉 他 薩囉 嚩 薩囉 吠

·살 ·발 타 ·살 ·바 ·살 :볘

薩囉 嚩 羯 吒 Kosala

·살 :바 가 ·탁 憍薩羅<佛>

孽 孽囉 婆 孽 陛 孽囉 賀

·알 ·바 ·알 ·볘 ·알 ·하

羯 羯囉 灑 抳 羯羅 拏 戍 嚂

·갈 사 니 ·갈 나 ·슈 :람

갈 사 니

	Karṇasuvarṇa	kalala
	羯羅拏蘇伐剌那(西域記 10)	羯羅藍<佛>
	Kārsapana	作 羯 囉
	羯利沙鉢拏(玄應音義 21)	자 ᄀᆞ ·라
咄	拶 咄囉 他 迦	
	자 ·돌 ·타 가	
沫	沫囉 麽 戍 囕	沫囉 他
	·말 ·마 ·슈 :람	·말 타
沒	沒 囉	
	·ᄆᆞ ·라	
捺	捺 囉	Samantabhadra
	·ᄂᆞ ·라	三滿多跋捺囉
	:ᄂᆞ	
鉢	鉢 囉	nila-utpala / aṁpradāna(-ike)
	·ᄇᆞ ·라	尼羅烏鉢羅<苑> / 三鉢囉陀儞鷄<佛>
日	日 囉	
	:ᅀᆞ ·라	
	·ᅀᆞ	
怛	怛 囉 / 唧 怛 囉	Traṭa
	ᄃᆞ ·라 / ·지 ·ᄃᆞ ·라	怛囉吒(大日經疏 9)

Maṇḍala 漫怛囉(大日經疏 3)

Pātrapindapatika 波怛囉賓茶波辰迦(飾宗記 5)

Amantrana(-e) 阿曼怛囉泥<佛>

Caitra 刺怛囉<佛>

Suvarna-gotra 蘇伐剌拏瞿怛羅(西域記 4)

跋 跋 囉 ·바 ·라 Saṁvera 三跋羅 悖 悖 囉 底 哩 ᄇᆞ ·라 ᄃᆞ ·리

捺 母 捺 囉 ·모 ·ᄂᆞ ·라 印 捺 囉 인 :ᄂᆞ ·라 薩 薩 囉 :사 ·라

沒 沒 囉 :ᄆᆞ ·라 跛 哩 沒 囉 바 ·리 ·ᄆᆞ ·라 訖 訖 囉 ·ᄀᆞ ·라

疙 疙 囉 ·ᄋᆞ 라 :ᄋᆞ ·라

室 薩 室 囉 사 ·시 ·라 吠 室 囉 :베 ·시 ·라 Śrāvasti 室羅伐<佛>

Śramana 室囉末拏(慧琳音義 18)

Vaiśravana 吠室囉摩拏(毘沙門天王經)

이하 ②, ③, ④, ⑤ 표기 예는 -l음을 l-음을 가진 字音으로 표기한 것이다. 그러나 실지의 誦經에서는 薩囉, 嚩囉(·살, ·발)이라고 하거나 鉢囉(ᄇᆞ·라)라고 하거나 청각상 큰 차이는 없었을 것이다. 다만 薩囉(·살)의 경우는 '囉'자로 -l음을 표기한 경우이며, 鉢囉(ᄇᆞ라)의 경우는 '囉'자로 하나의 독립음절을 나타낸 것이다. 따라서 아래 素哩野(·솔야)와 印捺哩野(·인 ·ᄂᆞ·리:야)로 구별하여 고찰하였지만, '哩'자로 -l음을 나타내고자 한 표기 원칙은 같다.

② -t → -l (+ 嚟, 黎)

捺	讚 捺 嚟	捺 黎
	:잔 ·ᄂᆞ :례	·나 :례

怛	怛 嚟
	ᄃᆞ :례

③ -t → -l (+ 哩)

捺	印 捺 哩 野	捺哩 捨
	·인 :ᄂᆞ ·리 :야	·놀 ·샤

必	必 哩	設	設 哩	怛	怛 哩
	ᄇᆞ :리		·샤 :리		ᄃᆞ ·리

室	室 哩	悉	悉 哩	紇	紇 哩
	·시 :리		:시 :리		·ᄒᆞ :리

沒 沒 哩 日 日 哩

·모 ·리 :ᅀᅳ :리

④ -t → -ł (囒)

羯 底 羯 囒

·디 ᄀᆞ ·란

⑤ -t → -l (+ 嘌)

嘌 리, -ㄹ 阿 蜜 嘌 蜜 嘌 沒嘌 底

아 ·모 ·리 ·모 ·리 ·몰 ·디

⑥ -t → -l (+ 哩)

訖 ᄀᆞ 訖 哩瑟 拏 訖 哩 擔

ᄀᆞ :릿 나 ᄀᆞ ·리 :담

紇 ᄒᆞ 紇 哩

ᄒᆞ :리

密 ᄆᆞ 阿 密 哩 多 Viseṣamitra

아 :ᄆᆞ :리 :다 毘世沙密多羅<佛>

孽 아 孽 哩

:아 :리

⑦ -t → -l (+ 嚕)

訥　捺 訥 嚕　　咄　咄 嚕
　　:나 ·ᄂᆞ ·로　　　　ᄃᆞ ·로

骨　阿 骨 嚕
　　:아 ᄀᆞ ·로

⑧ -t → -l (+ 㘓, 賴, 啵)

怛　怛 㘓 底　　怛 賴　　達　　達 㘓
　　ᄃᆞ :래 ·디　　ᄃᆞ :래　　　　·다 ·린

勃　勃 㘓
　　ᄇᆞ :링

⑨ -t → -l (-n-) (+ 曩, 訥, 娜, 儜)

鉢　鉢 訥 曼　　鉢 娜 㮈　　鉢 儜
　　바 :ᄂᆞ ·만　　바 ·ᄂᆞ 맘　　바 ·니

Karnasuvarna
羯利沙鉢拏(玄應音義 21)

怛　怛 曩
　　ᄃᆞ ·나

達 冒 達 曩 野
·모 ·다 ·나 :야

⑩ -t → -l (+ 他, 馱)

沫 沫 他 沫 馱 額 沫 度 迦 囉
·말 타 ·말 ·디 ·니 ·말 ·도 가 ·라

末 末 他 Mārgaśirsa Cāmara
·말 ·타 末伽始羅<佛> 遮末羅<佛>

Vimalakirti Guṇamati
維末詰坻(阿弥陀經) 窶拏末底(唯識述記 1)

Mathura gunamati
末吐羅<佛> 瞿那末底, 窶拏末底(西域記 8)

⑪ -t → -t (+ 度, 怛, 地, 體, 咄 등)

여기에서는 t- 성모를 가진 글자를 첨가하여 -t 음을 나타내려고 한 듯한 표기 예도 보여 주고 있다.

薩 薩 怛 嚩 薩 怛 吠 薩 嚩 薩 底也
·사 ᄃ :바 ·사 ᄃ :베 ᄉ ·바 ·사 :댜

沒 沒 地野
·모 댜

鉢　鉢 底　Prajāpati　Praśākha

바 ·디　鉢利闍鉢底<佛>　鉢羅奢佉<佛>

Parvata　Padama

鉢伐多(西域記 10)　鉢摩(瑞應本起經)

Paṭṭa

鉢吒(梵語雜名, 有部毘奈耶 23)

怛　怛 怛 嚩　怛 他 孽 多

다 ᄃᆞ :봐　다 ·타 :아 다

悉　悉 體 跢　Yaṣṭ-vana

·시 :톄 다　洩悉知林(西域記 9)

:뎨

Siddhasiddha

悉達滕(文殊師利問菩薩署經)

拶　拶 咄 麼

자 ·돌 :마

⑫ -t → Zero

다음은 한어 -t 음을 완전히 탈락시키고 표음한 예다.

怛　嗢 怛 麼 曩　Uttarāṣāḍha

·오 ᄃᆞ ·마 ·나　嗢怛羅頞沙荼(西域記 6)

跋　跋 捺 囉 野　　Sampatti
　　·바 :나 ·라 :야　　三跋致<佛>

Gunavarman　　　　Varga
求那跋摩(梁高僧伝 3)　　跋渠<佛>

Pungavardhana
奔吒跋多<佛>

訥　訥 瑟吒 喞 跢
　　·노 짜 ·진 타

殺　殺 紫野　　Purusayoh
　　사 :자　　布路殺諭(慈恩傳 3)

達　娑 達 野
　　·사 ·다 :야

-k → zero

喞　喞 哩
　　·지 :리

⑬ -t → -l

『五大眞言』의 한글 注音에서는 -t 음이 완전히 -l 음으로 변한 것처럼 표기한 예들을 많이 보여주고 있다.

訥 訥 躄 訥 誐 底

·놀 :비 ·놀 :아 디

薩 薩 嚩 婆 野 薩 冒 跛 薩 藝

·살 ·바 ·바 :야 ·살 ·모 바 ·살 :예

孽 孽 波 孽 婆

·알 ·바 ·알 ·바

窒 窒 剔 迦

·딜 ·뎍 가

沫 沫 惹 賀 哩 孃

말 :ᅀᅡ 하 ·리 :냐

咄 拶 咄 麽

자 ·돌 :마

羯 羯 灑 抳 Karma

·갈 사 ·니 羯磨, 羯磨法<佛>

達 達 磨 Samudra Gandharva

·달 ·마 三慕達羅<佛> 乾闥婆<佛>

Sudarśana Saddharmapuṇḍarika

藪達梨那<佛> 薩達磨奔茶利迦(法華玄贊 1)

Dharmapāla　　Śudhacandra
達磨波羅<佛>　　戍陀戰達羅<佛>

韈　韈 灑 覩　韈 灑 抳
　·말 사 :도　·말 사 ·니

朅　朅 儗 抳
　:칼 :이 ·니

⑭ -t → -t

-t 음을 완전히 유지한 표음 예도 있다.

悉　唵 蘇 悉 地　悉 地野　悉 弟　悉 鈿
　:옴 ·소 ·싣 ·디　·싣 :댜　·싣 :뎨　·싣 뎐

　悉 馱 野　悉 朕 銘　悉 馱嘌 替
　·싣 ·다 :야　·싣 :딤 :명　·싣 ·달 :뎨

Yaṣṭi-vana　　Siddhasìddha
洩悉知林(西域記 9)　　悉達滕(文殊師利問菩薩署經)

秫　尾 秫 弟　尾 秫 馱　阿 秫 紫野
　·미 ·슌 :뎨　미 ·슈 ·다　:아 ·슈 :쟈
　　　·뎨

Śuddhavasa
秫陀婆娑(應 19)

沒　沒　地野　　沒　馱　婆

·몯　:댜　　·몯　·다　·바

怛　娑怛　他

짜　·타

唧　唧　跢

·짇　·다

-t → Zero

癹　野　癹　吒　　妳　毘藥　癹　吒

:야　바　닥　　:녜　·뱍　바　·닥

羯　薩囉　嚩　羯　吒　　Khaṭvāṅga

·살　:바　가　·탁　　羯吒罔迦<佛>

Kaṭɑpŭtana

羯吒布怛那(首楞嚴經)

羯

吒當怛那(應 21)

設　設　咄　嚕　　設　薩怛　囉

·샤　ᄃᆞ　·로　　:샤　ᄯᆞ　라

鉢　鉢　怛　囕　　鉢　娜　麽　　鉢　戍

:바　ᄃᆞ　:람　　바　·ᄂᆞ　·마　　바　·슈

鉢 底 嚕 捺 囉
바 ·디 ·로 ·ᄂᆞ ·라

曷 阿 囉曷 帝
:알 ·하 :뎨

안병희(1987)에서는 한글 음역만으로 된 한글판『五大眞言』에서 '동국정운식 한자음'이 아닌, 15세기 현실 한국한자음이 사용되었다고 하였다. 그리고 '가 迦', '각 各 覺', '간 間', '갈 竭'과 같은 한자와 한자음의 예를 330개 보이었다.

그런데 범문 · 한자 · 한글로 된『오대진언』에, 한글로 주음된 한자음은 여러 가지 모습을 보여 주고 있다. 이것은, 漢譯佛經에 쓰인 漢語의 字音도, 梵文을 나타내기 위하여 조금씩 變改된 경우가 많으므로, 한글에 의한 표음도, 전승 한국한자음이나 15세기 한어의 자음보다는, 梵文에 더 가깝게 나타내려고 한 데서 나온 결과로 보인다.

다음 몇 예만 분석해 보겠다.

<廣>은『廣韻』反切, <集>은『集韻』의 반절, <中>의 K, Z는 Karlgren, 周法高의 推定音, <五>는『五大眞言』의 한자음, <한>은『한글판 五大眞言』의 한자음, <六>은『六祖法寶經壇諺解』(1496)의 한자음, <法>은『法華經諺解』(1500)의 한자음, <訓>은『訓蒙字會』(1527)의 한자음을 나타낸다.

例字	<五>	<廣>	<中>		<한>	<六>	<法>	<訓>
日	:ᅀᆞ	人質	K. ńźiet	Z. ńiɪt		ᅀᅵᆯ	ᅀᅵᆯ	ᅀᅵᆯ
囉	·라	魯何			라			
吒	탁	陟駕		ta			타	

枳	기	諸氏	kjię	kiɪ				기
泮	바	普羊	p'uân	p'uân				
帝	:뎨	都計	tiei	tiɛi	뎨	뎨	뎨	뎨
勢	·셰	舒制	śi̯ɑi	śiæi		셔	셰	
覩	:도	當古	tuo	tuo				도
尾	:미	無匪	mjwei	miuəi				미
提	·뎨	是支	źię	dźiɪ		리	리	
娑	·사	素何	sâ	sɑ		사	사	
馱	·다	徒河			다	타	다	
野	:야	與者	i̯ɑ	ia			야	야
陛	:볘	傍禮	b'iei	biɛi		폐		폐
跛	바	布火	puâ	puɑ				
摩	:마	莫娑	muâ	muɑ	마	마	마	
訶	·하	虎何	xâ	xɑ		하	하	
室	·시	式質	śiet	śiɛt		실	실	
曳	:예	餘制	i̯äi	iæi				
薩	ᄉᆞ[3]	桑割			살	살	살	살
賀	·하	胡箇	ɣâ	ɣɑ			하	
祇	:ᄋᆞ	章移	tśie	tśiɪ			지	
鉢	ᄇᆞ	北末					발	발
多	다	得何	tâ	tɑ		다	다	
囊	·나	奴郎	nâng	nɑng				낭
度	·도	徒故	d'uo	duo		도	도	도
比	·비	房脂	b'ji	biI			비	
迦	가	居伽			가	가	가	
左	자	臧可	tsâ	tsɑ		좌	좌	좌

3) ·사, ·살.

특히 漢譯佛經에서는 梵文의 -a(-ɑ)음을 나타내기 위하여 漢字 앞에 '口'자를 附記하여 새로운 한자를 만들어 쓴 경우가 많다.

보기) 嚩 바 <集> 伏約切 哆 다 <廣> 敦加切
囉 라 <廣> 魯何切

4. 맺는 말

이 글은 漢譯佛經의 하나인 『五大眞言』의 한자음 가운데 주로 舌內入聲字의 用例를 고찰한 것이다. 즉 唐나라 스님 不空은 梵字로 된 佛敎의 眞言을 漢字로 音譯하여 『五大眞言』을 편찬하였다. 조선 성종 때에는 仁粹大妃(1437~1504)의 명으로 梵字와 漢字만으로 된 중국 원본에다가 표음문자인 훈민정음(한글)으로 注音하여 1485년(성종 16)에 조선본 『五大眞言』이 간행되었다. 이 글에서는 한글로 된 주음을 대상으로 하여 梵字와 音譯漢字와의 대응 관계를 살펴본 것이다. 그러나 필자는 범자에 대하여 잘 알지 못하므로 음역한자에 한글로 표음한 자료를 가지고 한역불경에서 한자음을 이용하여 梵音을 표음한 방식을 분석하였다.

간략한 고찰을 통하여 얻어진 결과는 다음과 같다.

(1) 한역불경에서는 자음의 성모음만을 이용하여 梵文의 음절말음 또는 어두음을 기록하였다.

訖 ㄱ 色訖 帝 乞 ㄱ 諾乞 灑
·싁 :뎨 ·낙 사

悉 ㅅ 地 悉地
·디 ·띠

瑟 ㅅ 悉 瑟吒
·시 ᄣᅡ

(2) 자음의 l-성모음을 이용하여 음절말의 -l음을 표기하기도 하였다.

囉 l- → -l 悉底囉 婆
·씰 바

羅 l- → -l 布羅 拏
·볼 ·나

哩 l- → -l 素哩 野
·솔 ·야

嘌 l- → -l 那嘌 智
·날 ·디

(3) -t → -l 현상을 '囉'자를 첨가하여 더욱 분명하게 나타낸 것도 있다.

薩 -l 薩囉 嚩囉 他
·살 ·발 타

羯 -l 羯囉 灑 抳
·갈 사 니

沫 -l 沫囉 麽
·말 ·마

(4) -t → -l 현상을 '囉' 이외에도 l- 성모를 가진 字音으로 나타낸 예가 있다.

㘑 l- 捺 㘑
·ᄂᆞ :례

哩 l- 捺 哩 野
:ᄂᆞ ·리 :야

嘌 l- 阿 蜜 嘌
아 ·ᄆᆞ ·리

嚕 l- 咄 嚕
ᄃᆞ ·로

(5) -t → -l을 나타낸 표기

訥	-l	訥	豍	沫	-l	沫	惹
		·놀	:비			말	:ᅀᅡ

(6) -t를 유지하고 있는 표기 예도 있다.

悉	-t	悉	地野	沒	-t	沒	地野
		·싣	:댜			·몯	:댜

(7) 漢譯佛經에 종사하였던 鳩摩羅什 등은, 불교 승려나 불교 신자들이 불경을 되도록 '樂誦' 하도록 힘썼으므로, 文體도 다듬고 발음도 부드럽게, 그리고 梵文의 -r-, -l-음을 충실히 반영하도록 하였다. 그 결과 舌內入聲韻尾 -t를 가진 字音들로 梵文을 音譯하였더라도, 불경을 되풀이해서 읽던 사람들은, 薩 '삳'이 '살'로 鉢 '받'이 '발'로, 達 '닫'이 '달'로 읽히고 또 굳어졌을 것이다.

이와 동시에 이러한 한역불경 한자음의 전통이 우리 나라 전승 한국한자음으로 이어지고 또 굳어져서, 전승 한국한자음에서 舌內入聲韻尾 -t이 -l로 변화한 하나의 要因이 되었을 것이다.

(8) 또한 중국에서 음운학이 발달된 것은 한역불경 사업에 종사하였던 佛僧들의 영향이 컸었다. 이들은 梵文과 漢字音을 비교하는 과정에서 두 언어의 차이를 인식하고 인도음성학의 지식을 활용하여 漢字音을 자세히 고찰하고 분석하였다. 이리하여 魏晋南北朝 시대에 중국음운학이 발달하였다.

따라서 우리 전승 한자음도 불교 및 불경의 전래와 함께 佛僧들이 가르친 음이 차츰 자리를 잡은 것일 것이다.

(『韓國語硏究』 2, 2004, 韓國語硏究會)

참고 문헌

姜吉云(1957), 「五大眞言音譯考-並書를 중심으로」, 『一石李熙昇先生頌壽記念論叢』, 一潮閣, pp.23～49.

姜信沆(1988), 「朝鮮初期韓國漢字音(高麗譯音)資料」, 『中央硏究院歷史語言硏究所集刊』 59-1, 台北.

______(1997), 「韓國漢字音(高麗譯音)의 舌內入聲韻尾 -t>-l에 對하여」, 『趙恒瑾先生華甲紀念論叢』, 刊行委員會, pp.23～40.

김민수 외(2001), 『고려대장경의 고전범어문법연구』, 月印, pp.27～327.

金英培(1972), 『釋譜詳節 第二三・二四 注解』, 一潮閣.

安秉禧(1971), 「十五世紀의 漢字音 한글 表記에 대하여」, 『金亨奎博士頌壽紀念論叢』, 刊行委員會, pp.373～380.

______(1987), 「한글판 <오대진언>에 대하여」, 『한글』 195, 한글학회, pp.141～164.

안주호(2002), 「《眞言勸供・三壇施食文諺解》의 진언표기방식 연구」, 『國語學』 40, 國語學會, pp.89～110.

羅常培(1931), 「知徹澄娘音値考」, 『歷史語言硏究所集刊』 3-1, 中央硏究院.

______(1933), 『唐五代西北方音』, 中央硏究院歷史語言硏究所單刊 甲種之 12.

陸志韋(1947), 「記蘭茂韻略易通」, 『燕京學報』 32期, pp.161～168.

周法高(1975), 「切韻魚虞之音讀及其流變」, 『中國言語學論文集』(原 『1948 中央硏究院歷史語言硏究所集刊』 13 所收), 聯經出版事業公司, 台北, pp.71～104.

兪　敏(1999), 「後漢三國梵漢對音音譜」, 『兪敏言語學論文集』, 商務印書館, pp.1～62.

魏承恩(1991), 『中國佛教文化論稿』, 上海人民出版社, pp.1～75.

丁福保編(1977), 『佛學大辭典』 上・下, 佛敎出版社, 台北.

王啓濤(2001), 『魏晋南北朝語言學史論考』, 巴蜀書社, 成都, pp.13～213.

『훈민정음』「해례」 설명에 나타난 몇 가지 문제

1. 머리말

연세대학교 국학연구원 주최로 열린 '국어사 학술발표 대회'의 주제는 "국어사 연구 어디까지 와 있는가"였다. 따라서 이 주제에 맞추어서 이 글에서는 『훈민정음』에 대한 종합적인 검토라기보다 그동안 『훈민정음』(해례본)을 연구해 오는 과정에서 검토가 미진했다고 여기고 있는 항목에 대해서만 중점적으로 기술하겠다.

훈민정음은 중국음운학과 중국문자학의 기초 아래 1443년(세종 25)에 창제된 표음문자다. 원래 중국음운학은 음운 분석을 목적으로 하는 학문이므로, 훈민정음도 이 학문을 활용하여 15세기 중세국어의 음운을 분석하고 이를 제대로 표기하도록 마련되었다.

이 훈민정음에 대하여, 1446년(세종 28) 9월까지 주로 집현전 학사들이 漢文으로 해설을 하고 책이름을 역시 『훈민정음』이라고 하였다.

『훈민정음』의 내용은 중국음운학과 중국문자학, 그리고 宋學 이론으로 되어 있으므로, 15세기 중세국어의 음운체계를 제대로 반영한 면도 있고, 어느 부분은 부합되지 않는 면도 있다. 그리하여 이런 면에 대하여 여러 각도에서 깊이 考究되어 왔다. 그 결과 다음과 같이 평하는 글도 나타났다.

> 한글의 제자 원리는 현재 완벽하게 구명되어 있다고 보기 어렵다. 지금까

> 지 그에 관한 연구가 많았다고는 하지만, 그것은 주로『訓民正音』등에 기록되어 있는 내용에 대해서였고, 그 외의 경우에는 아직 문제 제기조차 제대로 되어 있지 않은 경우도 많다. (강창석, 1996)

이와 같이 그동안의 논의가 불충분했다는 지적도 있으므로,『훈민정음』의 기술을 다시 한번 자세히 분석해 보도록 하겠다.

2.『훈민정음』「해례」와『성리대전』

1)『훈민정음』「해례」에 나타난 宋學思想

『훈민정음』은 본문인「예의편」과 이를 해설한「해례편」으로 이루어지고 있다. 본문인「예의편」에는 새 표음문자인 '훈민정음'의 창제 취지를 밝힌 세종대왕의 서문과 새 글자가 나타내는 음가 및 새 글자의 운용법이 간단하고도 요령있게 기술되어 있다.

「해례편」에서는「제자해」,「초성해」,「중성해」,「종성해」,「합자해」등 다섯 부분에서 새 글자에 대해서 자세히 설명하고 나서 새 글자의 실지 표기를 보인「용자례」를 실었으며, 끝에 가서 정인지가 다시 한번 새 글자를 창제하게 된 이유와 새 글자 '훈민정음' 창제자, 그리고「해례」집필자들을 밝혔다.

따라서『훈민정음』은 새로 창제된 '훈민정음'이라는 표음문자에 대하여 문자학적으로 또는 언어학적으로 해설한 책이라고 할 수 있다.

그런데「해례편」가운데「제자해」의 내용은 문자학이나 언어학적 설명보다는『주역』이나 '음양오행설' 또는 중국의 '象數學'에 바탕을 둔 설명이 상당히 많은 분량을 차지하고 있다.

이것은「해례」집필자들의 학문적인 소양이, 송나라 때 학문인 성리학에 있었기 때문이었다.

훈민정음 창제 무렵의 조선시대 학자들이, 성리학에 관하여 학문적인 소양을 쌓게 된 것은, 1419년(세종 1)에 전래된 『성리대전』의 영향이었다.

송나라 때의 학자 120명의 학설을 집대성한 『성리대전』(70권, 1415년, 명 성조 영락 13)에는, '송학'의 비조라고 하는 周敦頤(號 濂溪, 1017~1072)의 『太極圖』·『太極圖說』부터 시작하여 張載(號 橫渠, 1020~1077)의 『西銘』, 邵雍(號 康節, 1011~1077)의 『皇極經世書』, 그리고 『易學啓蒙』, 『律呂新書』 등 여러 서적이 수록되어 있다.

「해례편」은 이와 같은 학문적인 소양을 가진 학자들이 집필하였으므로, 자연히 15세기 중세국어의 음운체계와 부합되지 않는 내용도 담게 되었다. 이 글에서는 이러한 부분을 생각해 보고자 한다.

2) 邵雍 等韻學의 특징

等韻圖는 唐代 中期 以後에 佛敎 僧徒의 손으로 작성되기 시작하였다. 36字母의 기초를 만든 '守溫韻學 殘卷'도 '南梁漢 比丘 守溫'의 작품이었다.

沈括(1029~1093), 『夢溪筆談』 권15에서는 '切韻之學'이 원래 西域에서 나왔다고 하였고, 鄭樵(1104~1162), 『通志·七音略』에서는 "'七音之韻'이 西域에서 시작하여 중국으로 전해졌다. 梵僧은 이것으로 佛敎를 天下에 布敎하려고 했었다."라고 하였다.

또 祝泌은 「皇極經世解起數訣·聲音韻譜序」(1241, 淳祐 元)에서 '胡僧 了義'가 '36字母'를 만들었다고 하였다. 이것으로 보아 等韻學의 분석방법과 梵語學은 관련이 있으며, 等韻學에서 쓰이는 '36字母', '內外', '四等', '淸濁', '七音', '開合'과 같은 술어들이 梵語 言語學에서 나온 것으로 보고 있다.

또 한편 宋나라 이전의 중국음운학은 漢나라 이래의 術數家 思想과 印

度 계통의 言語神秘思想의 영향도 받아 왔다.

중국음운학의 초창기에는 南北朝 時代부터 語音現象을 樂律 用語로 설명하다가 術數家의 思想을 받아들였다. 그 단계는 『周易』에서 중시하는 '數'의 관념, 樂律과 '數'의 결합, 樂律과 時間의 결합으로 이루어졌다.

'數'의 개념은 『주역』에서 상당히 중시되었으며, 『周易』「繫辭傳 上」의 예를 보면 다음과 같다.

天數二十有五 地數三十 凡天地之數五十有五 此所以成變化而行鬼神也

이와 같이 『주역』에서는 '數'를 가지고 우주 안의 모든 사물과 현상, 시간의 변화를 해석하였다.

중국 樂律理論上 양대 개념인 '五音(宮商角徵羽)'과 '十二律'은 이미 東周 때 나타났으며, '數'를 매개로 하고 '五行'과 '十二月'의 개념과 결부되어 하나의 '樂律象數思想'이 성립되었다. 西漢 때에 이르러 이러한 사상은 '聲音'을 이용하여 占을 치는 방법으로 발전하였다.

한편 東漢 이래 불교 경전이 중국에 들어오고, 불경을 번역하는 과정에서 梵語學과 인도 언어사상이 큰 영향을 끼치게 되었다. 특히 佛僧들이 불경을 번역하는 과정에서 反切法, 四聲, 36字母와 7音 분류법 등이 중국음운학에서 발전하였다. 또한 인도의 언어신비사상도 전해 와서 중국에 영향을 주었다.

인도에서는 梵語의 梵字를 梵天(불교에서 말하는 조화의 신)이 만들었다고 믿어 왔으며, 불교에서도 이렇게 믿고 있었다. 이러한 사상이 후대에 道教와 術數家들에게 적지 않은 영향을 주었다.

불교의 전래와 함께 중국음운학에 끼친 또 하나의 영향은 '語音總表'의 개념이었다. 인도에서는 발음부위와 발음방법 등으로 語音을 엄밀히 분류하였는데, 梵文 字母表인 『悉曇章』은 梵語의 모든 音節表를 보인 것이며, 密教 계통의 佛僧들은 『실담장』이 범어뿐만 아니라 세계 모든 언어의 음절을 나타내는 것이라고 믿었다. 이러한 생각이 等韻學 발전의 기초가 되었다.

邵雍의 『皇極經世聲音唱和圖』는 그의 아버지인 邵古(號 伊川丈人, 986~1064)가 『正音』에서 綜合한 術數와 佛教의 언어신비사상을 그대로 이어받아서 작성한 것이었다. 원래 言語音을 이용하여 점을 치는 '術數'파들은 이상적인 음운체계를 韻圖 형식으로 나타내어 만물의 존재를 설명하려고 한 것으로서, 『皇極經世』의 思想은 陳摶(?~989)에서 시작하여 '盧山老僧'과 李之才를 거쳐 邵古로 이어지고, 邵雍의 아들인 邵伯溫(1057~1134)으로까지 이어졌다. 이들의 '正聲', '正字', '正音' 사상은 『性理大全』에 수록된 「皇極經世書」와 이에 대한 註에 모두 나타나 있다.

『皇極經世聲音唱和圖』는 『皇極經世天聲地音圖』라고도 불리며, 위에는 '聲'을 나열하고 아래에는 '音'을 나열한 16篇 32圖로 되어 있다. 이 도표는 전통적인 等韻圖表를 전연 따르지 않고, 12세기 洛陽 지역의 현실 구두어 어음을 기준으로 한 것이었다.

도표 안에서 10으로 크게 나눈 '聲'은 韻類이며, 12로 크게 나눈 '音'은 聲類를 가리키는 것이다. 각 '聲' 안에서는 闢(開口)과 翕(合口)으로 나누었고, 각 '音' 안에서는 淸濁과 開(1等), 發(2等), 收(3等), 閉(4等)로 나누었는데, 성모와 운모 분류법은, 다른 등운학자들이 聲과 韻으로 분류하던 분류 방식과는 달리 邵雍은 音節(字音)을 IMi-(I=聲母, Mi=i介音)와 -MuVE/T(Mu=u介音, V=主母音, E=韻尾, T=聲調)로 나누어, 전자를 12音圖에 후자를 10聲圖에 수록하였다. 예를 들면 k/a(1등)를 開에, ki/a(3등)를 收에 배열하였다.

세종 원년(1419)에 『성리대전』이 전래된 이후, 집현전을 중심으로 해서 『성리대전』의 내용에 대하여 깊은 연구가 진행되었을 때, 집현전 학사들이 『황극경세성음도』의 구성법을 터득하지 못했을 까닭이 없다.

중국음운학에서 하나의 字音을 음절초자음(韻頭), 개음, 운복, 운미로 분석하는 법을 훈민정음에서 초성, 중성, 종성으로 삼분할 때 참고하였을 것이고, 이러한 연구 결과가 「해례」 집필 때에도 반영된 것이다.

3. 『훈민정음』 「해례」에서 설명한 초성체계상의 몇 문제

1) 훈민정음 초성체계

『훈민정음』의 첫 항목인 「제자해」에서는

正音二十八字 各象其形而制之

라고 하고, 이어서

初聲凡十七字

라 하여 훈민정음 초성체계는 다음과 같이 17로 되어 있다.

ㄱ ㄴ ㅁ ㅅ ㅇ ㅋ ㄷ ㅌ ㅂ ㅍ ㅈ ㅊ ㆆ ㅎ ㆁ ㄹ ㅿ

그런데 『훈민정음』의 본문이라고 할 수 있는 例義 부분에서는 並書의 字形은 예시하지 않았으나, "並書 如虯字初發聲"과 같이 並書 여섯 글자가 더 있음을 말하였다. 그리고 「제자해」 중간 부분에서는 병서글자의 자형도 보이면서 다음과 같이 23자를 가지고 설명하였다.

以聲音淸濁而言之
ㄱ ㄷ ㅂ ㅈ ㅅ ㆆ 爲全淸
ㅋ ㅌ ㅍ ㅊ ㅇ ㅎ 爲次淸

ㄲ ㄸ ㅃ ㅉ ㅆ ㆅ 爲全濁

ㆁ ㄴ ㅁ ㅇ ㄹ ㅿ 爲不淸不濁

따라서 훈민정음 창제자 및 『훈민정음』 집필자들이 생각하고 있던 훈민정음 초성체계는 23자음 체계였다.

그러나 이 23초성체계는, 중국 36자모체계를 본보기로 한 것이었기 때문에 15세기 중세국어의 子音體系와 어긋나는 면도 있었다.

이제 이 23 체계 가운데 그동안 논의되어 온 항목을 중심으로 검토해 보기로 하겠다.

2) 전탁글자

『훈민정음』「제자해」에서는 전탁의 음가를 다음과 같이 설명하였다.

> 全淸並書則爲全濁 以其全淸之聲凝則爲全濁也
>
> 唯喉音次淸爲全濁者 盖以ㆆ聲深不爲之凝 ㅎ比ㆆ聲淺 故凝而爲全濁也
>
> 전청글자를 나란히 쓰면 전탁글자가 되는 것은, 전청소리가 엉기면 곧 전탁소리가 되기 때문이다.
>
> 오직 목구멍소리의 차청인 ㅎ이 전탁소리가 되는 것은 대개 (후음의 전청인) ㆆ은 소리가 깊어서 엉기지 않고 ㅎ은 ㆆ에 비하여 소리가 얕기 때문에 엉기어 전탁소리가 되기 때문이다.

『훈민정음』 집필자들은 여러 곳에서 어떤 '음'과 이 '음'을 표기하는 '글자'를 同一視하여 설명한 부분이 많다. 따라서 이 글도 제대로 이해하려면 "'전청음인 무성무기 어두자음'을 기록하는 '전청글자'들을 나란히 쓰면 '전탁음'을 기록하는 '전탁음글자'가 되는데, 이것은 전청소리가 엉기어 전탁소리가 되는 것을 나타내는 것이다."라고 해야 할 것이다.

국어사상으로 보면, 국어의 파열음과 마찰음은 애당초 '무기 · 무성'의 한 종류밖에 없다가 '유기 · 무성' 폐쇄음이 발달하고, 이어서 '성문폐쇄 수반음'인 된소리가 발달하여, 3 계열이 되었다. 「제자해」의 설명은, 15세기 중세국어의 폐쇄음이 이미 3 계열이었음을 말한 것이다.

이상과 같은 설명은 『훈민정음』 편찬자들이 전탁음을 '전청음이 엉긴 음'이라 하여 '성문폐쇄음'이나 '후두긴장음'이 수반된 음으로 인식하고 있었음을 말한 것이다. 그래서 애당초부터 성문폐쇄음인 'ㆆ'(ʔ)음은 '엉길 수가 없다'고 한 것이다.

그런데 신숙주가 쓴 『東國正韻』(1447)의 서문에서는

> 我國語音 其清濁之辨 與中國無異
>
> 우리나라 말소리는 그 청탁의 구별에 있어서 중국과 다를 바가 없다.

라고 하였다. 여기서 말하는 '중국의 청탁'이 무엇을 뜻하는 것인지 분명치 않으나, Karlgren이 유성음으로 재구한 漢語 중고음의 전탁음이 15세기의 중국 북방음에서는 이미 소실되어 있었다. 이러한 사실을 『사성통고』(1455년경) 「범례」에서도 지적하고 있다.

> 全濁上去入三聲之字 今漢人所用初聲 與清聲相近 而亦各有清濁之別 濁平聲之字初聲 與次清相近
>
> 지금 한인이 쓰고 있는 초성 가운데, 전탁음의 상 · 거 · 입 3성의 글자들은 청성(전청음)과 가깝게 발음하되 역시 원래 청성이었던 음과 구별이 있으며, 유독 전탁음의 평성글자 초성은 차청음과 가깝다.

또 『홍무정운역훈』 서문(1455)에서도 "全濁之字平聲 近於次清 上去入近於全清 世之所用如此"라고 하였다.

이러한 漢語 전탁음의 변화는 오늘날까지 그대로 유지되고 있다. 그런데

도 明나라 초기인 1374년(태조 7)에 수도인 南京(1369년 건국, 1421년 北京으로 천도)에서 편찬된 『洪武正韻』에서는 31자모체계를 설정하고 전탁음 6모를 보존하고 있다. 따라서 『홍무정운』의 가치를 높이 평가하고 있던 당시의 학자들은 "我國語音 其淸濁之辨 與中國無異"라고 표현한 것으로 보인다. 그 결과 『동국정운』 서문에서는 "於字音 獨無濁聲 豈有此理"라고 하여 '동국정운 초성체계'에서는 '濁聲' 곧 전탁음을 존치시킬 것을 명시하고 있다.

이와 같은 '자음의 탁성'에 대하여 당시의 학자들이 중세국어의 '엉긴음'(凝)으로 인식하고 있었다면 전청글자를 병서한 ㄲ ㄸ ㅃ ㅆ ㅉ ㆅ은 '엉긴 음'(성문폐쇄 수반음)으로 볼 수 있고, 같은 시기에 편찬된 『홍무정운역훈』(1455) 안의 전탁음은 전통적인 한어의 유성음을 보존한 『홍무정운』의 성모이므로 이를 표기한 ㄲ ㄸ 등은 『홍무정운역훈』 편찬자들이 '전탁음'을 '엉긴 음'으로 인식하고 있었다고 하더라도 역시 유성음을 표기한 것으로 보아야 한다.

3) ㆁ과 '異其體'

『훈민정음』은 「제자해」에서는 다음과 같이 훈민정음의 제자원리를 밝혔다.

> 正音二十八字 各象其形而制之

우선 훈민정음 28자가 각각 '其形'을 '象'하여 '制之'하였다 하고, 각 조음부위별로 기본이 되는 다섯 글자의 象形 내용을 보이었다.

> 牙音 ㄱ 象舌根閉喉之形
> 舌音 ㄴ 象舌附上齶之形

脣音 ㅁ 象口形

齒音 ㅅ 象齒形

喉音 ㅇ 象喉形

이어서 나머지 글자들은 '聲'과 '厲'를 기준으로 기본글자에 '加劃'하여 제자하였다. 따라서 동양의 전통적인 관점에서 본다면, 기본글자 'ㄱ ㄴ ㅁ ㅅ ㅇ'은 사물의 본체인 '體'가 되고, 'ㅋ ㅌ' 등 加劃字는 사물의 作用을 말하는 '用', 곧 기본글자의 '用'이 되는 것이다. 원래 본체와 작용의 근본은 '體用一原'이라 하여 하나이므로, 기본글자(체)에서 가획자(용)가 나오는 것이다. 그런데 'ㆁ'은 '因聲加劃之義 皆同'인 '用'에서 벗어나서 제자되었으므로 '唯ㆁ爲異'라 하여 '體'가 되는 'ㄱ'의 '用'(加劃之義)으로 제자된 것이 아님을 밝힌 것이다.

또 '半舌音 ㄹ'과 '반치음 ㅿ'도 "亦象舌齒之形"이지만, 기본글자 '體'인 'ㄴ'이나 'ㅅ'에서 '加劃'으로 제자된 글자가 아니므로 '異其體'라고 하였다. 그러므로 이들은 字形이 조금씩 다르다는 뜻으로 쓰이는 '異體字'가 아니고, '體가 다른 글자' 곧 기본글자에서 나온 글자가 아니라는 뜻으로 쓰인 '異其體'字인 것이다.

훈민정음 초성글자의 하나인 'ㆁ'이 牙音으로 설정된 것은, 훈민정음 23 초성체계에 맞추기 위한 것이었다.

『훈민정음』「예의편」(본문)에서는 마치 'ㆁ'이 초성자리에서 조음이 되는 것처럼 "ㆁ 牙音 如業字初發聲"이라고 설명하였다.

또 『훈민정음』「해례」 편찬자들은, 「제자해」에서 "牙之ㆁ舌根閉喉 聲氣出鼻"라고 하여 'ㆁ'의 음가가 [ŋ]이라고 설명하였다. 그러면서 「종성해」에서 "ㅇ 聲淡而虛"라고 하여 'ㅇ'의 음가가 [zero]임을 알고 있으면서도, 「제자해」에서는 "牙之ㆁ雖舌根閉喉 聲氣出鼻 而其聲與ㅇ相似"라고 하였다.

이것은 순전히 중국 36자모와 漢語字音(漢音) 변화를 바탕으로 한 설명이다. 漢語 中古音에서는 牙音의 不淸不濁音으로서 '疑母'를 설정할 수 있을 만큼, 音節初子音(字音의 첫머리)에서 'ŋ-'음이 실현되고 있었다. 그러나 12세기경부터 어두의 'ŋ-'음은 차츰 소실되기 시작하여, 15세기경의 漢音에서는 일부 方言을 제외하고 거의 소실되었다. 그 결과 중국 36자모를 가지고 字音을 표시하던 韻書에서는, 애당초부터 'j-, ɦ-' 음절초 자음을 표시하던 喩母와 혼동이 생겨서 疑母를 가지고 표기해야 할 字音에 喩母로, 喩母로 표시해야 할 자음에 疑母로 표시하기도 하였다. 이러한 사실을 『훈민정음』「제자해」에서는 "ㆁ과 ㅇ이 相似"라 "故韻書疑與喩多相混用"이라고 설명했다.

훈민정음을 창제할 때, 'ㆁ[ŋ]'과 'ㅇ[zero]'에 대하여 위와 같이 인식하고 있지 않았었더라면, 'ㆁ'자의 모습은 달리 마련되었을 것이다. 특히 15세기 중세국어의 어두에도 'ŋ-'음은 어두자음으로 실현되지 않았었으므로, 終聲으로만 쓰인(連綴 때에는 초성으로 표기되었음) 'ㆁ'자가 牙音의 不淸不濁字로 制字되지는 않았을 것이다.

4) 各自並書와 合用並書의 音價

各自並書의 음가에 대해서는 「제자해」에서 우선 표기 문제를 가지고 다루었다.

> 全淸並書則爲全濁(전청글자를 나란히 쓰면 전탁글자가 된다.)

이어서 음가를 다음과 같이 설명했다.

> 以其全淸之聲凝則爲全濁也(전청음을 가지고 음이 엉기면 전탁음이 된다.)

이것은 各自並書로 표기된 전탁음이 '성문폐쇄음'임을 분명히 말한 것이다.

그러나 合用並書에 대해서는 설명이 없다.

『훈민정음』「예의편」(본문)에서는 "初聲合用則並書"라고 하여 합용병서의 표기법에 대하여 설명하였을 뿐이다.

『훈민정음』「합자해」에서는

初聲二字三字合用並書 如諺語 ·ᄯᅡ爲地 ᄧᅡᆨ爲隻 ·ᄢᅳᆷ爲隙之類

라고 하여 역시 두 글자나 세 글자를 합해서 표기하는 보기를 보이었다. 그러면서도 「용자례」에서는 합용병서의 보기를 하나도 들지 않았다.

15세기 초기 정음문헌에 쓰인 합용병서에는 ㅅ계, ㅂ계와 ㅄ계가 있는데, 그동안의 논의에서 ㅂ계병서는 모든 글자가 각각 음가대로 발음되었을 것이라는 설명이 유력하여 이에 대해서는 별로 이의가 없었다. 그런데 ㅅ계병서에 대해서는 ㅂ계와 마찬가지로 제 음가대로 읽혔을 것이라는 설과, 후세에 '된시옷'이라고 불렸듯, 'ㅅ'이 이미 15세기 중세국어부터 '된소리' 표기부호였을 것이라는 설명이 있었다.

그러나 1485년(성종 16)에 한글로 표기되어 간행된『五大眞言』을 보면 ㅅ계 합용병서도 각각 제 음가대로 읽혔던 것으로 보인다.

『오대진언』은 원래 당나라 不空(705~774, 출신은 北天竺, 오늘날의 스리랑카 사람)이 梵文으로 된 眞言(부처님 말씀)을 漢語 字音으로 音譯한 漢譯佛經의 하나다. 이것을 仁粹大妃(1437~1504)의 명을 받아 學祖 등 고승이 1485년(성종 16)에 梵字와 漢字만으로 된 중국본 불경을 구해다가 梵字와 그것을 音譯한 漢字 옆에, 한글 음역을 기록한 것이다.

不空은 漢語의 字音을 이용하여 梵文을 音譯할 때 1 對 1로만 한 것이 아니다. 경우에 따라서는 字音의 頭音(音節初子音)만을 이용하여 표음하기도 하였다.

頭音만으로 앞 字音의 韻尾를 표기한 예(한글은 學祖 등의 注音)

訖 ㄱ	穆訖	色訖	
	·목	·식	
乞 ㄱ	藥乞	諾乞	洛乞
	·약	낙	·락
葛 ㄱ	藥葛	囉葛	
	·약	·락	

두 字音 가운데 뒤에 오는 字音의 頭音만을 이용하여 하나의 음절로 표기한 예

哩 ㄹ	素哩	捺哩
	·솔	·놀
羅 ㄹ	布羅	
	·볼	
嘌 ㄹ	慕嘌	那嘌
	·몰	날
鉢 ㅂ	你鉢	颯鉢
	납	·삽

이와 같이 頭音만으로 梵文을 표기하는 방식은 合用並書로 나타나고 있다.

悉 ㅅ	悉底囉 娑	地 悉耻	
	·씰 바	·디 ·씨	
瑟 ㅅ	悉 瑟吒 野	地 瑟底多	尾 瑟普
	·시 싸 야	·디 ·씨 다	·미 :ᄲᅩ

塞 ㅅ	塞仡 哩	塞訖 哩		
	·ᄭ ·리	·ᄭ :리		
窣 ㅅ	窣覩 帝			
	ᄯᅩ :뎨			
娑 ㅅ	娑普		娑怛 他	娑底囉 婆
	·ᄲᅥ		ᄯᅡ ·타	·ᄯᅵᆯ ·바

이상의 예를 정리하면『오대진언』안에 ㅂ계 합용병서의 예는 나타나지 않고 ㅅ계 합용병서의 예만 나타난다.

ᄭ	塞訖 哩	
	·ᄭ :리	
ᄯ	咄 瑟吒	賀 娑哆 野
	·도 ᄯᅡ	·하 ᄯᅡ 야
ᄲ	尾 薩普	尾 瑟普
	·미 ·ᄲᅥ	·미 :ᄲᅥ

『오대진언』에 나타나는 이들 ㅅ계 합용병서는 도저히 된소리로 볼 수가 없다. 실지로 漢譯 佛經에서는 다음과 같이 s : 瑟, s : 悉의 대응관계를 보여주고 있다.

Jyaistha	Kausthila	Sthavira
逝瑟吒	俱瑟祉羅	悉替那

두 글자나 세 글자를 합해서 표기하는 방식은, 초성글자만 해당되는 것이 아니라, 중성글자와, 초성글자를 이용하여 종성을 표기하는 경우에도 적용되었다.

이와 같이 佛經을 漢譯하면서 漢語 字音의 일부를 이용하여 梵文을 기록하던 방식을 「해례」 집필자들도 알고 있었으므로, 새삼스러이 합용병서의 음가에 대하여 설명할 필요를 느끼지 못했던 것으로 보인다.

5) 喉音의 'ㆆ'와 'ㅇ'

15세기 중세국어의 음운을 분석하여 23 어두자음 체계(초성체계)에 맞는 훈민정음을 창제한 것은, 중국음운학의 지식을 활용한 결과였다. 그러나 중국 36자모체계에 맞추려고 한 나머지 한계도 있었다. 가장 두드러진 것이 후음의 'ㆆ'와 'ㅇ'이다.

중국음운학에서는 당나라 말기부터 북송 때에 걸쳐서 한어 字音의 모든 음절초 子音을 조음위치별(아 · 설 · 순 · 치 · 후)로 나누고 음의 성질(전청 · 차청 · 전탁 · 불청불탁)에 따라서 분류한 36자모를 마련했었다. 훈민정음 창제 때에는 36자모 가운데에서 중세국어에서는 필요가 없던 13자모를 없애고 훈민정음 23초성체계에 맞는 초성글자를 창제하였다.

이 가운데 후음글자로 창제된 글자에 대하여 『훈민정음』 본문(「예의편」)에서는 다음과 같이 음가를 설명하였다.

> ㆆ 喉音 如挹字初發聲
>
> ㅇ 喉音 如欲字初發聲

「합자해」에서는

> 初聲之ㆆ與ㅇ相似 於諺可以通用也

라고 하여 「종성해」에서 'ㅇ聲淡而虛'라고 하였던 'ㅇ'와 'ㆆ'를 '相似'라 하고 중세국어에서는 '可以通用'이라고 하였다. 또 「용자례」에서

ㅇ 如 ·비육 爲鷄雛 ·ㅸ얌 爲蛇

라고 하여 'ㅇ'자의 용례는 보이었으나 'ㆆ'자의 용례는 보이지 않았다.

따라서 'ㆆ'자는 애당초 필요 없는 글자가 창제된 것이다.

'ㅇ'자도 「예의편」에서 "凡字必合而成音(초성 · 중성 · 종성 글자는 단독으로 쓰이지 않고 반드시 결합해야만 음절을 이룬다)"이라는 기본원리에 따라서 초성글자로 쓰였을 뿐, 「종성해」에서 "ㅇ聲淡而虛 不必用於終 而中聲可得成音也"라고 했듯이 음가가 없는 글자였다. 15세기 중세국어에서 '노래'를 '놀애'와 같이 표기한 예를 가지고 'ㅇ'에도 어떤 음가([ɦ])가 있었다고 보는 견해가 있으나, 창제 당시부터 그러한 음가를 생각하고 창제하였는지는 분명하지가 않다.

6) 'ㅸ'

훈민정음 23초성체계 안에 들어가지 않았으나 『훈민정음』 「용자례」에서 용례를 보인 글자다. 제자 방법에 대해서는 『훈민정음』 「예의편」에서

ㅇ連書脣音之下 則爲脣輕音

라고 하여 '音'과 '글자'를 混同하고 있으므로 이 문장을 바로잡으려면 다음과 같이 해야 될 것이다.

ㅇ連書脣音(字)之下 則爲脣輕音(字)

ㅇ를 순음글자 아래에 이어쓰면 순경음 글자가 된다.

이 규정에 따르면 순음글자 ㅂ ㅍ ㅃ ㅁ 아래에 'ㅇ'를 이어쓰면 순경음 글자인 ㅸ ㆄ ㅹ ㅱ가 된다고 하였다. 그러면서 「제자해」에서 순경음의 음

가를 다시 설명하였다.

ㅇ連書脣音之下 則爲脣輕音 以輕音脣乍合而喉聲多也

이와 같이 脣輕音字의 음가까지 설명하면서 훈민정음 23초성체계에 포함시키지 않았었다. 그러면서도 「용자례」에서는 용례를 보이었다.

ㅸ 如 사·ᄫᅵ 爲蝦

4. 『훈민정음』에서 예시한 중성체계상의 몇 문제

새 표음문자인 '훈민정음'을 창제할 때, 한음에서 어두자음을 중국 36자모로 분류하는 기준이 있었으므로, 중세국어의 어두자음도 이러한 기준을 적용하여 23초성글자를 창제했었다. 그런데 비록 중국음운학의 등운학 분야에서 韻母音을 세밀히 분석하는 방법이 발달되어 있었으나, 중세국어의 모음체계를 분석하는 데 원용하기에는 적절하지 않았다. 그래서 중세국어의 모음체계에 대해서는 독자적인 관점에서 세밀히 분석하여 중세국어의 모음체계에 맞는 합리적인 모음글자를 창제하였다.

즉 훈민정음의 모음체계는 중국 36자모표를 모방한 '훈민정음 초성체계'와는 달리 한어의 어느 모음체계를 기준으로 한 것이 아니었다. 그래서 15세기 중세국어의 7단모음체계에 대해서는 이를 제대로 파악하고 이들을 모음조화의 원리에 따라 양모음 계열과 음모음 계열로 분류해서 설명했다.

그러나 몇 가지 문제는 더 분명히 해 둘 필요가 있을 듯하여 다음에 기술하였다.

1) ‘·’의 조음위치

다음과 같은 『훈민정음』 「제자해」의 설명에 의하면, ‘ ˎ’는 분명히 ‘후설원순중모음’이다.

· 舌縮而聲深　　ㅡ 舌小縮而聲不深不淺

ㅣ 舌不縮而聲淺

此下八聲 一闔一闢

ㅗ 與·同而口蹙　　ㅏ 與·同而口張

ㅜ 與ㅡ同而口蹙　　ㅓ 與ㅡ同而口張

이러한 설명을 기준으로 해서 金完鎭(1978)에서는 중세국어의 모음도를 다음과 같이 추정하였다.

이　　　　으(우)

어

　　　　ᄋᆞ(오)

아

이 ‘·’는 후세에 ‘ㅡ, ㅏ, ㅗ, ㅓ’로 변하였다. 이러한 다양한 변화 유형을 근거로 해서, 조창규(1994:62)에서는 ‘그 원인을 모음체계도상의 모음위치에서’ 찾으려 했다. 즉 ‘ᄋᆞ가 중설·중위 모음이었다는 점에서 그 원인을’ 찾고자 하였다. 이것은 타당한 견해라고 생각한다.

외국음으로 중세국어의 음을 표음한 자료를 근거로 하여 ‘·’음을 추정하는 것은 매우 어려운 일이며, 정확성을 기하기도 어렵다. 그러나 대체적인 짐작은 할 수 있다.

『朝鮮館譯語』는 '훈민정음'이 창제된 시기와 거의 비슷한 시기에 편찬된 것으로 인정되고 있다. 이 자료에서는 'ㆍ' 모음을 가진 중세국어의 어휘를, ə와 u(ə)n으로 추정되는 『韻略易通』(1442)의 眞文·侵尋部 字音으로 표기하고 있다.

중세국어	朝譯		중세국어	朝譯	
ᄃᆞᆯ	得二	tə-r	ᄒᆡ	害	xai
ᄡᆞᆯ	色二	ʂə-r	ᄆᆞᆯ	墨二	mə-r
ᄆᆞᆰ다	墨大	mə-ta	ᄒᆞᆰ	黑二	xə-r
ᄆᆞᆯ근식	墨根色	mə-kən-ʂə	ᄃᆞᆯᄃᆞ리	朶得屢	tɔ-tə-liʉ
ᄇᆞᄅᆞᆷ	把論	pɑ-lu(ə)m	바ᄅᆞᆯ	把剌	pɑ-lɑ
ᄀᆞᅀᆞᆯ	格自	kə-tsï	ᄇᆡ	擺	pai
사ᄉᆞᆷ	洒滲	ʂa-ʂəm	아ᄃᆞᆯ	阿得二	ɔ-tə-r

일반적으로 『조선관역어』에서는 중세국어의 모음을 표기할 때 여러 가지 字音이 쓰이었는데, 'ㆍ'음의 표기에도 [u(ə)], [a], [ɑ], [ə] 등의 운모음으로 표음하였다.

이것은 'ㆍ'음이 중설모음 쪽에 가까웠던 것을 반영한 것으로 보인다.

2) 'ㅛ ㅑ ㅠ ㅕ'와 'ㅘ ㅝ' 등

중모음 계열에 대해서는 『훈민정음』에서 두 가지로 설명했다.

즉, ㅛ ㅑ ㅠ ㅕ에 대해서는 「제자해」에서

ㅛ與ㅗ同而起於ㅣ　　ㅑ與ㅏ同而起於ㅣ

ㅠ與ㅜ同而起於ㅣ　　ㅕ與ㅓ同而起於ㅣ

와 같이 ㅛ와 ㅗ, ㅑ와 ㅏ, ㅠ와 ㅜ, ㅕ와 ㅓ를 '同'이라고 하여 한 단위로 생각하면서도 '起於ㅣ'라고 하여 ㅛ ㅑ ㅠ ㅕ가 중모음임을 인식하고 있었다. 그러나 다른 중모음에 대해서는 '합용'과 '同出'로 다루었다.

二字合用者	ㅗ與ㅏ同出於·	故合而爲ㅘ
	ㅛ與ㅑ又同出於ㅣ	故合而爲ㆇ
	ㅜ與ㅓ同出於ㅡ	故合而爲ㅝ
	ㅠ與ㅕ又同出於ㅣ	故合而爲ㆊ

이 밖에 'ㅣ'와의 '相合'글자 14를 보이었다.

一字中聲과 ㅣ相合(10) : ·ㅣ ㅢ ㅚ ㅐ ㅟ ㅔ ㆉ ㅒ ㆌ ㅖ
二字中聲과 ㅣ相合(4) : ㅙ ㅞ ㆈ ㆋ

이들 중성글자들이 실지로 문헌에서 쓰인 예는 다음과 같다.

※訓正=訓民正音, 韓漢=15·16세기 현실 한국한자음, 중세=중세국어, 東國=東國正韻, 洪武=洪武正韻譯訓

訓正	·	ㅡ	ㅣ	ㅗ	ㅏ	ㅜ	ㅓ	ㅛ	ㅑ	ㅠ	ㅕ	ㅘ	ㅘ	ㆇ	ㆊ
韓漢	○	○	○	○	○	○	○	○	○	○	○	○	○		○
韓漢	○	○	○	○	○	○	○	○	○	○	○	○	○		
韓漢	○	○	○	○	○	○	○	○	○	○	○	○	○		○
韓漢		○	○		○	○	○		○	○	○	○	○		

訓正	·ㅣ	ㅢ	ㅚ	ㅐ	ㅟ	ㅔ	ㆉ	ㅒ	ㆌ	ㅖ	ㅙ	ㅞ	ㆈ	ㆋ
韓漢	○	○	○	○	○	○			○	○	○	○		
韓漢	○	○	○	○	○	○	○	○	○	○	○	○		

韓漢	○	○	○	○	○				○	○	○			○
韓漢		○		○	○			○	○	○	○			

「중성해」에서 규정한 중성글자 가운데, 가장 많이 반영된 문헌이 중세국어의 표기였으나 네 글자(ㆇ ㆊ ㆈ ㆋ)는 쓰이지 않았다.

5. 성조

김완진(1996:171)에서는 현대국어 방언들의 운율을 다음과 같이 네 유형으로 분류하였다.

① 고저와 장단이 아울러 존재하는 방언들.
② 고저만 있고 장단이 식별되지 않는 방언들.
③ 장단만 있고 고저가 식별되지 않는 방언들.
④ 고저와 함께 장단도 식별되지 않는 것으로 생각되는 방언들.

그런데 『훈민정음』「해례」 집필자들이 인식하고 있었던 '성조'는 다음과 같은 세 종류였다.

1) 중세국어

중세국어에 대해서는 傍點에 의한 표시방법과 調値에 대한 설명이 있었다.

① 『훈민정음』 본문

凡字必合而成音 左加一點則去聲 二則上聲 無則平聲 入聲加點同而促急

加點方法만 설명했을 뿐 調値에 대한 설명은 없다.

② 『훈민정음』 「종성해」

聲有緩急之殊 故平上去其終聲 不類入聲之促急

『훈민정음』 집필자들은 음절보다는 음절말자음이 성조의 요소라고 생각하고 있었다. 이것은 平上去入이라는 술어를 쓰면서도 성조의 본질이 '終聲'의 '緩急'에 있다고 본 것이다. 「종성해」에서는 다시 '聲'의 '厲'를 가지고 다음과 같이 설명했다.

不淸不濁之字 其聲不厲 故用於終則宜於平上去
全淸次淸全濁之字 其聲爲厲 故用於終則宜於入
所以 ㆁㄴㅁㅇㄹㅿ六字爲平上去聲之終 而餘皆爲入聲之終也

여기서는 '字'와 '聲'을 同一視하고 平上去聲은 '不厲', 入聲은 '厲'로 구별하여 설명하였으며, 高低에 대한 언급이 없다. 그리고 종성으로 쓰일 수 없는 ㅇ ㅿ와 ㅋ ㅌ ㅍ ㅊ ㅎ, ㄲ ㄸ ㅃ ㅉ ㅆ ㆅ까지 入聲의 종성에 포함시킨 설명이 지나쳤다고 생각했는지 "然ㄱ ㆁ ㄷㄴㅂㅁㅅㄹ八字可足用也"라고 하였다.

그러면서도 「종성해」에서는 계속해서 조음위치별 '緩急'으로 종성을 설명하였는데, 이것이 성조에 대한 설명인지 분명하지가 않다.

五音之緩急 亦各自爲對
如牙之ㆁ與ㄱ爲對 而ㆁ促呼則變爲ㄱ而急 ㄱ舒出則變爲ㆁ而緩
舌之ㄴㄷ 脣之ㅁㅂ 齒之ㅿㅅ 喉之ㅇㆆ 其緩急相對 亦猶是也

이것은 순전히 관념적인 설명으로서 여기의 설명대로는 도저히 조음할 수 없는 것이다.

③『훈민정음』「합자해」

여기서는 '諺語平上去入'에 대하여 설명하고 있다.

활爲弓而其聲平 :돌爲石而其聲上 ·갈爲刀而其聲去 붇爲筆而其聲入

위와 같이 평·상·거·입에 속하는 단어들의 예를 하나씩 들고 난 다음 다시 방점 표시법을 설명하고, "諺之入聲 無定"이라고 하여 다음과 같이 예를 보이었다.

或似平聲 如긷爲柱 녑爲脅　或似上聲 如:낟爲穀 :깁爲繒
或似去聲 如·몯爲釘 ·입爲口　其加點則 與平上去同

이와 같은 설명은 종성으로 보면 입성이지만 실지로는 平·上·去聲과 비슷하다는 뜻인데, 어떤 면이 '비슷하다'는 뜻인지 분명하지가 않다. 그리고 平上去入에 대하여 애매한 설명을 하고 있다.

平聲安而和 春也 萬物舒泰　上聲和而擧 夏也 萬物漸盛
去聲擧而壯 秋也 萬物成熟　入聲促而塞 冬也 萬物閉藏

이러한 설명으로는 평·상·거·입의 본질이 무엇인지 알 수가 없다.

④「훈민정음 언해」

「훈민정음 언해」에는 평·상·거·입에 대하여 '調値'에 해당하는 듯한 설명이 있다.

平聲은　　·ᄆᆞᆺ ᄂᆞᆽ가ᄫᆞᆫ 소·리·라

上聲은　　처ᅀᅥ·미 ᄂᆞᆽ:갑·고 :냉즁·이 노·ᄑᆞᆫ 소·리·라

去聲은　　·ᄆᆞᆺ 노·ᄑᆞᆫ 소·리·라

入聲은　　ᄲᆞᆯ·리 긋ᄃᆞᆮᄂᆞᆫ 소·리·라

15세기 중세국어 관련 문헌에서 '平上去入'의 '조치'에 대하여 언급한 글은 이곳뿐이다.

2) 전승 한국한자음

지금까지 인용한 설명들도 모두 전승 한국한자음에 대한 것처럼 느껴지지만, 『동국정운』 서문(1447, 신숙주)에서는 다음과 같이 지적하였다.

語音則四聲甚明 字音則上去無別

이 설명 이외에는 전승 한국한자음의 성조에 대하여 언급한 곳은 하나도 없다.

3) 漢音

훈민정음을 창제하고 바로 漢音의 발음사전인 『洪武正韻』(1373, 명 홍무 8) 안의 수록자에 한글로 注音사업을 전개하였던 학자들은, 한음의 변화에 대해서만 설명하고 있다.

『홍무정운역훈』 서문(1455, 단종 3, 신숙주)

四聲爲平上去入 而全濁之字平聲 近於次淸 上去入 近於全淸 世之所用如此

有始有終 以成一字之音 理之必然 而獨於入聲 世俗率不用終聲

그리고 『홍무정운역훈』과 거의 같은 시기에 편찬된 『四聲通攷』 범례 제2항에서도 이와 비슷한 설명을 하고 있다.

같은 범례 제8항에서는 입성에 관심을 보이었다.

① 入聲諸韻終聲 今南音傷於太白 北音流於緩弛

② 平上去入四聲 雖有淸濁緩急之異

③ 凡字韻四聲 以點別之 平聲則無點 上聲則二點 去聲則一點 入聲則亦一點

결국 '緩急'과 傍點이 큰 관심사였으므로 '調値'에 대한 설명은 없었다.

성조(tone)의 본질이 음절 단위로, 음의 고저(높낮이, pitch)를 가지고 의미를 구별시켜 주는 것이라고 한다면, 위에서 고찰해 본 바와 같이, 『훈민정음 해례본』의 설명에서는 '음의 고저'에 대한 내용이 없었다. 오직 「훈민정음 언해」의 '註記'에서 '음의 고저'에 대해서 언급하고 있을 뿐이다.

그런데 單音節言語이며 대표적인 '성조언어(tone language)'라고 하는 漢語에서는, 극소수의 예를 제외하고는, 똑같은 음절로 구성되어 있는 단어들이, 음의 높낮이인 평성 · 상성 · 거성(현대 북경어에서는 1성, 2성, 3성, 4성)으로 짝을 이루어 서로 다른 뜻을 나타내고 있다. 그래서 이 언어에서는 '음의 높낮이'가 매우 중요한 것이다.

그러나 방점으로 평 · 상 · 거성을 나타내고 있는 초기 중세국어 문헌표기에서는 평 · 상 · 거성의 짝을 찾아보기가 참으로 힘들다.

다음에 몇 예를 들어 보겠다.

·말 斗 杜初 21 : 18

·말	말뚝	楞解	8 : 85
:말	語	釋譜	6 : 2
ᄃᆞ리	다리	用字例	
다:리	다리가(주격형)	杜初	25 : 7
·눈	目	龍歌	88
:눈	雪	龍歌	50
·발	足	釋譜	13 : 11
:발	簾	杜解	7 : 11
머이·다	메다	月釋	7 : 11
머·이·다	메우다	杜初	11 : 23
걷·다	걷다(收)	楞解	2 : 20
:걷·다	걷다(步)	月印 上	46
아·래	아래	龍歌	40
:아·래	前日	月印 上	25
:아·래	일찍이	楞解	1 : 29

위의 짝들은 참으로 드문 예로서, 다른 단어들 사이에서는 이러한 짝을 찾아보기가 매우 힘들다.

그러므로 중세국어를 순수한 성조언어라고 하는 것은 참으로 어려운 일이라고 할 수 있다.

원래 pitch accent와 대가 되는 stress accent를 가진 언어 가운데에도, 음의 세기가 가장 중요한 요소이기는 하지만, 언어에 따라서는 pitch와 음의 길이를 共有하고 있는 수가 있다고 한다. 그러나 『훈민정음』 집필자들은 'pitch'보다도 '길이'(緩急)에 더 관심이 있었던 것이다.

6. '成音'과 '字韻'의 뜻

『훈민정음』「예의편」(본문) 끝 부분에서는

凡字必合而成音

이라고 하여, 초성글자와 중성글자, 그리고 종성글자는 단독으로 쓰일 수 없고, '반드시 합해져야만' '音을 이룰 수 있다'고 하였다. 여기서 말하는 '音'이란 초·중·종성을 갖춘 '음절'로 이해할 수 있다. 이와 같이 『훈민정음』의 기사에는 '글자'와 '음'을 동일시하거나 혼동한 예가 있다.

『훈민정음』「중성해」 첫머리에서는 또 다음과 같이 말하였다.

中聲者 居字韻之中 合初終而成音

여기서는 '중성'이 '字韻'이라는 하나의 음성 단위의 가운데에 있어서, 초성과 종성을 아울러 '音'을 이룬다고 하였다.

『훈민정음』「종성해」 첫머리에서도 '字韻'을 가지고 설명하였다.

終聲者 承初中而成字韻

「용자례」에서는 새 글자의 모든 표기 예를 중세국어의 어휘를 가지고 보이었는데, 『훈민정음』 안의 여러 '解'에서는 '자운'을 가지고 설명하였다. 이러한 설명은 아직 새 글자에 대한 소양이 없고, 일반적인 식자층이 운서나 한자음에 대하여 더 깊은 소양을 가지고 있던 15세기 중엽의 사회상을 반영한 것이라고 할 수 있다. 그러나 이와 같은 설명은, 자칫하면 『훈민정음』의 내용이 한자음을 위한 것일지 모른다는 오해를 받기 쉬운 대목이 될 수도 있다.

7. 맺는 말

이상에서 간략히 고찰하였으나 『訓民正音』에서 새 글자인 '훈민정음'에 대하여 설명한 내용에는 몇 가지 다시 검토해 보아야 될 사항들이 있음을 알 수 있게 되었다. 이것은 「해례」 집필자들이 세종 조에 전래된 『성리대전』의 영향을 너무나도 크게 받은 탓이었다. 또 일부 내용에는 설명이 불분명한 면도 있었다. 그러나 일반적으로 보아 15세기 중세국어의 음운체계를 분석하여 창제한 새 글자 '훈민정음'의 문자체계에 대한 설명이 사실과 크게 어긋나는 것은 아니었다.

앞으로 더욱 세밀하게 『훈민정음』의 내용에 대해서 고찰해 보면, 다시 검토해 보아야 될 사항이 많이 나타날 것이다. (2005.4.23.~24.)

참고 문헌

강석진(1999), 「최세진의 번역 활동」, 『새국어생활』 9권 3호, 국립국어연구원, pp.31~54.

姜信沆(1995), 『增補 朝鮮館譯語硏究』, 成均館大學校出版部.

______(2003), 『수정증보 훈민정음연구』, 성균관대학교 출판부.

강창석(1996), 「한글의 제자원리와 글자꼴」, 『새국어생활』 6권 2호, 국립국어연구원,

pp.19～35.

권혁준(2000), 「『東國正韻』과 『古今韻會擧要』의 止·蟹攝음운체계비교」, 『중국언어연구』 12, 한국중국언어학회, pp.203～234.

김경훤(2004), 『음운의 변화와 표기』, 보고사.

김무림(2004), 『국어의 역사』, 한국문화사, pp.118～224.

金完鎭(1978), 「母音體系와 母音調和에 대한 反省」, 『語學硏究』 14-2, 서울大學校語學硏究所, pp.127～139.

______(1990), 「漢字音 高低·長短의 變異에 대하여」, 『姜信沆敎授回甲紀念 國語學論文集』, 太學社, pp.37～46.

______(1996), 「韻律資質의 分布에 대하여」, 『음운과 문자』, 신구문화사, pp.168～175. (원 『제18회 국제학술대회논문집』, 1990, 대한민국학술원, pp.51～66)

김영진(2002), 『국어사 연구』, 이화문화사.

김종규(1989), 「중세국어모음의 연결제약과 음운현상」, 『국어연구』 90, 국어연구회.

김주필(2001), 「ㅸ의 [순음성] 관련 현상과 ɦ로의 약화」, 『國語學』 38, 國語學會, pp.27～54.

金智衡(2005), 「東國正韻式 漢字音에서 '·'의 音價」, 『語文硏究』 33-1, 韓國語文敎育硏究會, pp.85～108.

김차균(1980), 「경남방언의 성조연구」, 『한글』 145, 한글학회, pp.109～149.

도수희(2002), 「합용병서에 관한 몇 문제」, 『國語學』 40, 國語學會, pp.67～88.

박경송(2002), 「『동국정운』에 나타난 조선음운학자들의 중고한어 음운 연구」, 『중국언어연구』 15, 한국중국언어학회, pp.317～342.

朴銅圭(1994), 「秋察의 察을 '솔'로 읽어야 하는 이유」, 『국어국문학』 112, 국어국문학회, pp.1～20.

배주채(1997), 『국어음운론 개설』, 신구문화사.

安秉禧(2004), 「世宗의 訓民正音 創制와 그 協贊者」, 『國語學』 44, 國語學會, pp.3～38.

오정란(2004), 「훈민정음 재출자(再出字)와 상합자(相合字)의 거리와 재음절화」, 『한국어학』 22, 한국어학회, pp.267～298.

이광호(1988), 「훈민정음 '신제28자'의 성격에 대한 연구」, 『배달말』 13, 배달말학회, pp.47～66.

李賢熙(2003), 「訓民正音硏究史」, 『한국의 문자와 문자연구』, 집문당, pp.593～626.

임용기(1996), 「삼분법의 형성 배경과 <훈민정음>의 성격」, 『한글』 233, 한글학회, pp.5～68.

鄭然粲(1974), 『慶尙道方言聲調硏究』, 螢雪出版社.

______(2003), 「<ᄋᆞ, 으>에 대하여」, 『韓國語硏究』 1, 韓國語硏究會, pp.27～55.

조규태(1986), 『고대국어 음운 연구』, 형설출판사.

조창규(1994), 「'ᄋᆞ'의 변화가 가져온 모음과 모음체계 변화」, 『국어국문학』 112, 국어국문학회, pp.51～76.

차재은(1995), 「중세국어의 하향이중모음과 음절구조에 대하여」, 『한국어학』 2, pp. 432～445.

張善文(1997), 『象數與義理』, 遼寧教育出版社, 瀋陽.

早田輝洋(1999), 『音調のタイポロジー』, 大修館書店, 東京.

河野六郎(1951), 「諺文古文獻の聲點について」, 『朝鮮學報』 1, 朝鮮學會, 天理, 日本, pp.93～140.

揚雄『方言』의 「燕朝方言」에 대하여

1. 머리말

西漢(前漢, B.C.206～A.D.9) 末에 揚雄(B.C.53～A.D.18)은 『方言』을 지어서 중국 각지의 方言을 기록하였다. 이 책은 기원전 11년에서 기원후 18년(B.C.11～A.D.18) 사이에 저술된 것으로 추정하고 있다(孔在錫, 2002:536). 『方言』에는 원래 9,000자가 수록되었으나 후세 사람이 보태서 현존본에는 12,900여 자가 수록되어 있다(游汝傑, 1992:554). 『方言』에서는 '某地語' 또는 '某地某地之間語'라고 하여 '個別 方言'을 기록하고, '通語', '凡語', '凡通語', '通名', '四方之通語'라고 하여 비교적 광범위하게 쓰이는 '공통어'를 기록하였다. 地名은 秦나라 이전의 國名, 地名을 쓰거나 漢나라 때 通用되던 地名을 사용하여, 다음과 같이 漢나라 때의 全 版圖와 이웃 지역의 언어를 묘사한 것이다(羅常培・周祖謨, 1958:72).

① 秦晋, 隴冀, 梁益

② 周鄭韓, 趙魏, 宋衛

③ 齊魯, 東齊, 青徐

④ 燕代, 晋之北鄙, 燕之北鄙

⑤ 陳楚江淮之間

⑥ 南楚

⑦ 吳越

이『方言』에는 '朝鮮'에 관한 언급이 26번이나 나오고 있다. 이를 옮겨 보겠다. 「方言」에서 보인 어휘의 예는 생략하겠다. [ ] 안의 글은 晋나라 때 郭璞(A.D.276~A.D.324)의『方言注』것이다.

燕 朝鮮洌水之間

권 3. 燕 朝鮮洌水之間

燕代 朝鮮洌水之間

권 2. 燕代 朝鮮洌水之間

燕之外鄙 朝鮮洌水之間

권 1. 燕之外鄙[鄙 邊邑之名] 朝鮮洌水之間[朝鮮 今樂浪郡是也. 洌水 在遼東 音烈]

권 2. 燕之外鄙 朝鮮洌水之間

燕之北鄙 朝鮮洌水之間

권 2. 燕之北鄙 朝鮮洌水之間

燕之北郊 朝鮮洌水之間

권 2. 燕之北郊 朝鮮洌水之間

北燕 朝鮮洌水之間

권 3. 北燕 朝鮮洌水之間

권 5. 北燕 朝鮮洌水之間

권 8. 北燕 朝鮮洌水之間

권 11. 北燕 朝鮮洌水之間

北燕 朝鮮之間

권 3. 北燕 朝鮮之間

권 3. 北燕 朝鮮之間

권 8. 北燕 朝鮮之間

권 8. 北燕 朝鮮之間

燕之東北 朝鮮洌水之間

권 5. 燕之東北 朝鮮洌水之間

권 8. 燕之東北 朝鮮洌水之間

권 8. 燕之東北 朝鮮洌水之間

東北 朝鮮洌水之間

권 4. 東北 朝鮮洌水之間

燕之外郊 朝鮮洌水之間

권 7. 燕之外郊 朝鮮洌水之間

권 7. 燕之外郊 朝鮮洌水之間

권 7. 燕之外郊 朝鮮洌水之間

朝鮮洌水之間

권 7. 朝鮮洌水之間

朝鮮洌水

권 7. 朝鮮洌水

2. '燕・朝鮮洌水之間'에 대하여

위에서 열거한 記事 가운데에서 여러 번 나오는 '朝鮮'은, 대개 '燕'을 중심으로 해서 기술되어 있다. 그런데 기원전의 '燕'의 위치는 다음과 같다.

燕

『漢書』 권 28「地理志」 제8 下

燕地 東有 漁陽 右北平 遼西 遼東
西有 上谷 代郡 雁門
南得涿郡之易 容城 范陽
北新城 故安 涿縣 良鄕 新昌 及渤海之安次 皆燕分也
樂浪 玄菟 亦宜屬焉

『爾雅』「釋地」

燕曰幽州 [郭璞 注－自易水至北狄]

『戰國策』「燕」 권 제9 '文公'(B.C.361～B.C.333 재위)

燕東有朝鮮, 遼東, …… 南有易水
(연의 동쪽에 조선과 요동이 있으며 …… 남에는 역수 [현 하북성 서부]가 있다.)

『이아』에서 '燕'은 '幽州'라고 하였으므로, 대체로 오늘날의 河北省 北部 지역을 '燕'이라고 한 것이다. 그리고 『漢書』「지리지」의 '樂浪 玄菟 亦宜屬焉'이라는 기사로 보아, 이 '燕'에 '樂浪'과 '玄菟'가 속해 있었음도 알 수 있다.

또 周・秦 이래의 古書이며 이미『史記』(司馬遷, 145~?)에도 引用된『山海經』(18권, 저자 미상. 晋나라 郭璞(276~324)이 注를 달다.) 안의「海內四經」에는 다음과 같은 기사가 있다.

> 貊國在漢水東北[郭璞의 注－今扶餘國 卽濊貊故地 在長城北 去玄菟千里 出名馬・赤玉・貂皮 大珠如酸棗也] 地近于燕 滅之
>
> '맥'나라는 '한수' 동북에 있다[郭璞의 注－오늘날의 '부여'로서 '예맥'의 옛땅이다. '장성'의 북에 있고 '현토'로부터 천리가 된다. 명마・적옥・초피가 생산되고 큰구슬은 멧대추 같다.] '연'나라 땅에 가까워 '연'이 이를 멸망시켰다.

이 기사로 보면, '貊'이라는 나라가 '연'나라와 가까이 있었음을 알 수 있다. 그런데 '맥'나라는 중국 중앙의 '漢水'의 동북 지방에 있었다고 하면서 괄호 안의 주에서 '맥'나라는 '오늘날'의 '부여'이고, 곧 '예맥'의 옛땅이며, '장성'의 북에 있고, '현토'에서 천리가 된다고 하였다. 이것은 '연'나라 중심부를 기준으로 해서 본 설명이라고 할 수 있다.

朝鮮

> 『漢書』권 28「地理志」제8 下
>
> 樂浪郡 縣二十五 朝鮮 詌邯 浿水… 帶方… 列口…

樂浪郡에 대하여 應劭(後漢 靈帝・獻帝 167~219 때 사람)는

> 樂浪郡 屬幽州 故朝鮮國也　　　朝鮮(武王 封箕子於朝鮮)

라고 하여 "낙랑군은 유주에 속하며 옛 조선 나라다."라고 하였다.

『山海經』「海內北經」

朝鮮在列陽東 海北 山南 列陽屬燕[郭璞의 注－朝鮮 今樂浪縣 箕子所封也 列亦水名也 今在帶方 帶方有列口縣]

'조선'은 '열양'의 동쪽, 바다의 북쪽, 산의 남쪽에 있다. '열양'은 '연'나라에 속한다. [璞의 注－'조선'은 오늘날의 '낙랑현'으로서 기자가 봉해진 곳이다. '열'은 역시 강 이름이며, 오늘날 '대방'에 있으며, '대방'에는 '열구현'이 있다.]

위와 같은 기사로 보면 '연'나라 근방에 있던 '조선'이 箕子가 봉해진 곳이다(사실은 이것도 전설이라는 설이 있음.). 그리고 郭璞이 '列亦水名也 今在帶方 有列口縣'이라고 했는데, 帶方의 위치가 확인되어야만 列口의 위치를 알 수 있다.

帶方에 대해서는 다음과 같은 기사를 참고로 할 수 있다.

『三國志』卷30「魏書」烏丸・鮮卑・東夷傳 第30

宮死 子伯固立 順・桓之間 復犯遼東 寇新安 居鄉 又攻西安平 于道上殺帶方令 略得樂浪太守妻子 靈帝建寧二年 玄菟太守耿臨討之 斬首虜數百級 伯固降 屬遼東

고구려왕 宮이 죽고 아들 伯固가 즉위하다. 후한의 順帝(A.D.126~144 在位)와 桓帝(A.D.147~166 재위, 중간에 沖帝와 質帝가 각각 1年씩 재위) 사이에 고구려가 또 요동을 침범하여 新安과 居鄉을 치다. 또 西安平을 공격하여 길위에서 帶方令을 죽이고 樂浪太守의 처자를 사로잡다. 靈帝(167~186 재위) 건녕 2년(169)에 현토태수 경림이 이를 쳐서 목을 자르고 포로가 수백이었다. 백고가 항복하고 요동에 속했다.

위의 기사대로라면, 고구려와 대방・낙랑・현토 등과 싸움을 벌였던 땅은 요동 지역이지 우리 땅이 아니다. 더욱이 압록강 연안에 있었다는 西安

平을 공격할 때 대방령을 만나서 죽였다면, 대방이 요동 지역에 있었기에 가능한 일이지, 建安 10年(205)경 公孫康이 설치했다는 대방군이 황해도에 있었다면 (혹시 대방령과 대방태수가 다른 지역의 수령인지는 몰라도) 不可思議한 일이다.

『山海經』 第18 「海內經」

東海之內 北海之隅 有國 名曰朝鮮 [朝鮮 今樂浪郡也]

동해 안, 북해의 구석에 '조선'이라는 나라가 있다. ['조선'은 오늘날의 '낙랑군'이다.]

이 기사에 의하면, '조선'이 '낙랑군'이 되고, 중국 대륙의 동쪽에 있는 바다의 북쪽 끝에 '조선'이 있었다는 것이다. 중국 동해의 북쪽 끝이라면 오늘날의 錦州市 일대의 遼東 지대가 될 것이다.

『漢書』 권28 「地理志」 제8 下

遼東郡 縣十八 襄平 新昌… 險瀆…

應邵曰 朝鮮王滿都也 依水險 故曰險瀆

臣瓚曰 王險城在樂浪郡浿水之東 此自是險瀆也

師古曰 瓚說是也 浿音普大反

응소가 "험독은 조선왕 만의 옛도읍(왕검성)으로서, 물이 험하여 험독이다."라고 하였다.

신찬은 왕검성(조선왕의 고도)은 (요동군에 있지 않고) 낙랑군 패수의 동쪽에 있으며, 요동군의 험독은 (저 왕검성과 관계 없는, 따로 있는) 험독이라고 하였다.

사고는 찬의 설이 옳으며, '浿'의 음은 '普大反-패'라고 하였다.

(이상 괄호 안의 설명은 申采浩(1995:146)에서 인용한 것임.)

위에서 인용한 『한서』「지리지」의 주를 보더라도 왕검성은 낙랑군 패수의 동쪽에 있었으니, '패수'를 중심으로 말한다면 '패수'는 왕검성의 서쪽에 있었던 것이다.

『漢書』 권28 下 「地理志」 第8 下

殷道衰 箕子去之朝鮮 教其民以禮義田蠶織作 樂浪朝鮮民犯禁八條

은나라 도의가 땅에 떨어지니, 기자가 조선에 가서 그 나라 백성에게 예의와 누에치기·베짜기를 가르쳤으며, '낙랑 조선'은 백성에게 '범해서는 안 될 여덟 가지 법'을 가르쳤다.

『戰國策』「燕」 卷 第九 '文公'

燕東有朝鮮·遼東 北有林胡·樓煩 西有雲中·九原 南有呼沱·易水 地方二千餘里

'연'나라 동쪽에 조선과 요동(郡名, 현 遼寧省 大淩河 以東)이 있고, 북쪽에는 임호와 누번(현 내몽골 지역)이, 서쪽에는 운중과 구원(현 내몽골 지역)이, 남쪽에는 호타와 역수(현 하북성 서부 지역)가 있으며, 땅넓이가 2천여 리에 이른다.

『史記』 115 「朝鮮列傳」 第55

[張晏曰 朝鮮有濕水 洌水 汕水 三水 合爲洌水 疑樂浪朝鮮 取名於此也] 朝鮮王滿者 故燕人也

['장안'이 말하기를 "조선에는 습수·열수·산수가 있는데, 이 세 물이 합하여 열수가 된다."라고 하였다.] 조선왕 위만은 옛날 연나라 사람이다.

『漢書』 95 「列傳」 第65 '朝鮮'

朝鮮王滿 燕人 自始燕時 嘗略屬眞番·朝鮮[師古曰 戰國時 燕國略得此地] 爲置吏築障 [師古曰 障所以自障蔽也 音之亮反] 秦滅燕 屬遼東外徼

漢興 爲遠難守 復修遼東故塞 至浿水爲界[師古曰 浿水在樂浪縣 音普蓋反] 屬燕 燕王 盧綰反 入匈奴 滿亡命 聚黨千餘人 椎結蠻夷服 而東走出塞 度浿水 居秦故空地上下障

조선왕 위만은 연나라 사람으로서 처음에 연나라 때 일찍이 진번과 조선을 공략하여 귀속시켜[안사고(581~645)가 말하기를 전국시대 때 연나라가 이 땅을 얻었다고 하였다.] 관리를 두고 방위 시설을 구축하였다[안사고는 '장'은 스스로 만든 방위 시설이며, 음은 '지량반=장'이라고 했다.]. 진이 연을 멸한 뒤 요동 밖 경계가 되었는데, 한나라가 일어나자 멀어서 지키기 힘들다고 다시 옛날 요동 요새를 수리하고 패수를 경계로 삼았는데[안사고가 말하기를 패수는 낙랑현에 있고 음은 '포개반=패'라고 했다.], 연에 속했다. 연왕 노관이 반란을 일으켜 흉노로 들어가니, 위만이 망명하여 천여 명의 무리를 모아 머리를 틀고 오랑캐옷을 하고 동쪽으로 달아나 요새를 나가 패수를 건너 진나라 옛 빈터의 위아래 방위 시설에서 살았다.

『史記』115「朝鮮列傳」第55

元封二年 漢使涉何誘諭 右渠終不肯奉詔 何去至界上 臨浿水 <中略>

其秋 遣樓船將軍楊僕 從齊浮渤海 兵五萬人 左將軍荀彘 出遼東討右渠 右渠發兵距險 左將軍卒正多率遼東兵先縱 敗散 多還走

한나라 무제 원봉 2년(B.C.109)에 한나라 사신 섭하가 한나라 명을 받들기를 권했으나, 위만의 자손인 '우거'가 끝내 말을 듣지 않아 섭하가 경계에 이르러 패수에 임했다. <중략>

그 해 가을에 누선장군 '양복'을 보내어 제나라 땅으로부터 5만 병력을 이끌고 발해로 나가고, 좌장군 '구체'는 요동으로 가서 우거를 쳤다. 우거가 군을 일으켜 위험에 대처하니 좌장군 휘하의 대장(隊長)이 요동 군사를 많이 이끌고 먼저 쳐들어갔으나, 싸움에 져서 흩어지고 다수가 달아나 되돌아갔다.

'양복'과 '구체'가 위만의 후손인 '우거'를 치러 갔다는 지역도 요동 지방이지 우리 반도가 아니다.

『史記』 115 「朝鮮列傳」 第55

元封三年夏 尼谿相參乃使人殺朝鮮王右渠來降 <中略> 以故遂定朝鮮爲四郡[眞番 臨屯 樂浪 玄菟也]

한나라 무제 원봉 3년(B.C.108) 여름에 니계상 '참내'가 사람을 시켜서 조선왕 우거를 죽이고 항복해 왔다. <중략> 그래서 드디어 조선을 4군으로 정했다. [(4군은) 진번, 임둔, 낙랑, 현토다.]

앞의 기사에서 조선왕 우거와 싸운 지역이 요동 지방이라고 분명히 말하고 있으므로, 한나라가 4군을 설치하였다고 한다면, 틀림없이 요동 지방일 것이다. 이런 사실은 다음과 같은 기사로도 알 수 있다.

『三國志』 30 「魏書」 30 「東夷傳」 第30 東沃沮

漢武元封二年 伐朝鮮 殺滿孫右渠 分其地爲四郡 以沃沮爲玄菟郡

한나라 무제 원봉 2년에 조선에 쳐들어가 위만의 자손인 우거를 죽이고 그 땅을 4군으로 나누어 '옥저' 땅을 현토군으로 하였다.

『삼국지』 이전의 「동이전」 관계 자료로 전승 자료가 많다는 이 글은, 『史記』의 기사와 너무나도 어긋난다.

『後漢書』 1 下 「光武帝紀」 第1 下

建武六年 初 樂浪人王調 據郡不服[樂浪郡 故朝鮮國也 在遼東] 秋 遣樂浪太守王遵擊之 郡吏殺調降

건무 6년(A.D.30). 초에 낙랑사람 '왕조'가 군에서 반란을 일으켰다[낙랑군은 옛날 조선국이며, 요동에 있다.]. 가을에 낙랑태수 왕준을 보내어 이를 격퇴하였는데, 군의 관리가 '왕조'를 죽이고 항복하였다.

『後漢書』85「東夷列傳」第75 濊

至昭帝始元五年 罷臨屯・眞番 以幷樂浪・玄菟 玄菟復徙居句驪 自單單大領已東 沃沮・濊貊 悉屬樂浪 後日境土廣遠 復分領東七縣 置樂浪東部都尉

한나라 소제 시원 5년(A.D.88)에 이르러 임둔군과 진번군을 (26년 만에) 폐지하였다. 낙랑과 현토를 아울러 현토군은 다시 고구려 땅으로 옮겨 살게 하고, '단단대령'으로부터 동쪽인 옥저와 예맥을 모두 낙랑군에 소속시켰다. 뒤에 경내의 땅이 넓고 먼 것을 고려하여 다시 영동 7현을 나누어 '낙랑동부도위'를 두었다.

위의 기사는,『史記』「匈奴傳」에 '濊貊・朝鮮'이 '匈奴'와 接하고 있다고 한 기록으로 보아, 요동 지역의 북방을 말하는 것이라고 볼 수 있다.『山海經』「海內南經」에는 "匈奴 開國之國 列人之國 竝在西北"이라고 있다.

이상 여러 종류의 중국 역사책에서, '浿水'는 燕과 遼東의 경계에 있었으며, 한나라 무제가 설치하였다는 四郡도 요동 지역에 있었음을 알 수 있다. 그나마 4郡 가운데 두 군은 곧 폐지되었다.

중국 역사책에도 이렇게 明記되어 있는데, 일부 역사책이나 언어학 관련 책에서는 '浿水'를 '鴨綠江'이라 하고 '洌水'를 '大同江'이라고 하고 있다.

洌水

郭璞의『方言』권1 注에는 "洌水 在遼東."(열수는 요동에 있다.)이라고 하였으므로『方言』에서 '조선'과 '열수'를 수없이 짝지어 열거한 근거를 알 수 있다. 따라서 요동에 있는 '洌水'가 오늘날의 大同江은 도저히 될 수 없는 것이다.

李恕豪(1991:70)에서는 '洌水'에 대해서도 다음과 같이 기술하고 있다.

洌水

洌水又寫作列水.《漢書・地理志》“樂浪郡・呑列” 下注：“分黎山 列水所出 西至黏蟬入海 行八百二十里”

洌水就是今天朝鮮的大同江

洌水在《方言》出現22次, 全部與朝鮮並擧

另與北燕(包括表示北燕地區的各種地名) 並提18次

‘洌水’는 ‘列水’라고도 한다. 『한서』「지리지」의 “樂浪郡 呑列” 아래의 주에 “여산에서 열수가 나와서 서쪽으로 820리를 흘러서 점선에 이르러 바다로 들어간다.”라고 하였다.

열수는 곧 오늘날 조선의 대동강이다.

열수는 『방언』에서 22차례 전부 ‘조선’과 함께 나타난다.

이 밖에 ‘북연’(북연 지구의 여러 지명을 포함하여)과 함께 18차례나 나타난다.

※黏蟬에 대해서는 『中國古今地名大辭典』(원 1931년 초판, 1982년 台灣 商務印書館 6판)에서 다음과 같이 설명했다.

黏蟬縣

漢置 後漢作占蟬 晋廢 故城在今朝鮮平壤西南 隋大業八年 代高麗分軍出黏蟬道 卽漢縣也

점선현은 한나라 때 설치하여 후한 때 占蟬으로 고쳤으며, 晋나라 때 폐지했다. 옛성은 오늘날의 조선 평양 서남에 있다.

수나라 대업 8년(A.D.612, 고구려 嬰陽王 23)에 고구려를 친 일부의 군대가 한나라 때의 점선현인 점선도에 나아갔다.

위의 글에서 인용한 『한서』「지리지」의 ‘行八百二十里’는 좁은 韓半島의 幅을 생각할 때, 도저히 현재의 우리 국토를 가지고 설명한 글이라고는 믿을 수가 없다.

代

『方言』의 應劭 注에 "代郡은 故代國이다."라 하고 "漢나라 때 '代郡'이 곧 옛날의 代國 땅이다."라고 하였다.

『漢書』권 28「地理志」제8 下에서는

> 代郡 秦置 有五原關 常山關 屬幽州

라고 하여 '燕'나라 땅인 '幽州'에 '代郡'이 있었음을 말하였다.

다음은 여러 용어에 대하여 살펴보겠다.

之間

'之間'은『方言』안에서 가장 많이 쓰이고 있다.

『說文』제12「上門郡」에서는 "間 隙也."(사이라는 것은 틈이다.)라고 하였다. 그러므로 '~之間'(~의 사이)이라는 것은 '~의 틈'이라고 할 수 있는데, '秦·晋之間', '燕·代之間', '東齊·海岱之間', '趙魏之間'처럼 '나라와 나라 사이' 또는 '어느 지역과 어느 지역의 사이'라고 할 때에는 서로 境界를 이루고 있는 지역을 가리키는 것이라고 할 수 있다. 그렇다고 몇 천 리나 떨어져 있는 지역을 '~의 사이'라고 하지는 않았을 것이다.

郊

『說文』 제6 下 「邑郡」에 "郊 距國百里爲郊."('郊'는 나라에서 백리 떨어진 것을 말한다.)라고 하였고, 『周禮』에서는 "五十里爲近郊 百里爲遠郊."(50리를 '근교'라 하고 100리를 '원교'라고 한다.)라고 하였다. 따라서 『方言』에서 '北郊'라고 한 것은 '京城'의 북쪽 지역을 가리키고, '外郊'라고 한 것은 '경성'으로부커 비교적 멀리 떨어진 지역을 가리킨 것이다(丁啓陣 1991:16).

鄙

『說文』 제6 下 「邑郡」에서는 "五酇爲鄙."(다섯 '찬'이 '비'가 된다.)라고 하였고, 또 같은 제6 下 「읍부」에시 "百家爲酇, 酇 聚也."(백 집이 '찬'이 되며, '찬'은 모이는 것이다.)라고 하였다. 『周禮』에서는

> 都鄙距國五百里 在王畿之邊
> '도'와 '비'는 나라에서 500리 떨어져 있으며, '왕기'의 변두리다.

郭璞의 『方言』 注 권1에서는 "鄙 邊邑名."('비'는 변두리 고을 이름이다.)라고 하였다. 그래서 『方言』에 나오는 '北鄙'는 '북쪽 변읍'이고, '外鄙'는 비교적 '먼 곳의 변읍'이라고 할 수 있다(丁啓陣, 1991:16).

이상과 같이 '北郊'와 '北鄙'를 '북쪽 지역'과 '북쪽 변두리'로 본다면, '北燕'도 '연나라의 북쪽지방'이라고 보는 것이 옳고, '북연'이라는 나라가 따로 있다고 보는 것은 옳지 않을 것이다.

3. '燕朝方言'에 대하여

그러므로 『方言』의 기술을 기준으로 해서 林語堂(1927), 『西漢方音區域考』에서는 西漢의 方言區域을 14系로 나누었다. (임어당 설은 丁啓陣[1991:3]에서 재인용한 것임.)

1. 秦晋
2. 梁及楚之西部
⋮
7. 燕代
8. 燕代北鄙朝鮮洌水(연나라 · 대나라 북쪽과 조선 열수 방언)
⋮

또 林語堂(1925), 『漢代方音考』에서는 다음과 같이 나누었다.

1. 秦晋 ─┐
2. 鄭漢周 ─┼─ 中國西部系
3. 梁, 西楚 ─┘
4. 齊魯 ─┐
5. 趙魏之西北, 燕及代之南部 ─┼─ 中國南部系
6. 魏衛宋 ─┤
7. 陳, 鄭之東部, 及楚之中部 ─┘
⋮
14. 東胡系 居朝鮮及燕代之北(동호계는 조선과 연 · 대나라 북쪽에 살았다.)

『方言』의 기록을 근거로 한다면, 燕과 朝鮮洌水 地域이 하나의 '方言

區'가 되는 것이다. 그래서 丁啓陣(1991:28)에서도 '北燕朝鮮洌水'를 하나의 '方言區'로 묶고 8개 方言으로 나누면서,

一. 燕朝方言
二. 趙魏方言
三. 海岱方言
⋮
八. 蜀漢方言

이라고 하였다. 그러면서도 丁啓陣(1991:35)에서는 다음과 같이 설명하였다.

一. 燕朝方言

大体相當于今天河北省北部和遼寧省全省等地區(北朝鮮的部分地區), 東南與海垈方言相鄰. 大致以黃河故道爲界, 卽以"山東平原縣－天津"爲綫分開. 西南與趙魏方言相鄰, 大体近似今河北省與山西省的北部省界.

대체로 오늘날의 하북성 북부와 요녕성 전성 등 지역(북조선의 일부 지역)에 해당되며, 동남쪽은 해대방언과 경계를 이루고 있다. 대강 황하의 옛 물길이 경계를 이루어, 곧 산동성 평원현으로부터 천진으로 연결되는 선으로 나누어진다. 서남쪽은 조위방언과 경계를 이루어, 대체적으로 오늘날의 하북성과 산서성 북부의 성 경계와 비슷하다.

'해대방언'은 오늘날의 산동성 전부와 하북성 동남쪽을 포괄하거니와, '열수'는 郭璞(276~324)이 『方言』 권1 주에서 "洌水 在遼東."이라고 하였으므로, '燕朝方言' 지역인 '北燕・朝鮮之間', '燕之東北・朝鮮洌水之間', '北燕・朝鮮洌水之間'의 方言은 오늘날의 河北省 지역으로부터 遼東 지역 사이에서 사용된 言語를 가리키는 것이다. 더군다나 『漢書』「地理志

下」에 注를 쓴 應劭는 "樂浪郡 故朝鮮國也."라고 하였으므로, 오늘날의 하북성 북방 또는 동북방 지역에 있던 '조선'이라는 나라의 옛땅에 '낙랑군'이 있었던 것이다. 그런데도 '燕朝方言'이 쓰이던 지역은 요녕성 전지역과 북조선 일부까지 포함된다고 하였다. 이것은 '洌水'(또는 '列水')가 분명히 "요동 지역에 있었다."라고 한 것을, 억지로 '洌水'와 '大同江'을 결부시킨 데서 나온 설명인 것이다.

郭璞이 "洌水 在遼東也."라고 한 '遼東'은 『山海經』「海內東經」에서 그 위치를 밝히고 있다.

> 遼水出衛皐東[出塞外衛皐山 玄菟高句驪縣有潦山 小潦水所出 西河注大潦 音遼] 東南注渤海 入潦陽[遼陽縣屬遼東]
>
> '요수'는 '위고'의 동쪽으로부터 나오며[국경 밖 '위고산'으로부터 나온다. '현토 고구려현'에 '요산'이 있는데 '소요수'가 나오는 곳이다. '서하'가 '대료'로 흘러든다. 음은 '료'이다.], 동남쪽으로 '발해'로 흘러들어 '요양'으로 들어간다. ['요양현'은 '요동'에 속한다.]
>
> (※ 여기의 '西河'를 '西南'으로 보기도 하며, '요양으로 흘러들어간다'는 뜻이 통하지 않는다고 하나, '요수'가 '요양 지역'에 들어간다고 볼 수도 있다.)

위의 기사에 의하면 "'위고산' 동쪽에서 흐르기 시작한 강물이 동남쪽으로 흘러가 '발해'로 들어가고, '요양 지역'으로 흐른다"고 하고, "'요양현'은 '요동'에 속한다"고 하였으므로, '요동'은 '발해'에 가까운 지역임을 알 수 있다.

그런데도 丁啓陣(1991:35)에서는 '燕朝方言'의 사용 구역을 요녕성 전부와, 심지어 '북조선의 일부 지역'까지도 포함시키고 있다.

4. 眞實에 대한 歪曲

이러한 황당한 기사가, 『中國古今地名大辭典』(商務印書館, 1931년 5월 초판, 1981년 11월 台灣 6판. p.288)에도 나타나 있다.

列口縣

漢置. 武帝滅朝鮮. 楊僕兵先至此. 後漢及晋因之. 故城在今朝鮮國城西南. 當大同江之口. 大同江卽古列水也.

'한'나라 때 설치되었다. 한나라 무제(재위 B.C.140~B.C.86)가 '조선'을 멸하였다. 한나라 장군 양복이 먼저 조선을 쳤는데, 후한과 진나라 때도 이어 받았다. 그래서 '고성'은 오늘날의 조선 나라 성의 서남쪽에 있으며, 대동강의 어구에 해당한다. 대동강은 곧 옛 '列水'다.

이 기사에서 말한 '조선'은 '연'나라 북방의 '조선'일 터인데, 대뜸 '대동강'과 '열수'를 결부시키고 있다.

그리고 한나라 무제가 '朝鮮'을 멸하였다는 기사도, 전한 말에 揚雄이 지은 『方言』에 계속해서 '朝鮮'이 나오므로 믿을 수 없지만, 만일 무제가 '朝鮮'을 멸하였다고 하더라도 같은 지역을 말하는 것으로 보아야 한다. 왜냐하면 揚雄은 이 책에서 연나라 북방과 가까이 있었던 '朝鮮'과 '열수'를 언제나 함께 나열하여, 22번이나 '朝鮮洌水'라고 해 놓았기 때문이다.

列口　(『中文大辭典』(1966, 台北 中國文化學院出版部))

縣名, 漢置. 故城在今韓國大同江口.(漢書, 地理志 下) 樂浪郡 縣二十五 列口

洌水　(『中文大辭典』(1966, 台北 中國文化學院出版部))

水名, 或謂卽今大同江.

> 열수는 곧 오늘날 조선의 대동강이다.
> 열수는『방언』에서 22차례 전부 '조선'과 함께 나타난다.
> 이 밖에 '북연'(북연 지구의 여러 지명을 포함하여)과 함께 18차례나 나타난다.

李恕豪(1991:46)에서는『方言』에서 '燕'에 대하여 18회, '北燕'에 대하여 47회 언급하였다고 해서, '燕'을 오늘날의 河北省 동쪽 지역으로, '北燕'을 '요동' 지역으로 추정하고 있다. 그리고 '朝鮮'에 대해서는『方言』에서 27회 언급되었다고 하고

> 廣義的北燕也可以把朝鮮包括在內
> 넓은 의미의 '북연'은 역시 '조선'을 내포시킬 수 있다.

라고 하였다. 그러면서『方言』안의 '조선'은 "大致相當於今遼寧 吉林的部分地區 以及朝鮮北部一帶(대체적으로 오늘날의 요녕성과, 길림성의 일부 지역 및 조선 북부 일대)"라고 하였다. 조선의 강토가 꽤 넓다.

宮埼市定(1992:226)에서는 다음과 같이 말하였다.

> 古代에 있어서는, 中國 內部에 큰 政變이 일어날 때마다 四方에 波動을 일으켜 重大한 영향을 미쳤다. 특히 결정적인 것은 前漢 제5대 武帝의 領土大擴張政策이다. 武帝는 즉위 33년에 古朝鮮國을 滅亡시키고, 그 땅에 中央政府 直轄地로 四郡을 설치했다(B.C.108). 四郡 가운데 가장 繁榮한 樂浪郡의 治所는 現今의 平壤에 해당하며, 그 統治는 서울 근방까지 미쳤다고 생각한다. 이에 자극을 받아 그 南方에 있던 三韓의 민족 사이에 國家 結成의 움직임이 겨우 나타났다.

이 글이야말로 여러 기록에 대한 아무런 분석도 없이 일반론을 말한 것이다.

5. 맺는 말

이상 여러 사료를 보면, 그 동안 史料에 대한 정확한 批判 不足에 아쉬움을 느낀다. 기원 전후로부터 4, 5세기까지는 遼東 地方을 '朝鮮'이라고 한 듯한데도, 글마다 '조선'을 '북조선' 지역으로 보는 경향이 있었다. 더군다나 『三國志』의 기사 가운데 『三國志』 이전의 東夷 관계 기사는 주로 증거가 不足한 전승 기사가 많다고 한다. 또 『魏志』 「東夷傳」은 史料를 改變하고 造作하였다고 하며, 後漢 이전의 기사는 編者 陳壽의 類推에 의한 편집물이라고 하니, 이 史料를 인용할 때는 신중을 기해야 될 것이다. 『史記』 「匈奴傳」에서는 나중에 鮮卑가 살게 되는 지역에 있던 '匈奴'와 '濊貊 · 朝鮮'이 接하고 있었다고 하면서도, 「朝鮮傳」에서는 '오늘날'의 朝鮮 西北部에 낙랑군이 있었다고 하였다. 이것은 『漢書』 「地理志」에 나오는 應劭의 分注에서 "玄菟郡 故朝鮮胡國也", "樂浪郡 故朝鮮國也"라고 한 기사의 내용과 어긋나는 것이다. 戰國 時代 末期에 쓰여진 『管子』와 『戰國策』에서는 오늘날의 北京 근방에 있던 '燕'의 北方 및 東北方 一帶에 '朝鮮'이 있었다고 하였으므로, 應劭가 위와 같이 注를 단 것이다. 그러므로 '燕 · 朝鮮洌水之間', '燕之外鄙 · 朝鮮洌水之間' 등이라고 한 것도, 어떤 단어가 '燕'과 '朝鮮洌水'에 걸쳐서 쓰였다는 것을 말하는 것이며, '燕朝方言'이 成立된다고 하더라도 '朝鮮'이 오늘날의 北韓은 아닌 것이다.

참고 문헌

孔在錫(2002), 『中國言語學』, 新書苑.
김효신(1992), 『上古研究資料集』, 새남.
申采浩(1995), 『申采浩歷史論說集』, 丁海廉 편역, 現代實學社.
李基東(1991), 「북한에서의 韓國古代史 연구의 성과와 문제점」, 『北韓의 韓國學 研

究 成果 分析-歷史・藝術篇-』, 韓國精神文化研究院.
鄭寅普(1946), 『朝鮮史研究 上・下』, 서울신문社.
韓國精神文化研究院(1987), 『韓國上古史의 諸問題』, 報告論叢 87-1, 韓國精神文化研究院.

周祖謨(1950), 「方言校箋序」, 『問學集』, 中華書局, 北京.
羅常培・周祖謨(1958), 『漢魏晋南北朝韻部演變研究』 第1分冊, 科學出版社, 北京.
王育德(1967), 「中國の方言」, 『中國文化叢書 1 言語』, 大修館書店, 東京.
馬光宇(1970), 『方言校釋』, 知識青年叢書, 台灣 商務印書館.
丁啓陣(1991), 『秦漢方言』, 東方出版社, 北京.
游汝傑(1992), 『中國學術名著提要』, 語言文學卷, 復旦大學出版社, 上海.
李恕豪(2003), 『揚雄"方言"與方言地理學研究』, 巴蜀出版社, 成都.

前野直彬(1975), 『山海經・列仙傳』, 全釋漢文大系 33, 集英社, 東京.
朝鮮史學會(1976), 『朝鮮史 中國史料』(原 '朝鮮史編修會' 刊 複寫發行), 金泳出版社, 서울.
佐伯有淸(1977), 『古代の東アジアと日本』, 歷史新書, 教育社, 東京.
河野六郎(1980), 『河野六郎著作集 第3卷』, 平凡社, 東京.
山尾幸久(1989), 『新版・魏志倭人傳』, 講談社, 東京.
井上秀雄(1991), 『倭・倭人・倭國』, 人文書院, 京都.
宮埼市定(1992), 『謎の七支刀-五世紀の東アジアと日本-』, 中央公論社, 東京.

<참고>

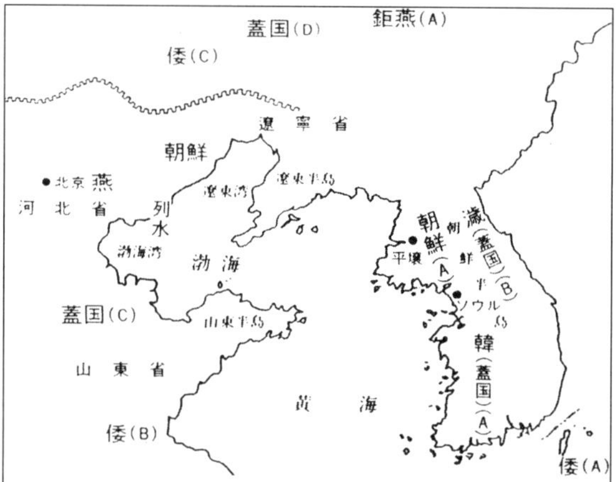

第1図 「山海経」現地比定図

井上秀雄(1991), 『倭・倭人・倭國』, p.64.

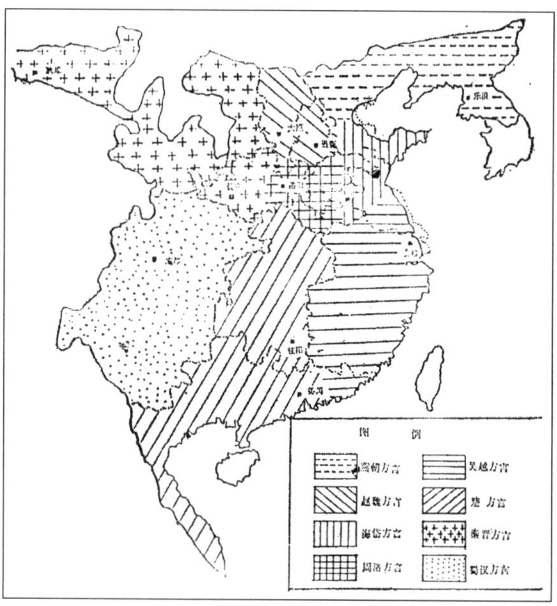

丁啓陣(1991), 『秦漢方言』, p.239.

『訓世評話』에 대하여

1. 머리말

1) 朝鮮朝 초기의 譯學政策

조선조(1392~1910)에서는, 이웃 여러 나라와의 外交關係 유지와 여러 가지 交涉 때의 언어 疏通을 위하여, 건국초인 1393년(太祖 2) 9월에 司譯院을 설치하고 외국어학자의 양성과 외국어 교육의 충실을 기하기 위하여 크나큰 노력을 기울이었다.

『朝鮮王朝實錄』 기사에 의하면, 1393년(태조 2) 9월 辛酉조에[1)]

置司譯院 肄習華言

이라고 있고, 同年 10월 乙亥조에[2)]

設六學 令良家子弟肄習 一兵學 二律學 三字學 四譯學 五醫學 六算學

이라고 있어서, 먼저 漢語(華言) 교육을 위한 司譯院이 설치되고, 차츰 다

1) 『太祖實錄』 권4 10b, 2年 癸酉 9月 辛酉條.
2) 『太祖實錄』 권4 12a, 2年 癸酉 10月 乙亥條.

른 외국어 교육을 위한 제도도 갖추어져 가고 있었음을 알 수 있다.

조선시대에 사역원을 설치하고 한어 교육에 주력하게 된 목적에 대해서는, 태조대부터의 여러 기사에 잘 나타나 있다. 1394년(태조 3) 11월에 司譯院 운영 문제를 건의하는 글에서, 司譯院 提調 偰長壽는 다음과 같이 말하고 있다.[3)]

> 臣等竊聞 治國以人才爲本而人才以教養爲先 故學校之設 乃爲政之要也 我國家世事中國 言語文字不可不習 是以殿下 肇國之初 特設本院 置祿官及教官教授生徒 俾習中國言語音訓文字體式 上以盡事大之誠 下以期易俗之効

여기에서는 사역원 설치 목적이, '中國言語音訓文字體式'의 學習을 통하여 '以盡事大之誠 下以期易俗之効'에 있었음을 밝히고 있다.[4)]

1404년(太宗 4) 9월에, 司憲府는 다음과 같이 上疏하였다.[5)]

> 以小事大 古今之通義也 況我朝 僻處海陬 語音殊異 因譯以達 故司譯之任 誠爲重矣 近來司譯之學 但習漢語而不知經史之學 朝廷使臣 有語及經史則懵然不知 失於應待 深爲國家之所羞 願自今 擇善於漢語而明經學者 爲訓導官 敎諭後進 博通譯語 詳明經學 以達朝廷使臣之意

譯官이 단순히 통역 업무에만 종사할 것이 아니라, 經學에까지 통달할 만한 수준이 되어야 한다고 강조하고 있다.

이러한 건의가 받아들여진 듯, 1413년(태종 13)에는 사역원에 文官 訓導

---

3) 『太祖實錄』 권6 17a~18a, 3年 甲戌 11月 乙卯條.
4) 司譯院 및 承政院에 관해서는 다음 논저들에서 자세히 고찰하고 있다.
姜信沆, 『李朝時代의 譯學政策과 譯學者』, 塔出版社, 1978.
李觀洙, 「朝鮮朝의 語文政策研究」, 高麗大 博士學位論文, 1978.
5) 『太宗實錄』 권8 4b~5a, 4年 甲申 8月 乙丑條.

를 두고, 學生들에게 '義理'도 가르치게 되었다.6)

그러나 세종대에 이르러서도, 역관들의 실력이 아직 크게 향상이 안 되었던지, 1429년(세종 11) 9월에 예조판서 申商은 다음과 같이 지적하고 있다.7)

> 禮曹判書申商啓 我國事大 莫重譯學 今司譯院生徒 但習語訓 不曉文理 接待上國使臣及我國使臣入朝之日 傳譯舛訛 以致譏笑

그래서 문과 출신이며, 吏學에 밝은 李邊을 訓導로 기용해야 한다고 아울러 건의하고 있다. 이에 대하여 세종도

> 譯學 實國家重事 邊亦體予意 勤學不倦 雖未經小祥 宜令起復 授西班職

라고 지시하고 있다.

조선조 초기에 있어서, 외국어 교육, 특히 한어 교육에 힘을 기울인 왕은 세종이었다. 세종 13년 정월 丙子에는 우의정 孟思誠, 찬성 許稠, 예조판서 申商, 이조참판 鄭招, 예문제학 尹淮, 前摠制 申檣, 예조참의 李兢令, 知申事 皇甫仁 등을 소집하여 한어 교육의 진흥책을 논의케 하였고, 세종 16년 2월 甲寅에는 첨지승문원사 李邊과 이조정랑 金何 등을 요동에 파견하여, 그곳의 식자들인 許福, 鄔望, 劉進 등에게 偰長壽가 편찬하여 한어 교재로 사용해 오던 『直解小學』의 내용을 검토시킨 바 있었으며, 李邊과 金何가 귀국한 뒤에는 격 3일로 『직제소학』을 進講케 한 바 있었다.8)

---

6) 『太宗實錄』 권25 29a, 13年 癸巳 6月 乙卯條에는 다음과 같은 기사가 있다.
置文官訓導于司譯院 政府啓 司譯院學生 唯傳習漢音 若義理則全不通曉 自今以文臣爲訓導官 兼用本國語音 敎訓義理 從之.

7) 『世宗實錄』 권45 18b, 11年 己酉 9月 己酉條.

8) 『世宗實錄』 권63 17a, 권64 1a, 권64 28a, 16年 甲寅 2月 甲寅條, 同年 4月 己酉條, 同月 癸巳條.

한편으로 세종은 한학 학습을 장려하기 위하여 1434년(세종 16)부터는 '漢學講肄官' 제도까지 설치하여 한어 교육을 강화하였다.[9]

또 이러한 한학과 더불어, 다른 외국어 교육을 위한 교육제도도 차츰 정비되어 갔다. 1394년(태조 3)에는 벌써 몽골어 교육을 위한 蒙學이 설치되었으며, 倭語(일본어) 교육을 위한 倭學은 태종대 말기(1418년경)에 설치되었고, 女眞語 교육을 위한 女眞學은 세종대(1419년 이후)에 설치되어, 한학·몽학·여진학·왜학 등 四學이 갖추어졌다. 그러나 사역원 四學 중에서 특별히 주력한 것은 한어 교육이었다.

2) 朝鮮朝 초기의 漢語 譯學者

이상과 같은 적극적인 譯學 奬勵 政策의 결과로 조선조 초기부터 세종대까지에, 元閔生, 李子瑛, 金時遇, 宣存義, 金玉振, 金聽, 李興德, 偰長壽, 唐誠, 曹崇德, 徐士英, 張顯, 李邊, 金何 등 여러 漢語 譯官 및 譯學者들이 크게 활약하였다.

이들 가운데에서 偰長壽·唐誠·曹崇德·徐士英·張顯 등은 中國系 歸化人들이었으며, 이 중에서 偰長壽의 공이 두드러졌었다. 그는 19세 때에 우리나라에 와서, 1399년(定宗 1) 11월 丁巳에 59세로 死去할 때까지, 초기의 사역원 제조로서 사역원의 설치와 운영에 힘을 쓰는 한편, 건국 초기의 謝恩使 등 中國行 使臣으로서도 활약한 바가 많았다.

『태조실록』 권10 8b, 5년 병자 11월 丁丑조의 기사에는

> 賜鄕判三司事 偰長壽 雞林 長壽 回鶻人也

라고 있고,

---

9) 『世宗實錄』 권62 26a~27a, 권63 11b, 15年 12月 壬戌條, 16年 正月 甲辰條 등 기사 참조.

遣判三司事 偰長壽 中樞院副使 辛有賢 如京師謝恩 (下略)

라는 기사가 있다. 또 『정종실록』 권2에

判三司事 偰長壽卒 諱長壽 字天民 其先回鶻高昌人……年五十九 所撰直解小學 行于世 且有詩藁數帙

이라고 있고, 『세종실록』 권27 10a, 7년 을사 정월 丁亥조에는

受朝經筵
上問於侍講官偰循曰 爾祖先在中國時 居何處 仕於何代.
循對曰 臣之祖先 居西蕃回骨之地 始仕於元太祖之世.
上問 爾叔父 年幾歲時來此 知我國言語乎.
對曰 臣叔父長壽十九 眉壽十七來此 言語亦粗知之.

라고 있어서, 偰長壽의 來歷을 자세히 알 수 있다.

3) 朝鮮朝 초기의 漢語 教材

조선조 초기의 한어 교재는, 『直解小學』(現 不傳)과 『老乞大』·『朴通事』이었다. 高麗朝(918~1392) 말기경부터 한어 교재로 사용된 것으로 추측되고 있는 『老乞大』와 『朴通事』는 아직 누구에 의하여 편찬되었는지 확인되지 않고 있으나, 세종대 초부터 여러 차례 印出되었다는 기사가 실록에 나타나 있다.

『세종실록』 권20 26b, 5년 계묘 6월 壬申조에는

禮曹據司譯院牒呈啓 老乞大·朴通事·前後漢·直解孝經等書緣 無板

本 讀者傳寫誦習 請令鑄字所印出 從之

라고 있고, 『세종실록』 권64 43a, 16년 갑인 6월 丙寅조에도

頒鑄字所印老乞大·朴通事于承文院司譯院

이라는 기사가 있으며, 1458년(세조 4, 무인) 정월에도 校書館에서 印行케 하였다는 기사가 있다.10) 이것으로 보면, 조선조 초기부터 『노걸대』·『박통사』가 한어 교재로 중시되었음을 알 수 있다.

2. 『訓世評話』와 李邊

1) 『直解小學』과 『訓世評話』

조선조 초기에 『老乞大』·『朴通事』와 더불어 한어 교재로서 중시된 것은, 설장수가 지은 『直解小學』이었다. 이 책은 『小學』을 한어로 해석한 것으로서, 설장수가 태조대(1392~1398)에 지은 뒤, 『노걸대』·『박통사』와 함께 한학 교재 및 한학 관계 과거용 서적으로 조선조 중기까지 사용되었다.11)

1434년(세종 16) 2월 癸酉에 禮曹에서 漢學 勸勵 條件을 建議한 글을 보면,

直解小學·老乞大·朴通事等雜語 悉皆漢語根本

10) 『世祖實錄』 권11 4a, 4年 戊寅 正月 戊寅條.

11) 『世宗實錄』 권33 11a, 8年 丙午 8月 丁丑條 및 『大典會通』(1865) 참조.

이라고 인식하고 있었고,[12] 세종도 이 『직해소학』을 중시하여, 앞에서 언급한 바와 같이, 同年 2월 갑인에 李邊과 金何를 요동으로 보내어, 그곳의 權印千戶 許福과 鄒望, 劉進 등에게 『직해소학』의 내용을 질문케 한 바가 있었다. 그 결과, 許福은 내용을 칭찬하고, 鄒望은

> 中國朝鮮三綱五常共是一般 但語音不通耳 若將此書教訓子弟 即與華音無異

라고 했으며, 遼東人 등이 『小學直解』를 본 뒤 嘆美하고 딴 책과 바꾸기를 바라는 사람이 많았었다고 하며,[13] 세종은 동년 4월 2일에 귀국한 이변과 김하로 하여금 4월 癸丑(6일)부터 經筵에서 격 2일로 『직해소학』을 진강케 하였다.[14]

그러나 시간이 흘러감에 따라서, 한어 자체에도 변화가 생기었다. 1483년(성종 14) 9월에 때마침 우리나라에 왔던 중국 사신 중의 일인인 頭目 葛貴에게 『노걸대』·『박통사』의 내용을 校正시킨 다음 다시 『직해소학』의 내용을 검토시켰던 바, 同月 乙未에 頭目 葛貴는 『직해소학』을 보고 난 뒤,

> 反譯甚好 而間有古語 不合時用 且不是官話 無人認聽

이라고 했었다.

李邊은 이보다 10년 앞서서 이런 내용을 인식하고 있었다. 그래서 1473년(성종 4) 6월에, 우리나라와 중국의 古今名賢節婦에 관한 사실 총 65항

---

12) 『世宗實錄』 권63 20b~21a, 16年 甲寅 2月 癸酉條 참조.

13) 『世宗實錄』 권63 17a, 同 권64 1b, 16年 甲寅 2月 甲寅條 및 同年 4月 己酉(2日)條 기사 참조. 己酉(2日)條 기사에는 "望前爲長沙王教官 進官至知府 皆貶遼東諸大人 以兩人多聞 定爲儒林訓導"라고 하여 鄒望 등의 來歷을 설명하고 있다.

14) 『世宗實錄』 권64 3a, 同 28a, 16年 甲寅 4月 癸丑條 및 同年 5月 甲午條 기사 참조.

목을 여러 책에서 뽑아 모아서, 漢語(白話)로 번역하고 이름을 『훈세평화』라고 명명한 한어 교재를 편찬했었다.

이와 같이 李邊이 『훈세평화』를 편찬하게 된 동기는, 어디까지나 『직해소학』 등의 한어 교재가 이미 교재로서 적당치 않다고 인정한 데서 나왔던 것이다. 『훈세평화』의 印刊을 성종에게 건의한 글에서, 이변은

> 直解小學 逐節解說 非常用漢語也 老乞大・朴通事 多帶蒙古之言 非純漢語 又有商賈庸談 學者病之

라고 말하여, 『노걸대』・『박통사』에 대한 불만까지도 나타내고 있다.[15)]

1473년(성종 4) 6월 壬申조의 『성종실록』 기사(권31 7b)에 의하면

> 領中樞府事李邊 纂集古今名賢節婦事實 譯以漢語 名曰訓世評話 以進

이라고 있고, 이어서

> 傳曰 今見所撰書 嘉尙不已 賜油席一張 蓑衣一件 仍命饋酒 令典校署印行

이라고 있어서, 성종 4년 6월에 『훈세평화』가 편찬되자 곧 典校署에서 인행하도록 성종이 명하였음을 알 수 있다. 그러나 성종 4년 10월 戊辰에 李邊이 死去할 때까지 『훈세평화』는 간행되지 않은 듯하다. 1480년(성종 11) 10월 乙丑조(『성종실록』 권122 7a)의 기사에는

> 御晝講 侍讀官李昌臣啓曰 前者承命 質正漢語於頭目戴敬 敬見老乞大

15) 『훈세평화』 끝에 있는 이변의 발문에 의함.

> 朴通事曰 此乃元朝時語也 與今華語頓異 多有未解處 卽以時語改數節 皆可解讀 請令能漢語者 盡改之 曩者領中樞李邊 與高靈府院君 申叔舟 以華語作爲一書 名曰訓世評話 其元本在承文院
>
> 上曰 其速刊行 且選其能漢語者 刪改老乞大朴通事

라고 있어서, 『老乞大』·『朴通事』의 刪改작업과 함께 『훈세평화』의 간행이 성종에 의하여 독촉받고 있었음을 기록하고 있다.

앞에서 지적한 바와 같이, 『직해소학』은 차츰 현실한어와 거리가 멀어졌으므로, 임진왜란 후인 조선중기 이후(규정상으로는 1744년-영조 20부터) 『伍倫全備記』가 『직해소학』 대신 한어 교재로 쓰이게 되었다. 그런데 李邊이 애써 편찬한 『훈세평화』가 사역원이나 승문원 등에서 어느 정도까지 한어 교재로서 중용되었는지 현재로서는 알 수 없다.

『훈세평화』는, 1480년(성종 11년) 10월에는 간행이 된 듯하여, 『훈세평화』에 실린 尹希仁 序에 의하면,

> 欲令後學者 易於硏窮 乃捃摭爲善陰隲之事及平昔所嘗聞者 編輯爲書 譯以漢音 名曰訓世評話 繕寫以進 成廟嘉之 命用鑄字印出若干卷 頒賜朝臣 不但爲學漢音者之指南 亦於敎人爲善 豈小補云

이라고 하여, 애당초 鑄字本이 인출되었음을 말하고 있다. 그러나 주자본은 아직 그 傳本을 찾지 못하였는데, 인간 후에도 곧 散佚된 듯, 윤희인의 序에서는

> 歷歲旣久 散逸殆盡

이라고 하고, 宋候·尹希仁 등이 힘을 모아 1518년(中宗 13, 명 正德 13)에 江陵에서 목판본으로 간행하였음을 말하고 있다. 이 책도 국내에는 傳

本이 없고, 日本 名古屋 蓬左文庫에 소장되어 있을 뿐이다.

이 木版本은, 李邊의 外曾孫인 尹希仁(通政大夫 守 江原道觀察使 兼兵馬水軍節度使)이 쓴 序 2장, 『훈세평화』 上 51장, 下 52장, 李邊이 쓴 跋 2장, 計 107장으로 되어 있고, 책 크기는 34.8cm×22cm(縱×橫), 半匡郭 23.3cm×16.9cm, 每面 10行, 每行 17字로 되어 있다. (1971年 9月, 姜信沆이 影印해다가 최초로 국내에 紹介)

2) 저자 李邊

李邊(1391~1473)은, 조선조 초기의 뛰어난 文臣 漢語譯學者였다. 考는 德水 李氏 判司宰寺事 公晋이며, 1419년(世宗 元, 明 永樂 기해)에 문과에 합격하고,[16] 1424년(세종 5)에 承文院 博士(正7品)로 除授되었는데, 漢語 공부를 열심히 하고 또 그 분야에 밝다고 해서 부교리로 승진되있다. 1427년(세종 9, 宣德 정미)에 司譯院 判官(從5品)으로 승진한 뒤부터는, 언제나 승문원과 사역원의 직책을 겸했었다. 이 해 겨울, 典農判官으로 있을 때 外艱喪을 당했었으나, 1429년(세종 11, 선덕 기유)에 다시 등용되어 護軍이 되었다. 이때 예조판서 申商이, 세종에게 譯學의 중요성을 강조하고 나서 다음과 같이 李邊의 등용을 건의하고 있다.

> 前校理 李邊 已中文科 猶嗜吏學 以爲己任 手不釋卷 譯院學生 皆願手訓 宜以邊爲訓導 使之表 率唱勵 然邊今方在喪 未逾一年

이에 좌의정 黃喜, 判府事 許稠도 동조하여,

> 邊誠好吏學 曩欲啓起復 未經小祥 故未遂耳

16) 尹希仁의 序文에는 "太宗大王十七年丁酉 中第 選入承文院"이라고 있으며, 『성종실록』에는 세종 원년 己亥에 문과에 합격한 것으로 되어 있다.

라 하니, 세종도

> 譯學 實國家重事 邊亦體予意 勤學不倦 雖未經小祥 宜令起復 授西班職

이라고 命하여 同年 10월 戊子에 호군이 된 것이었다.17)

李邊이 이와 같이 중용된 것은, 判官 시절에 直集賢殿 金墩, 譯語大護軍 金聽과 함께, 중국 사신에게 『性理大全語錄』을 질문하도록 세종의 명을 받을 만큼 실력이 있었기 때문이었다. 호군과 奉常寺尹을 거쳐 僉知承文院事가 된 이변은, 1434년(세종 16) 2월 甲寅에 吏曹正郎 김하와 함께 『직해소학』의 내용을 질문하러 요동에 파견된 일이 있었다. 당일의 『세종실록』 기사(권63 17a)는, 이변을 다음과 같이 기록하고 있다.

> 邊爲人性鈍 年三十餘登第 入承文院 學漢語 期於成效 徹夜講讀 聞有能漢語者 則必尋訪質正 家人相語常用漢語 遇朋友 必先以漢語接語 然後言本國之語 由是能通漢語

이변이 얼마나 열심히 한어를 학습했는가 하는 면이 잘 묘사되어 있다. 이와 비슷한 기사는, 尹希仁의 『훈세평화』 서문에도 잘 나타나 있다.

> 選入承文院 力學是訓 輒就精通 自是常爲己任難 在一家中外 用華語 庸童少女 亦嘗習知其語 日用使喚應待如流 遂成家業

이와 같이 성의껏 한어를 학습하였으므로, 전술한 바와 같이 요동에서 그곳 식자들과 함께 귀국하여, 『직해소학』이 한어 교재로서 훌륭하다는 사실

---

17) 『세종실록』 권45 18b, 권46 3a, 11年 己酉 9月 己酉條 및 11年 10月 戊子條 기사 참조.

을 세종에게 보고하였다.18)

이에 세종은 4일 뒤부터 이변과 김하로 하여금 경연에서 격 2일로 『직해소학』을 진강케 하였으니, 세종의 한어에 대한 관심도 지대하였음을 알 수 있다. 이변은 1435년(세종 17, 을묘) 가을에 다시 內艱喪을 당했으나, 1436년(세종 18, 明 正統 병진) 3월에 譯學生敎誨를 위하여 또다시 大護軍으로 기용되었다. 1438년(세종 20, 무오)에 藝文 直提學이 되고, 1440년(세종 22, 경신)에 司諫院 右司諫大夫가 되었다가, 1441년(세종 23, 신유)에 戶曹參議로 승진하고, 이어서 同年 9월에 工曹參議가 된 지 두 달 만인 동년 11월에 첨지중추원사가 되었다. 1442년(세종 24, 임술) 5월에 奏聞使, 동년 11에 이조참의를 거쳐 1448년(세종 30, 무진) 嘉善大夫가 되어 중추원 부사가 된 뒤, 1449년(세종 31, 기사)에 형조참판으로 옮겼다가, 文宗 때 예조·이조·공조·병조참판을 역임하였다. 1453년(端宗 元, 계유)에 嘉靖大夫로 오르고, 동년 7월에 慶昌府尹이 되었다가 이어서 資憲大夫(正2品)로 오르고, 1454년(단종 2, 갑술) 6월에 형조판서를 지냈다. 1455년(세조 元, 을해) 윤6월에 공조판서가 되었다가 동년 7월에 中樞院事가 되고, 1456년(세조 2, 병자)에 藝文館 大提學을 지내고, 1458년(세조 4, 무인)에 공조판서가 된 다음, 崇政大夫(從1品)가 되고, 判中樞院事가 되었다. 1467년(세조 13, 정해)에 几杖을 하사받고 1468년(세조 14, 무자)에 輔國崇祿大夫(正1品)로 특별히 올려진 다음, 1472년(成宗 3, 임진)에 領中樞府事가 되었다가 1473년(성종 4, 계사)에 83세로 卒하였다. 시호는 貞靜이었다.

이변은 70이 넘을 때까지 승문원과 사역원의 提調로서 한어 등 역학자 양성에 힘썼으며, 중국에 사신들과 더불어 30여 회나 왕래하였다.19) 이러한 이변이 어떻게 평가받고 있었는가 하는 면은 실록 기사의 여러 곳에 나타나

18) 이때의 實錄 기사에는 李邊이 僉知司譯院事로 되어 있는데, 僉知事 職制는 承文院과 司譯院에 다 있었으므로, 이변은 두 직책을 겸하고 있었던 것으로 보인다.

19) 『成宗實錄』 권147 10a, 13年 11月 甲午條의 기사에는

領事 李克培啓 世宗朝 如金何 李邊 赴京畿三十餘度 故皆能漢語

라고 있다.

있다.

『세조실록』 권19 2a, 6년 경진 정월 壬午조 기사에는

> 中樞院事 李邊 以年七十 乞致仕 上問邊氣力何如
> 都承旨 尹子雲 對曰 邊年雖老 氣力尙强 且主譯學吏文之事 命勿致仕

라고 있어서, 그 직무의 중요성을 인정받고 있었음을 알 수 있고, 성종 5년 갑오 9월 乙卯의 경연석상에서, 張有誠을 管押使로 임명하여 赴京使臣과 함께 중국으로 파견하는 것이 부당하다고 논란 일어났을 때, 성종은

> 聞有誠 可繼李邊之任 故特遣之耳

라고 하여 이변의 후계자를 양성하고자 할 정도로 이변의 실력을 인정하고 있었다(권47 1ab~2a). 1486년(성종 17, 병오) 10월 己亥에도, 경연이 끝난 뒤 領事 洪應이, 吏文・漢語・寫字가 모두 중요하다고 말하고 나서,

> 臣少時 嘗見李邊 頗能漢語・吏文 常仕司譯院・承文院 敎誨甚勤

이라고, 이변이 漢語와 吏文에 뛰어났었음을 증언하고 있다(『성종실록』 권196 19ab).

洪應은 1489년(성종 20, 기유) 11월 癸未에도 성종 앞에서

> 臣聞 李邊爲司譯院提調 敎訓甚勤 至於老耄 雖暑雨祈寒 常仕不休 故其效頗多

라고 이변을 칭찬하고 있다. 尹希仁도 『훈세평화』의 서문에서

及爲兩院提調 常謂比他職掌 尤爲謹重 無日不仕 敎誨不倦 挾冊授業者 疊足門庭 由是業精者相繼而出 若非公敎養之勤 豈得主此耶

라고 洪應과 같은 말을 하고 있다. 이변이 자기 자신의 한어 실력 향상을 위하여 얼마나 열심히 학습에 힘썼는가 하는 점과, 후진 양성을 위하여 얼마나 성실히 노력했는가 하는 면을 알 수 있다.

3. 『訓世評話』의 내용

이 책은, 외국 사람인 조선시대의 한어학자 이변이, 중국의 문장어인 한문을, 중국인의 口語인 白話文 형식으로 번역한 것이 크나큰 특징이다. 자기의 고유언어는 있었으나, 이 언어를 문자로 기록한 고유문자를 가지고 있지 않았던 우리 민족은, 1443년(세종 25, 계해) 12월에 세종이 표음문자인 훈민정음을 창제하자 한문 서적과 한문으로 된 불경 등을 우리말로 번역하기 시작했었다. 또 한어 교재인 『老乞大』와 『朴通事』도 1515년(중종 10)경에는, 崔世珍에 의하여 우리말로 번역되고, 모든 字音도 새 표음문자에 의하여 기록되었다. 그런데 똑같은 한어인 漢語의 文言(漢文)을 한어의 白話文으로 번역한 것은 『訓世評話』뿐이었다.

이제 그 첫 항목을, 原文과 번역문을 대조시켜 가며 옮겨 보겠다.

原 虞舜父頑

飜 古時 虞舜 他的父親瞽叟 心裏無有德行

原 母嚚

飜 後孃也口裏無些兒好言語

原 象傲 常欲殺舜

飜 後孃生的象呵越暴虐 一心兒只要殺舜麽

原　克階以孝 不格姦

飜　舜呵十分孝順感動 他回心不到奸惡

原　後爲天子 不殺象 封之有庳

飜　後頭做了皇帝 不殺象 顚倒 封他有庳 地面 這箇是 天下的大孝

위의 두 예문을 비교해 보면, 아래의 白話文(번역문)은 단순한 번역문이 아니라, 일종의 註解의 성격을 띤 문장임을 알 수 있다. 이것은 文臣 譯學者이었던 李邊의 소양을 반영하고 있는 것으로서, 중국의 故事에 밝지 않고서는 이와 같이 상세하게 주해를 하지 못했을 것이며, 또 漢語의 백화문에 상당한 수준까지 능통하지 않고서는, 중국의 文言인 한문을 구어인 白話文으로 옮기지 못했을 것이다. (중국측의 자료를 이용했을 가능성도 있을지 모른다.)

이제 『훈세평화』의 내용을 분석해 보기로 하겠다.

『훈세평화』의 내용은, 저자 이변이 이 책의 끝에 붙어 있는 서문에서

> 採勸善陰隲諸書中 可爲勸戒者數十條 與平昔所聞古事數十 總六十五條 但以譯語飜說 欲令學漢語者 並加時習 謹謄寫奉進

라 하고, 이 책의 앞에 있는 尹希仁의 발문에서

> 乃捃摭爲善陰隲之事 及平者所嘗聞者 編輯爲書 譯以漢音 名曰訓世評話 繕寫以進

이라고 한 바와 같이, "勸戒者 數十條"와 "平昔所聞古事 數十條", 총 65조의 내용으로 되어 있다. 그러나 여기에서 고찰하고자 하는 것은, 이러한 古事나 勸善懲惡的인 내용이 아니고, 역시 서문이나 발문에서 말한 "以譯語飜說"이나 "譯以漢音"의 내용을 고찰하려는 것이다.

위의 서문이나 발문에서 말한 '譯語'와 '漢音'은 『훈세평화』의 모든 字音에 한글에 의한 字音표기가 없는 것으로 보아서, 文言을 口頭語인 白話文으로 번역한 것을 뜻하는 것으로 보아야 할 것이다.

이러한 면에서 『훈세평화』의 내용을 분석해 보면 다음과 같은 사실을 밝힐 수 있다.

1) 文言의 飜譯 및 註解 예

『훈세평화』 上・下 65조가 모두 문언을 백화문으로 번역한 것이지만, 이들 번역문은 단순히 번역으로 끝나는 것이 아니라 어느 면에서는 註解까지 겸한 내용이 거의 대부분이다. 다음에 몇 예만 들어 보이겠다. 예문 앞의 숫자는, 『훈세평화』의 항목 순서에 따라서 필자가 붙인 것이다.

3. 姜詩孝母 汲江數里 臺側湧泉 日有雙鯉

古時 姜詩孝養母親 他母親愛喫江水和鯉魚 姜詩分付他娘子 每日到四五里地 挑將水來 有一日 家邊忽然湧出一眼井水和江水一般滋味 又每日家一雙鯉魚兒出來 這般有孝感

위의 예를 보면, 불과 16자로 된 문언을, 72자로 된 백화문으로 번역하고 있는 것을 알 수 있거니와, 원문만 가지고는 간략하게 알 수밖에 없는 내용이, 주해를 통해서 자세하게 밝혀져 있음도 알 수 있다.

汲江數里 →他母親愛喫江水和鯉魚 姜詩分付他娘子 每日到四五里地 挑將水來

臺側湧泉 →有一日 家邊忽然湧出一眼井水和江水一般滋味

日有雙鯉 →又每日 家一雙鯉魚兒出來 這般有孝感

저자 이변은, 위와 같은 번역 및 주해 과정에서 文言에는 나타나지 않는 상당히 많은 양의 虛詞와 口語的인 語彙를 보여 주고 있다. 이들에 관해서는 다음 항에서 다시 고찰하겠거니와, 몇 예를 보이면 다음과 같다.

虛詞	和	到	將…來	一般…兒	
語彙	母親	喫	娘子	一眼井水	鯉魚兒

18. 淑女備禮葬之

他娘子淑女 好生備辦 盡禮埋葬

20. 耕田而食

耕田過活 再也不來(仕宦阿的 便是旣明且哲 以保其身)

30. 爲劫賊所害 獨留妾一身

被强盜打劫一起大小男女乾淨都殺了 只留小妮一身

여기서도 다음과 같은 차이를 알 수 있다.

爲→被　　獨→只　　妾→小妮

35. 有一妓容色可愛 人皆悅之

有一箇衏衏的 十分可喜 來往人 每都來 爭要帶歇

35. 十八人做足 爭子者皆慚色

十八人做脚 說的是 那不是那 衆人聽得這話 都害羞退去了

36. 有徐神翁者 甚畏其妻

有一箇徐神翁道的官人 常常怕娘子 但干女色的事呵(閑言閑語也不敢提起)

36. 招椽吏妻 叱之曰 以順爲正 妾婦之道也 汝爲吏妻 如何傷家長之面乎

便拘將外郎的娘子來 教他跪地大罵說道 咳這醜婦 你做婦人 全不曉事 大槩婦人和順爲貴 夫者婦之天 怎麽欺負了丈夫打傷面兒

이 항목의 번역 및 주해에도 다음과 같은 허사와 어휘가 나타나고 있다.

虛詞　便　將…來　教　了　兒
語彙　娘子　說道　不曉事　怎麽　欺負　丈夫　面兒

37. 早失父母 又無兄弟 夫亦久亡 有雜繒面二十匹及婢一人

年幼時 爺娘歿了 又無六人親戚 丈夫也早歿了 只帶一箇小尼子

이 항에서도 다음과 같은 차이를 발견할 수 있다.

早 → 年幼時　父母 → 爺娘　失 → 歿了　無兄弟 → 無六人親戚
亦 → 也　夫 → 丈夫　婢 → 小尼子

2) 새로운 語彙의 사용

위에서 예로 보인 번역 및 주해문에서도, 문언문과는 차이가 나는 여러 가지 새로운 어휘를 발견할 수 있었지만, 『훈세평화』 上·下 65항목 중에는 새 어휘들이 상당히 많이 사용되고 있다. 그러나 이들 어휘를 전부 나열할 수는 없으므로 다음에 몇 예만 들어 보겠다.

2. 文王爲世子時→文王做世子時
4. 冬節欲食筍→冬月裏要喫竹筍
4. 供母食畢 病愈→與母親喫喫了了 病也好了
7. 母病 思鹿乳→母親害病 要喫鹿妳子
10. 楊和少失父→古時有一箇楊和道的人爺早歿了
11. 紂之親戚→紂王的房親叔叔
15. 妻常躬勤養姑→這娘子 自家養活婆婆 無些兒怠慢
16. 父母欲嫁强之→他的爺孃 要取他來改嫁
17. 都彌妻美麗→百濟住的都彌的娘子 十分可喜
18. 自幼時→從媧媧時
19. 多奇才→多有奇妙本事
21. 昔周文王得此夢→古時 文王做這等夢
25. 呼巫覡視之→請師姿端公來看病
29. 公亮曰 商人轉徙不常
→公亮說 買賣的客人四下裏走無有定處
32. 賊兵四起→四下裏賊兵橫行
30. 一婢子堂中執箒而泣→一小妮子堂前拿者苕帚啼哭
31. 乘蹇驢→騎一箇蹶驢子
32. 烏云大兄→老鴉說道 雀大哥
32. 野鳥直告借米之處→野雀兒老實說了
32. 進前請米→就到根前去 要借些粮
34. 其子失禮於祖母→他的兒子 祖孃根前無禮
33. 熊忿怒→老熊氣不忿
33. 一兎→一箇公兎子
33. 老鼠生驢→老鼠下一箇公驢子
33. 家人答以失禮於祖母→家下人說道 老妳妳上無禮
35. 汝等一心恤養可也→你衆人合當一心兒憮恤養活

35. 敢不從命→何敢不聽發落

36. 大怒挺身突出聲色俱厲 抛以瓦石

→猛可里 拿將石頭瓦子 抛打

36. 後爲知縣挈家赴任→後頭除做知縣帶領家小到任

65. 拜郿縣令歸時→除做郿縣令到任去時

38. 未有子→還無有兒女

64. 太初無人物→當初無有人物

64. 俱無配匹→都無有配對

65. 赤身→身上無有穿的

64. 遊獵皮衣肉食→打圍身穿皮衣裳喫肉

64. 新羅王嘉之→新羅王十分喜歡

64. 愛如己子→愛他親生一般

64. 自後孫蕃盛 世修其職

→從分以後 子孫最衆 輩輩兒不廢了職分

예를 들자면 한이 없을 정도이므로, 이상으로 語彙의 예시는 마치려고 한다. 몇 가지 예만 보더라도, 이변이 구어적인 어휘나 표현으로 바꾸려고 얼마나 많은 노력을 경주했는가 하는 것을 알 수 있다.

3) 虛詞(介詞 · 連詞 · 助詞 等)

漢語는 文言文이나 白話文을 막론하고 實詞(名詞, 代詞=代名詞, 動詞, 形容詞 등)와 虛詞(介詞=前置詞=副動詞, 連詞=連接詞, 助詞 등)로 분류할 수 있다. 근래에는 실사와 허사를 自立語, 準自立語, 附屬語라고도 하는데, 허사는 주로 後二者를 가리킨다고 할 수 있다.

허사의 예를 몇 개씩만 보이면 다음과 같다.

介詞	從	自	對于	關于		把	被
連詞	和	雖然	可是				
助詞	的	地	得	着	了	嗎	呢

이 글에서는 이러한 분류에 지나치게 집착하지 않고, 저자 이변이 보여준 문언문과 백화문을 비교해 본 결과, 두 문장 사이에서 나타난 차이를 허사 중심으로 정리해 보고자 한다. 또 경우에 따라서는 실사의 예라고 하더라도 문언과 현저하게 차이를 보여 줄 때에는, 이들도 예시하였다. 또 기술의 편의상, 기술의 순서는 太田辰夫 저, 『中國語歷史文法』(*A Historical Grammar of Modern Chinese*, 1958, 江南書院, 1981에 京都 明友書店 영인) 제2부의 내용(pp.67~409) 순서를 따라서 『훈세평화』 내의 사용례를 예시하는 방식을 취하였다.

(1) 量詞

『훈세평화』의 번역문(백화문)에는, 문언문에 없는 양사의 예가 나타난다.

5. 忽逢一婦人→忽然 路上撞見一箇婦人
   一月之內→一箇月裏頭

19. 上有三醜→上位的有三般醜處

21. 有富民走失一小女奴→有一箇富民 走了一箇小女奴

37. 賃車牛一乘→雇一輛車子

38. 求一妾歸→買一箇娘子回來

64. 有一紅帶紫衣者→有一箇穿者紫衣繫者紅條兒的人

(2) 접두사 '老-'

32. 烏云→老鴉說道

33. 熊忿怒→老熊氣不忿

33. 老鼠生驪→老鼠下一箇公驢子

老鼠의 경우에는 그 전부터 사용되고 있었음을 알 수 있다.

(3) 접미사 '-子'

『훈세평화』의 번역문에는 접미사 '子'가 상당히 많이 쓰이어서 사람·동물·사물을 나타내는 명사를 형성하고 있다.

5. 一婦人求爲永妻→一箇婦人要做他的娘子
26. 寶生子震→寶生下兒子震
9. 生蛙→活水鷄子
33. 一兎→一箇公兎子
5. 三百匹絹→三百匹絹子
19. 走入桑林→走過一箇桑樹園子裏
19. 王以馬鞭→上位著馬鞭子
12. 始爲象箸→初頭用象牙做著子
15. 從我可全→從我可保你身子

(4) 접미사 '-頭'

『훈세평화』에는 접미사 '-頭'와 결부된 어휘 예가 많이 보인다.

2. 日三鷄初鳴→每日頭 鷄叫時
   寢門外問→寢門外頭問
5. 一月之內→一箇月裏頭
19. 以足指指其去處→著脚指頭指饋
27. 治之後→醫療瘡處後頭
32. 有一野鳥飢甚 飛集田頭
   →有一箇野雀兒餓的昏了 飛到那田頭穀梃裏頭

여기의 예는, '-頭'가 일찍부터 쓰이고 있었음을 보여 주고 있다.

37. 暮宿鵲奔亭→日頭落了 就這縣鵲奔亭樓傍歇宿過了
28. 後郴城遭石季龍之敗

→後頭 這郛城遇着石季龍軍馬打劫

28. 覺如墮石上→落在石頭上一般

(5) 접미사 '-兒'

'-兒'는 동물을 나타내는 명사뿐만 아니라 사물을 나타내는 명사에도 결부되며, '-兒'와 결합시켜 부사처럼 쓰인 예도 보인다.

3. 雙鯉→雙鯉魚兒
15. 他舍鷄→隣家的鷄兒
19. 見一白兎→只見雙白兎兒
26. 一黃雀→一箇黃雀兒
33. 千年紅頂鶴→千年朱頂鶴兒
9. (於樹下燃火熬藥)忽有物從樹上墜鐺中
→忽然有一箇東西落在煎藥的罐兒裏
12. 必爲玉杯爲玉杯→把玉來做盞兒 假如把玉做盞兒呵
15. 妻聞操刀而出→媳婦聽得那意思 拿者刀兒出門站者15. 妻對鷄不餐而泣
→媳婦見了那鷄兒 對者那卓兒不喫啼哭
1. 象傲常欲殺舜→後孃生的象呵越暴虐一心兒只要殺舜麽
4. 有頃地上出筍→等一會兒地上竹筍選出數根
23. 與之無小吝 以車一時載出略無留者
→與他四十萬銅錢 無些兒愛惜 那穿孝的人 都裝載車上 無些兒留下就去了
33. 兎被欺空去空來→兎兒喫道兒走回去
19. 吉兆也→吉慶的因頭兒

(6) 접미사 '-下裏'

方位를 나타내는 '-下裏'도 예는 적지만 나타난다.

14. 劉哈剌不花起兵→劉哈剌不花 領軍馬四下裏打劫

29. 公亮曰商人轉徙不常

→公亮說買賣的客人四下裏走無有定處

32. 賊兵四起→四下裏賊兵橫行

(7) 助名詞 '裏'

'中(안, 속)'과 같은 뜻을 나타내는 '裏'가 『훈세평화』에 꽤 많이 쓰이고 있다.

14. 吾家有醬一瓮→我家裏有一箇醬瓮兒

16. 所居有雙燕巢之→他的房簷裏有一雙燕兒來打窩

27. 蛇含珠以報→那蟒蛇口裏噙將珠子來報恩

29. 泉州晋江人→泉州晋江裏住的

32. 烏以爲鼠藏米穀→這野雀心裏計較他好歹有趲積米粮

39. 夜則到舊窯址宿→黑夜裏到舊窯場裏睡了

(8) 助名詞 '一般'

同一하다는 것을 뜻하는 '一般'도 많이 쓰이었는데, 생략형인 '般'의 예도 나타나고 있다.

44. 妻指半輪月曰此是梳形也

→如今正是新月曲彎便是梳樣一般

44. 皎月團團恰似明鏡→皎月團團明鏡一般

45. 以生豹置籠中封之而去

→就帶去的金色豹子 故在裏頭還和尙一般打封畫了 連忙走去

47. 新婦異日有子有孫皆如新婦之孝敬

→你有子有孫都似你一般孝敬呵

47. 顏貌如生肌膚→那顏色和身子却是在生時一般

32. 卽走入穴→這般說就走入窟隴裏

32. 近日如此飛啼自樂歟→這幾日 那般噪鳴歡樂
35. 皆以爲己子
→爭者說道是我養的兒子 這般衆人鬧噪起來

(9) 지시대명사 '這'·'那'·'甚麽'

지시대명사는 엄격하게 허사라고 할 수 없으나, '這'·'那' 등이 단독으로 사용되는 경우보다도 접미사 '-裏'·'-箇'·'-般' 등과 결합되어 사용되는 경우가 많으므로, 여기에서 고찰해 보기로 하겠다.

〈這〉

18. (與本縣李欏爲妻)盡婦道
→與本縣裏住的李欏做娘子 這婦人盡那媳婦的道理
39. 其兄全不護濟→這外郎一些兒不照顧
39. 其妻心中較計→這娘子心裏想道
12. 是彰君之惡→這箇是暴揚君王的過失着
41. 此女某→這箇女兒
39. 我夫如此不善→丈夫這等不採
14. 肥黑者→這般黑色胖身
29. 問之→你怎麽這般啼哭悲哀
39. 水火相救交結如此→水也水裏火也火裏去這般結交
40. 此馬何若此乎→這馬怎麽這般亂叫聒噪

〈那〉

18. 亡夫墳墓一處埋葬→和那丈夫的墳墓一處埋葬了
29. 商人果不爭→那客人不爭便回了
29. 旁舍生欲言→那人要說麽
40. 其馬走歸→那馬聽了這話 便走出去

19. 王追之→上位領軍馬追到那裏

32. 汝何處得米→你那裏去討些米粮喫

48. 節非敢望→我怎麽敢望那等勾堂

32. 近日如此飛啼自樂→這幾日 那般噪鳴歡樂

〈甚麽〉

지시대명사 가운데, 近稱 '這'와 遠稱 '那' 이외에 疑問을 표시하는 '甚麽'도 쓰이고 있다.

5. 言一得二理何乖乎→說一箇得兩箇 理上有甚麽違悖處

5. 何能→你有甚麽本事

5. 汝何處人家女→你是甚麽人家的女兒

30. 驚問之→王令問 你是甚麽人

33. 兎曰何物也→兎兒說甚麽東西

(10) 數詞 등에 붙는 '些'

'些'는 數詞, 動詞, 形容詞 등에 접미사처럼 결합되어, 앞의 自立詞의 의미를 보완하는 듯이 사용되는데, 『훈세평화』의 번역문에도 그 용례가 보인다.

39. 其兄全不護濟→這外郎一些兒不照顧

1. 母嚚→後孃也口裏無些兒好言語

15. 妻常躬勤養姑→這娘子自家養活婆婆無些兒怠慢

32. 汝何處得米→你那裏去討些米粮喫

32. 進前請米→就到根前去要借些粮

47. 家貨鉅萬→有好些錢財

數詞의 不定詞 '幾' 앞에 '好'가 결합된 예도 있다.

8. 母疾屢經危困→母親得病好些年害的重了

26. 哀鳴繞寶數日乃去→哀鳴好幾日還飛去了

(11) 動詞의 接辭 '打'

45. 取其女置籠中封之→把那女兒坐在籠子裏打封了窗
48. 手自封鎖置于一室→放在一箇房屋裏 親自打封鎖了

(12) 動詞의 接辭 '見'

45. 老女曰願矜憐之來→老婆說可憐見家裏來
5. 於路忽逢一婦人→忽然路上撞見一箇婦人
47. 行至東城門遇見舊使蒼頭
→到東城門外撞見舊使喚的老漢子
19. 我去夜夢飛熊上殿→我夜裏夢見飛熊上殿
65. 欲見家長到宿此亭→要探見丈夫年前到此亭裏歇宿

(13) 動詞의 重複形式

동사를 중복해서 사용하거나, 동사 중간에 '一'를 삽입하는 형식이 많이 나타나고 있다.

47. 趙子聞此言 哀傷不已
→這秀才聽了這話 啼啼哭哭十分哀痛
4. 作羹供母食→做湯與母喫喫了了
8. 出便寢息→他且外頭去歇一歇來
9. 合藥以試→合藥試一試看
19. 出獵試之→出去打圍看一看
50. 沮其殺→可憐見救一救

(14) 同動詞 '是'

『훈세평화』의 문언문과 번역문에는 상당히 많은 양의 '是'가 쓰이고 있다. '是'가 오래 전부터 사용되어 왔음을 알 수 있다.

12. 箕子曰 爲人臣諫不聽而去 是彰君之惡

→箕子說 做了人臣諫不聽撇了去呵 這箇是暴揚君 王的過失着

45. 不如是壽不過二十→不這般是不過二十歲死了

여기에서는 문언문에서나 번역문에서나 '是'의 용법이 같다고 할 수 있다.

19. 問女曰 汝何處人家女→你是甚麽人家的女兒

我是村家處女→我是村莊人家的閨女

39. 一箇瓢子破作兩箇

→一介胡蘆破做兩箇瓢 他是半箇 你是半箇

64. 長曰良乙那→大的是呌名良乙那

(15) 補動詞 '得' · '要' · '肯' · '敢' 등

〈得〉

『훈세평화』의 문언문과 번역문에는, 補動詞로서 可能을 나타내는 '得'(否定은 '不得')의 예는 드물고, 必要(命令) 또는 必然을 나타내는 '得'의 용례는 보인다.

5. 不得久停→不得久住

32. 百姓不得力農→百姓每不得耕種

47. 久不能歸→多年不得回來

〈要〉

44. 妻曰汝到京師 買梳而來

→他的娘子和丈夫說 你到京裏 須要買一箇梳子來

1. 常欲殺舜→只要殺舜麽

4. 冬節欲食筍→冬月裏要喫竹筍

5. 求爲永妻→要做他的娘子
65. 一婦人也欲告悶意→一箇是婦人告說要告訴悶的意思麽
7. 彎弓欲發→張弓要射時
17. 王欲試之→這王要試一試看著

〈肯・敢〉

意慾을 나타내는 '肯', '敢'도 쓰이고 있다.

12. 箕子諫不聽→箕子勸諫不肯聽
29. 彼不可則訟于官→假如他不肯呵 告官便好
47. 娘子不從遂以羅帕自縊→妳妳直不肯就吊死
45. 我老僧何敢取汝女→我一箇老禿師怎麽敢要貴女
48. 節非敢望→我怎麽敢望那等勾當
48. 安敢相犯→我怎麽敢下手

〈當・好〉

義務・當然을 나타내는 '當'과 適當・容易를 나타내는 '好'도 있다.

65. 當報爾讎→我當爲你報讎
20. 把我漢家帝位也奪了好做無道的勾當
45. 僧曰怪哉→老和尙說咳好妖怪

(16) 助動詞 '-起來'

『훈세평화』에서 수많은 조동사를 사용하고 있는 것도 하나의 특징이다.

8. 訴忽驚起→這訴心裏驚惶 睡覺起來
17. 怒甚→十分惱起來
19. 王怒→上位便惱起來
20. 這王莽做强盜起來
35. 這般衆人鬧噪起來

(17) 助動詞 '-住'

35. 太守曰→這蘇太守喝住

(18) 助動詞 '-來'

'-來'는 다른 조동사 '-出', '-下' 등과 결합된 것도 있고, 본동사하고만 결합되어 쓰인 것도 있다.

7. 剡子走出來
64. 都拿出來
19. 金瓜將軍拿下問罪→金瓜將軍拿下來問罪
2. 鷄叫時起來
5. 教我下來
37. 從樓下出→從樓下出來
32. 我啄殺鼠矣→對野雀說 啄殺田鼠來了
38. 妻迎問買妾→問你買小娘子來麽
38. 訪牙儈見一女→訪牙人尋一箇女兒來
44. 買梳而來→買一箇梳子來

(19) 助動詞 '-下'

38. 得子爲身後計→生下兒子做你後計

(20) 助動詞 '-去'

4. 取而作羹→就拿去做湯
15. 乃損金於野→便把金子拿將出去
28. 龜乃回顧而去→那白龜回看還水裏入去了
46. 兩邊瓮之油流入→兩邊缸裏的油流進出

(21) 助動詞 '-着(著)'

持續을 나타내는 '-着(著)'도 다수 쓰이고 있다. '-者'로도 쓰이었다.

8. 母憐其辛苦→母親憐他扶侍受苦著
12. 是彰君之惡→這箇是暴揚君王的過失着
15. 操刀而出→拿者刀兒出門站者
15. 妻對鷄不餐而泣
→媳婦見了那鷄兒對者那卓兒不喫啼哭
19. 見一白兎射之→上位便射著那兎兒
7. 遍求不得→尋也尋不著
47. 寢而不能寐→要睡呵睡不著

(22) 助動詞 '-了'

完了를 나타내는 '-了'도 많이 나타난다.

1. 後爲天子→後頭做了皇帝
7. 衣鹿皮→穿了鹿皮
16. 哀鳴不食而死→哀鳴餓死了
20. 解冠掛東都城門→脫了冠帽掛在那城同門
31. 旣暮丹將辭歸→(丹)到晩夕辭了回來時

(23) 助動詞 '-得'·'-不得'

可能조동사로서 긍정을 나타내는 '-得', 부정을 나타내는 '-不得'은 널리 쓰이었고, 可能 이외에도 獲得을 나타내는 용례도 많다.

7. 遺以鹿乳而去→拿得乳鹿取了妳子與他去了
14. 劉氏遽往→劉氏聽得惶忙走到軍中
29. 聞旁舍泣聲甚悲→聽得街坊一箇人啼哭悲哀
34. 母笑而釋之→母親聽得他戲言歌歌的笑了放他兒子阿的
39. 我聽得古人云→我聽得古人說

여기의 예는 '-得'의 사용이 『훈세평화』 이전부터 있었음을 보여 주고 있다.

44. 商曰諾→丈夫說是記得容易

8. 若非凡藥可愈→常凡藥材醫不得

10. 李實乃寫→這李實罷不得

12. 自此始不可振也→臨了救不得

29. 欲言而色愧→要說麽害羞說不得的模樣

47. 欲往則恐貽母妻之憂→要去呵家有母親和娘 捨不得

'-不得'과 같은 뜻으로 '-不住', '-不上'도 쓰이고 있다.

19. 分爲十二國爭殺不已→分做十二國廝殺不住

26. 天下無比→天下人都赶不上他

47. 萬戶聞之而趨救已無及矣→這劉萬戶赶不上救他死

30. 常相逐→日根者走不想

(24) 助動詞 '-與'

29. 以女鬻於商人→把這女兒賣與客人

48. 左右以三處女獻→左右的軍人每討三箇女兒來進與彦賓

(25) 助動詞 '-到'

대상과 장소를 나타내는 '-到'도 널리 쓰이고 있다.

4. 宗入竹林→孟宗走到竹林

14. 劉氏遽往→劉氏聽得惶忙走到軍中

19. 王追之→上位領軍馬追赶到那裏

32. 飛至鼠死之處→飛到田鼠死處

47. 新婦事我事我至矣→你這般伏侍到了

(26) 兼語動詞 使役 '教'

'教'가 사역으로 많이 쓰이고 있다.

5. 天使我爲償債

→上帝感動你孝心 <u>教</u>我下來織布還你少債

5. 何敢屈夫人爲妻→不敢<u>教</u>你做媳婦

17. 飾一婢薦之→<u>教</u>一箇使喚的丫頭打扮送進去

26. 令君子孫潔白位登三公→我<u>教</u>你子孫清廉做三公

(27) 兼語動詞 被動 '被'

32. 烏擊啄鼠之頭腦 鼠須臾而斃

→(田鼠)<u>被</u>那老鴉把頭腦上啄破 就死了

50. <u>被</u>正妻毒藥殺我→<u>被</u>正娘子性兒恨歹毒藥殺我

'被'가 일찍부터 쓰이었음을 알 수 있다.

(28) 介詞 '從'

18. 自幼時→<u>從</u>媧媧時

45. 請長老自擇→<u>從</u>長老說定日子

(29) 介詞 '到'

9. 於樹下→<u>到</u>一箇樹底下

29. 遊京師→<u>到</u>京師街市

29. 與父母訣此→<u>到</u>明日和爺娘相別

(30) 介詞 '因'

29. 所以泣也→<u>因</u>此啼哭

40. 以此作怒→<u>因</u>此這馬這等惱怒

(31) 介詞 '把'

20. <u>把</u>我漢家帝位也奪了

21. 以家財訪求女奴→我把錢粮求買女奴

27. 治之→把藥來醫藥瘡處

29. 以女鬻於商人→把這女兒賣與客人

(32) 介詞 '將'

27. 蛇含珠以報→那蟒蛇口裏噙將珠子來報恩

47. 以銀五百兩聘焉→就下了五百兩銀子娶將家裏來

(33) 介詞 '和'

3. 湧泉→湧出一眼井水和江水一般滋味

17. 遂與同至高勾麗→就和他丈夫同到高勾麗國

44. 妻曰汝到京師→他的娘子和丈夫說 你到京裏

(34) 介詞 '連'

20. 並與其子而殺之→連他的兒子也殺了

47. 有一箇劉萬戶道的人 連這娘子搶了去

(35) 부사 '還'

連詞로 볼 수도 있으나, 다음과 같은 예는 부사로 봄이 좋을 듯하다.

28. 漸大放江中→漸漸長大了 還放了江水去

31. 以所垂驢易之 既護遂放於水中
→把自騎的驢子饋他買了 還放在水裏

33. 兎問汝家千年紅頂鶴今安在
→兎兒問你家裏有千年朱頂鶴兒還有麽

38. 婦方四十餘未有子→我也四十歲多 還無有兒女

45. 老媪又來燒香祝願→還是那老婆來禱告時

(36) 부사 '一起'·'也'·'好歹'

65. 亭長殺我輩十人

→亭長殺了我 又把一起大小十箇人口乾淨都殺

19. 女亦笑三聲→這女兒也笑三聲

21. 知州亦有語→知州也向推官說

32. 禽獸亦皆餓死→高飛禽走獸也都餓死

12. 箕子者紂親戚也→箕子也是紂王的房親叔叔

12. 彼爲象箸必爲玉杯

→這般把象牙做箸子呵好歹把玉來做盞兒

47. 皇天有知必不相負→皇天好歹替我報答你

(37) 부사 '却'·'無有'

'却'가 많이 쓰이고 있고, 否定副詞로 '沒有'는 아직도 '無有'로 쓰이고 있다.

5. 今乃有二→今日却怎麽兩箇來

7. 那打圍的人却想眞鹿子

19. 王追之 見桑樹上→到那裏却見桑樹上

37. 何故獨行→你却怎麽獨自來了

28. 須臾視之 乃是所放白龜→等一會看却是自家放的白龜

64. 太史奏曰異國人來朝之象也

→太史奏王說道却是異國人來朝之象

64. 太初無人物→當初無有人物

(38) 부사 '怎麽'

21. 安可不容其熟察→却怎麽不詳察

25. 你怎麽說命盡不得再起

29. 你怎麽這般啼哭悲哀

40. 此馬何若此乎→這馬怎麽這般亂叫聒噪

(39) 連詞 '就' · '等'

31. 丹遽去官歸至中路而卒

→這韋丹就棄了官職回家去時半路上死了

32. 卽走入穴→這般說就走入窟隴裏

32. 烏擊啄鼠之頭腦 鼠須臾而斃

→被那老鴉把頭腦上啄破就死了

45. 可待老僧睡覺議之→等和尚起來坐定時到那裏說一說

28. 須臾視之 乃是所放白龜→等一會看却是自家放的白龜

65. 待翼朝→等到天亮著

(40) 連詞 '便' · '便是'

15. 大慙乃損金於野→聽得這話害羞便把金子拿將出去

19. 上位見那女兒便教靠前來

29. 商人果不爭→那客人不爭便回了

64. 卽今濟州→便是如今濟州

65. 人跑開樓下坑裏便是十箇死屍

(41) 助詞 '-的'

'-的'는 여러 가지 용법으로 가장 널리 쓰이고 있다.

32. 鼠往來→有一箇田鼠頻頻的來往

35. 院落裏一齊的跪下

14. 吾夫→我的丈夫

5. 董永→董永道的人

20. 天下人都受他的苦

32. 鼠一見烏之憎態→田鼠一見老鴉生的形容狼歹

37. 修里人→修里住的人
20. 三綱絶矣→這的是三綱五常都滅絶了
64. 長曰良乙那→大的是叫名良乙那
19. 上笑何意也→上位笑的何意
29. 如今回的難怎麼好
46. 此鐵牌不是兄之私物乃天與我兄弟共用之物也
→這鐵牌子只不是哥哥的, 天與我兩箇弟兄的.

(42) 句末助詞 '-麽'

'-麽'도 여러 가지로 넓은 의미를 나타내고 있다.

38. 妻迎問買妾→他的娘子迎見問 你買小娘子來麽?
16. 能如我乎→你也我一般能守寡麽?
25. 巫云公初實然 由作桂府時殺二人
→當初雖是這般麽 大人做桂府做官時杜殺了二人
29. 旁舍生欲言而色愧→那人要說麽 害羞說不得模樣
31. 近四十擧五經未第
→能通五經麽 年紀到四十歲不得中擧
33. 汝若不信 明日來視→你不信我呵 明日來看麽

(43) 句末助詞 '-呵'

'-呵'만이 아직도 많이 쓰이고 있으나, 假定을 나타내는 경우가 많다.

1. 象傲常欲殺, 舜克諧以孝
→後嫁生的象呵 越暴虐一心兒只要殺舜麽 舜呵十分孝順
29. 若第言之 或遇仁者→你若開說呵 或有仁愛的人
29. 彼不可則訟于官→假如他不肯呵 告官便好

4. 맺는 말

이상에서 고찰한 바와 같이, 조선조 초기의 뛰어난 한어 역관이었던 李邊은, 중국과 우리나라의 고사 가운데에서 65항목을 골라서 먼저 이를 漢文(文言文)으로 보이었다. 이어서, 한문을 15세기의 漢語 白話文으로 번역하였는데, 이 번역문은 단순한 번역문이 아니라 상세한 註解를 겸한 것이었다.

이변이 이와 같이 원문과 번역문으로 된 『훈세평화』 상·하 2권을 지은 목적은, 당시 통용되고 있던 한어 교재(『直解小學』·『노걸대』·『박통사』)의 내용과 문장이, 한어를 학습하기에 적합지 않다고 인정하였기 때문이었다. 그러므로 『훈세평화』는 다른 교재들보다 15세기의 漢語 白話文을 가장 잘 반영하였을 것으로 추측할 수 있다.

따라서 『훈세평화』의 문장을 분석해 보년, 어휘·문장·허사 등의 사용면에서 古文과 다르고, 또 현대문과도 다른 모습을 보여 주고 있다.

漢語史를 연구할 때, 여러 자료를 이용할 수 있을 것이나, 『훈세평화』는 저작연대와 출간연대가 분명하다는 점에서, 한어사 연구상 하나의 귀중한 자료가 될 것이다. (『大東文化研究』 24, 1990, 成大大東文化研究院. 부록으로 『훈세평화』 상·하 원문을 게재했으나, 여기에서는 생략함.)

『한글갈』의 훈민정음

1. 『한글갈』을 저술한 시기와 『한글갈』의 성격

1) 시기

세종 대왕은 1443년(세종 25) 12월에 '훈민정음'(글자)을 창제하고, 이어서 집현전 학사들에게 이에 관한 해설책을 쓰도록 명하였다. 집현전 학사들은 이 명을 받들어 3년 동안에 걸쳐서 한문으로 된 해설책을 지었다. 이 책은 1446년(세종 28) 9월 상순에 편찬이 완료되었는데, 책 이름은 새 글자의 이름과 똑같은 『훈민정음』이었다.

이 책에서는 '훈민정음'(다음부터 글자를 가리킬 때는 '한글'이라고 함)의 音價, 制字原理, 運用法), 실지로 기록한 예(用字例) 등을 자세히 다루고 있어서, 이 책을 잘 읽어 보면, 새로 만든 한글과 15세기 중세 국어의 음운 체계를 분명하게 알 수 있게 되어 있었다.

그런데 어찌된 영문인지 조선조 500년 동안, 우리말과 우리 글자를 연구한 학자들 가운데 이 책을 참고로 한 듯이 말한 사람은 거의 없고, 이 책에 대하여 언급한 문헌은 숙종 때의 崔錫鼎(1646~1715)이 지은 『經世正韻』과 숙종 때 간행된 『新刊排字禮部韻略』 정도였다.

그래서 19세기 후반기 개화기 때, 우리말과 우리 글에 대한 우리 민족의 관심이 높아져서 국어와 국문을 애용(愛用)하자는 운동이 크게 벌어지고,

국어와 국문 연구열이 불같이 일어났을 때, 우리 나라 학자들은 『훈민정음』을 참고로 할 수 없는 것을 가장 안타까운 일로 여겼었다.

2) 『한글갈』의 성격

그러다가 1940년에 경상북도 안동군의 어떤 오래된 집에서 온 국민이 찾고 있던 『훈민정음』이 발견되었다. 이 책은 나중에 安東郡 臥龍面 周下洞(周村) 李漢杰 집안에 대대로 전해 내려온 보물이었음이 밝혀졌다(『훈민정음』 보존자에 대해서는 여러 설이 있음). 따라서 1910년대부터 우리말과 한글에 큰 관심을 가지고 온갖 정열을 기울여서 연구에 몰두해 온 외솔 최현배(다음부터 '외솔'이라 일컬음)로서는 여간 기쁜 일이 아니었을 것이다. 이 기쁨을 외솔은 『한글갈』(1940년에 짓고, 1942년에 펴냄, 710페이지, 정음사)의 머리말에서 다음과 같이 적고 있다.

> 이 책은 '訓民正音'에 관한 일체(一切)의 역사적 문제와 한글에 관한 일체의 이론적 문제를 크고 작고 망라하여, 이를 체계적으로 논구하여, 그 숨은 것을 들어내며, 그 어두운 것을 밝히며, 그 어지러운 것을 간추리어, 써 정연한 체계의 한글갈(正音學)을 세워, 우로는 신 경준(申景濬), 유 희(柳僖)의 유업(遺業)을 잇고, 아래론 주 시경(周時經) 스승의 가르침의 유지(遺志)를 이루고자 하였다.

이리하여 『한글갈』은 위에서 밝힌 바와 같은 취지에 맞도록 저술되어 '훈민정음에 관한 일체의 역사적 문제', 즉 국어학사적인 내용과 '한글에 관한 일체의 이론적 문제', 곧 문자론과 음운론 그리고 국어사적인 내용이 다 포함되었다. 목차만 보더라도

첫째 매 역사편

첫째 가름 훈민정음의 창제
둘째 가름 한글 쓰기의 번짐(한글 사용의 발전)
=한글 발전사
셋째 가름 한글 갈기의 피어남(정음 연구의 발달)
=정음 연구사

둘째 매 이론편

첫째 가름 훈민정음의 통해(通解)
둘째 가름 없어진 글자의 상고
셋째 가름 갈바쓰기의 세움(並書論)
넷째 가름 한글의 기원(밑뿌리)
다섯째 가름 한글의 세계 문자상의 지위
여섯째 가름 견주는 한글갈(比較正音學)

과 같이 크게 '역사편'과 '이론편'으로 나뉘어져 있고, 국어학사와 국어사, 문자론과 음운론 분야에 걸쳐 있다.

2. 역사편의 내용

1) 국어학사적인 내용

우리 나라 국어학계에서는 국어학사의 개념에 관해서 몇 가지 서로 다른 견해가 있다. 첫째는 국어학사를 순전히 국어에 대하여 연구한 학설사로 기술하여야 한다는 견해다. 두 번째는 『한글갈』의 서문에서 밝히고 있는 바와 같이 '훈민정음에 관한 일체의 역사적 문제와 한글에 관한 일체의 이론적 문제를 크고 작고 망라하여' 기술한다는 견해다. 그리하여 『한글갈』의 첫째 매 역사편에서는 우선 '훈민정음에 관한 일체의 역사적 문제'를 총망라하여 기술하고 있다.

첫째 가름 「훈민정음의 창제」에서는 『훈민정음』 원문(훈민정음 해례본)과 『훈민정음 언해본』(한문으로 된 훈민정음 해례본의 본문이라고 할 수 있는 예의편[例義篇]만을 번역하여 수록한 책)을 그대로 전부 옮겨 싣고, 「훈민정음 원본의 상고」라 하여 『훈민정음 해례본』에 대하여 서지적으로 고찰하였다.

이 부분에서는 『한글갈』을 저술할 때까지 알려진 해례본과 여러 언해본에 대하여 언급하고, 한문으로 쓰여진 『훈민정음』이 원본임이 틀림없다고 강조하였다.

이어서 훈민정음 창제의 경과를 고찰하였다. 훈민정음 창제의 동기와 이유에 대하여 먼저 언급하여, 『훈민정음 해례본』에 실려 있는 세종의 서문을 인용하고, 세종께서 훈민정음을 창제한 동기와 이유는 바로 이 서문에 나타나 있다고 하였다.

① 우리 나라에는 독특한 우리말이 있으니 이 말을 적어 내기에 알맞은 글자가 있어야 한다.
② 남의 글자인 한문은 우리말과 서로 통하지 않는 어려운 글이다.
③ 글자를 깨치지 못하는 일반 서민에게 글자를 만들어 주어서 그 뜻을 마음대로 펴게 하였다.
④ 이 새 글자는 상하, 귀천을 막론하고 누구든지 쉽게 익혀서 민중 문화의 보급과 생활의 향상을 도모하고자 하였다.

그리고 한글은 세종 25년 12월에 창제되어 세종 28년 9월에 반포되었다고 하고, 이 날을 기념하기 위하여 조선어학회에서 10월 9일(훈민정음 해례본의 서문에서 정인지가 9월 상한이라고 한 것을 양력으로 환산한 것)을 '한글날'로 정했음을 밝혔다.

이와 같이 훈민정음 창제의 경과에 대하여 언급하고, 덧붙여서 세종 26

년 2월 20일에 올린 최만리(崔萬理) 등의 한글 창제 반대 상소문도 전부 번역하여 실었다.

이어서 「조선글의 이름의 변천」이라 하여, 한글이 창제된 이후 '훈민정음·정음·諺文·諺書·諺字·反切·한글' 등 여러 가지 이름으로 불려왔음을 지적하였다.

2) 한글 문헌 고찰

둘째 가름 「한글 쓰기의 번짐(한글 사용의 발전)=한글 발전사」 부분은 『한글갈』의 특징의 한 면을 보여 주는 내용이다.

『한글갈』의 72페이지부터 328페이지까지 256페이지라는 많은 분량에 걸쳐서, 한글이 창제된 이후 20세기 초기에 이르는 동안, 한글이 보급된 경위와 한글로 쓰여진 모든 서적에 관하여 서지적으로 고찰하였다. 한글로 쓰여진 글 가운데, 소설류 등 국문학 작품에 관한 서적에 대해서는 전부 기술하지 않고 일부만 고찰하였으나, 한문이나 외국어를 번역한 서적, 즉 諺解류에 속하는 서적 가운데 당시까지 알려진 것에 대해서는, 빠짐없이 자세히 기술하였다.

이러한 서지적인 기술은 국어학사적인 고찰이라기보다 국어사 및 국어학사 자료에 대한 해설이었다.

만일에 국어사와 국어학사 연구를 위한 기본 자료에 대한 정확한 파악이 안 된 상태에서, 국어사나 국어학사를 기술한다면, 이것은 砂上樓閣을 쌓는 일과 마찬가지 일이다. 그런데 『한글갈』에서는 『훈민정음 해례본』을 비롯하여 한글 관계 모든 문헌에 대하여 서지적인 면에서 자세히 고찰하고 각 자료의 내용을 간단히 소개하였다. 이와 아울러 각 자료의 한 면을 사진으로 찍어서 게재하였으므로 『한글갈』의 독자가 이러한 자료를 이용하여 국어사 및 국어학사를 연구할 때에 좋은 길잡이가 되고 있다.

다시 둘째 가름 「한글 쓰기의 번짐=한글 발전사」의 내용을 보면, 첫째 조각 「한글의 독립적 쓰기(獨立的 使用)=정음류(正音類)」에서는 한문 책이나 외국 문헌을 한글로 번역한 자료가 아니라, 한글만 가지고 저술된 자료를 먼저 고찰한 부분이다. 이들 자료는 순 한글만으로 저술된 것과 한글과 한자를 섞어서 쓴 글로 저술된 것이 있는데, 여기에 속하는 자료는 조선시대의 문학 작품과 19세기 후반의 開化期의 저술(『西遊見聞』 등), 그리고 신문 잡지 등이 포함되어 있다. 이어서 아홉재 목 「한글의 융성기(隆盛期)」 항목에서는 1930년대의 조선어학회의 업적까지도 기술하고 있다.

둘째 조각 「한문의 역해(譯解, 諺解)=역문류(譯文類)」 부분에서는 언해와 관련이 있는 吐・口訣・釋義 등에 관하여 설명을 한 다음, 한문으로 쓰여진 유교 및 불교 관계 서적들 가운데 한글로 번역된 자료에 대하여 시대별로 빠짐없이 소개하려고 상당한 힘을 기울이었다.

셋째 조각 「한자의 역해=역자류(譯字類)」 항목에서는 '언해한 운서(韻書), 언해한 옥편(玉篇), 언해한 유별자서(類別字書)'라 하여 우리 나라와 중국의 운서, 옥편, 자서를 열거하였는데, 엄격히 말하면, 이들은 언해한 자료들이 아니라 중국 운서에 수록된 한자들의 음을 한글로 注音한 것이다. 그리고 우리 나라에서 편찬된 운서와 옥편은 우리 나라에서 통용되어 온 한자들을 그 음(漢字音)을 기준으로 하여 중국 운서(또는 옥편)와 같은 형식으로 엮은 것들이다. 또 셋째 조각 「한자의 역해」의 넷째 목에서 '이두(吏讀), 이문(吏文)에 관한 한글'을 다루었는데, 이들 자료도 한자의 譯解가 아니라 한자의 음과 뜻(訓, 釋)을 이용하여 우리말을 기록한 자료들이다.

넷째 조각 「다른 말의 역해=역해류(譯解類)」 항목에서는, 먼저 일본어・중국어・만주어・몽고어 항에서 이들 언어를 위한 학습서, 對譯 사전을 소개하고, '범어(梵語)에 관한 한글'에서는 범어로 쓰여진 불경들의 문장에 한글로 음을 단 자료들을 소개하였다.

다음으로 여섯째 목 「서양말에 관한 한글」에서는 19세기 이후 서양의 여러 나라들과의 교섭이 시작되면서 관심을 갖게 되었던 서양의 여러 언어와의 대역 사전, 한글로 번역된 성서를 비롯한 그리스도교 관계 여러 서적에 대하여 기술하였다.

셋째 가름은 「한글 갈기의 피어남(正音研究의 發達)=정음 연구사」이다. 이 항목 앞까지의 기술이, 국어사 및 국어학사 연구에 필요한 문헌 자료들에 대하여 설명한 것이라면, 여기의 셋째 가름이 국어학사에 해당하는 내용이다.

첫째 조각에서는 『훈민정음해례』를 鄭麟趾 무리의 한글 학설로 보고 制字解의 내용을 순서에 따라서 요약한 것을 번역해서 소개하였다.

계속해서 初聲解・中聲解・終聲解・合字解・用字例의 내용도 마찬가지로 요약한 것을 번역하여 소개하고, 해례의 내용 가운데 주목할 만한 점을 다음과 같이 제시하였다.

① 한글의 기원이 상형(象形)에 있고
② 중성도 합용할 수 있으며
③ 여덟 종성만으로 통용이 가능하고
④ ㅅ과 ㄹ 종성은 우리말에만 쓰인다.
⑤ ㆆ은 ㅇ과 통용될 수 있고,
⑥ 반설경음(半舌輕音)도 가능하며,
⑦ ᆜ ᆝ 음도 쓸 수 있다.

그리고 다음과 같은 의문을 제기하였다.

① 彆의 음은 '볃'이어야 한다고 한 점
② 언해본들에서는 8종성만 쓰지 않았다.
③ 정인지의 서문에는 '象形而字倣古篆'이라고 했는데 제자해에서는 '象形'이라고만 한 점
④ 초성자를 발음 기관의 상형으로 풀이함과 같이, 중성자도 발음 기관 상형 내지 발음 작용 상형으로 풀이할 수 없을까? (이러한 생각은 이

책의 뒷부분에서 다시 한 번 되풀이하여 강조하고 있다.)

위의 의문점 가운데, 제3항은 한글 창제의 제자원리가 '상형에 있다'고 제자해에서 분명히 언급하고 있으므로, '字倣古篆'은 제자 원리가 아니며 서로 결부시켜서 생각해 볼 필요가 없다.

제4항의 의문도 제자해에서 중성자의 상형 대상이 '·象乎天', 'ㅡ象乎地', 'ㅣ象乎人'이라고 하여 · ㅡ ㅣ 세 기본 모음 글자는 하늘과 땅과 사람을 본따서 만들었다고 분명하게 밝히고 있다.

둘째 조각 「훈몽자회 범례에 나타난 최세진의 학설」에서는, 범례에 실려 있는 '諺文字母 俗所謂 反切 二十七字'가 이론적인 설명은 부족하다고 하더라도 '그 실제적 방면에 있어서 중대한 획시기적(劃時期的) 전환을 지은 것'이라고 하여 범례의 일부 내용을 옮겨 적고 상세히 고찰하였다.

즉, 훈몽자회 범례가 '한글의 역사상 가신 의의'라 하여 몇 가지를 지적하였다.

① 한글 자모의 배열 순서가 훈민정음과 많이 달라져서 오늘날 통용되고 있는 것과 가깝게 되었다.
② ㆆ자가 없어져서 한글이 27자가 되었다.
③ 초성자와 중성자를 활용하여 글자를 만든 한글 배열표(반절)가 쓰이기 시작했다.
④ 팔종성법(八終聲法)과 ㆆ자의 생략(소실)은 훈몽자회 이전부터 통용되고 있었던 사실을 최세진이 기록한 것이다.
⑤ 낱낱의 한글 글자의 이름을 지었다고 했다.
(그러나 이것은 외솔의 착각으로서 최세진은 이름을 지은 것이 아니라 통용되고 있는 것을 기록했을 뿐이다.)

셋째 조각 「훈음종편(訓音宗編)에 나타난 이사질(李思質)의 한글 학설」

에서 외솔은 "이사질이 어떠한 사람임을 알 수 없다."라고 하였는데, 李思質은 숙종 31년부터 영조 52년(1705~1776)까지 생존한 학자다. 그의 문집인 『翕齋稿』는 『韓山世稿』 권 8부터 권 18까지에 수록되어 있고, 「훈음종편」은 『한산세고』 권 19의 권두에 수록되어 있으며, 그 분량도 29장에 달하는 많은 양이다. 외솔은 「훈음종편」의 내용에 관하여 한글의 字形이 天圓地方을 상형하여 창제되었다고 설명한 학설 등 세 가지를 소개하였다.

넷째 조각 「정음통석(正音通釋)의 범례에 나타난 박성원(朴性源)의 한글 학설」에서는 『華東正音通釋韻考』의 범례 내용을 소개하였다. 내용의 성질이 어떠하든 이사질의 「훈음종편」이 29장에 달하는 많은 양에 걸쳐서 어떤 학설을 주장한 것인 데 비하여, 『정음통석』의 범례는 어떤 학설을 주장한 것이 아니다. 단지 ㅸ자 대신에 ◇자를 쓰자, 수는 수우의 간음(間音), 부는 부우의 간음, 위는 이우의 중음(重音), 한는 하오의 중음 등과 같이 몇 가지 설명을 기록했을 뿐이다. 외솔은 이러한 내용을 여섯 항으로 나누어서 설명했다.

다섯째 조각 「훈민정음도해(訓民正音圖解)에 나타난 신경준(申景濬)의 한글 학설」에서는 신경준을 "한글갈(정음학)의 중흥자(中興者)다."라 하고, '韻解'의 중심 부분을 이루는 「훈민정음도해」 부분을 초성해·중성해·종성해로 나누어서 상세히 고찰하였다. 그러나 이 '운해'는 신경준이 생각하고 있던 한자음(사성통해음)을 정확하게 기록해 보겠다는 목표 아래 저술했던 것으로서, 그의 저술인 『운해훈민정음』에서는 첫머리에다가 「경세성음수도」를 싣고, 다음의 「훈민정음도해」 부분에서 한글에 관하여 이론을 전개한 다음, 끝부분에서 한자음을 표시하는 도표를 보인 것이었다.

여섯째 조각 「삼운성휘(三韻聲彙)의 범례에 나타난 홍계희(洪啓禧)의 한글 학설」에서는 범례에 실려 있는 「언자초중종성지도(諺字初中終聲之圖)」를 옮겨 싣고, 한글 자모수가 ㄱ ㄴ ㄷ ㄹ ㅁ ㅂ ㅅ ㅇ ㅈ ㅊ ㅌ ㅋ ㅍ ㅎ 등 14초성과 ㅏ ㅑ ㅓ ㅕ ㅗ ㅛ ㅜ ㅠ ㅡ ㅣ ㆍ 등 11중성으로 줄었음을 지적하였다.

일곱째 조각 「경세정운도설서(經世正韻圖說序)에 나타난 홍양호(洪良浩)의 한글 학설」에서는 『경세정운』(崔錫鼎 저, 숙종 4, 1678) 서문의 부록으로 되어 있는 「訓民正音初聲象形圖」에서 "ㄱ 君初聲 牙音 象牙形, ㄴ 那初聲 舌音 象舌形" 등과 같이 사실과 어긋나게 설명한 내용을 그대로 소개하였다.

여덟째 조각 「자모변(字母辨)에 나타난 황윤석(黃胤錫)의 한글 학설」에서는 황윤석의 업적으로 「華音方音字義解」·「韻學本源」·「字母辨」의 세 가지가 있음을 말하고, 주로 한글의 자모수에 대하여 간단히 설명한 「자모변」의 내용을 인용하고 비판하였다.

아홉째 조각 「주영편(晝永編)에 나타난 정동유(鄭東愈)의 한글 학설」에서는 정동유가 『주영편』 하권의 첫머리부터 제12장까지에 걸쳐서 한글의 우수성, 『사성통고』에 두 종류가 있었다고 한 점 등 9개 항으로 나누어서 한글에 대하여 논한 바를 소개하였다.

열째 조각 「언문지(諺文志)에 나타난 유희(柳僖)의 한글 학설」에서는 "훈민정음이 반포된 뒤에 그 오묘한 진리의 밭에 채굴의 괭이를 가장 먼저 내린 이는 정음이 생겨난 지 3백여년 영조 때의 신경준임은 앞에 이미 말한 바이어니와, 신공(申公)의 훈민정음도해가 생겨난 지 74년만에 새로운 괭이로 진리의 광을 캐어 정연한 체계를 이룬 것은 용인(龍仁) 출생 유희(1773~1837)의 언문지이다."라고 하고 이어서 "훈민정음의 진리가 차차 천명되어 온 역사에 있어 이 두 책은 정히 불멸의 쌍벽이라 할 만하다."라고 평하였다.

그리고 나서 『언문지』의 내용을 초성례·중성례·종성례·전자례의 순으로 비교적 자세히 소개하면서 찬동할 수 없는 이론에 관해서는 비판도 하였으며, 끝에 가서 『언문지』의 학설 가운데 특기할 만한 점을 들었다.

① 된소리의 적기에 있어서 병서론(並書論)을 주장한 것

② ㆁ과 ㅇ와의 다름을 밝힌 것

③ ㅎ받침의 가능성을 말한 것
④ 『·』의 소리값이 『ㅏ ㅡ』의 사잇소리임을 밝힌 것
⑤ 한글의 기원을 몽고 문자에 둔 것
⑥ 소리글인 한글이 뜻글인 한자보다 나은 점을 밝힌 것

열한째 조각 「유희 이후 주시경(周時經)에 이르는 동안의 한글갈의 대강(大綱)」에서는 다음과 같은 여러 학자들의 학설을 소개하고 비판하였다.

① 석범(石帆)의 언음첩고(諺音捷考)
② 이규경(李圭景)의 오주연문장전산고(五洲衍文長箋散稿)
③ 정윤용(鄭允容)의 자류주석(字類註釋)
④ 강위(姜瑋)의 동문자모분해(東文字母分解)
⑤ 이봉운(李鳳雲)의 국문졍리
⑥ 지석영(池錫永)의 신정국문(新訂國文)
⑦ 국문연구소(國文硏究所) 위원들의 한글 학설
⑧ 어윤적(魚允迪)의 조선문자모강화(朝鮮文字母講話)
⑨ 유길준(兪吉濬), 최광옥(崔光玉)의 한글 학설

열두째 조각 「주시경의 한글 학설」에서는 먼저 "유희의 뒤의 한글은 겨우 명맥(命脈)이나 이을 따름이러니, 한힌샘 주시경이 나서 비로소 조선의 말과 글의 연구가 면목을 일신하여 크게 나아가고 높이 이루어, 한글 갈기의 피어남과 역사상의 최고봉을 지었다."라고 하여 주시경의 학문적 위치를 정의하였다.

그런 다음에 주시경의 국문연구소 위원으로서의 보고서와 그의 저서 『國語文典音學』(1908), 『國語文法』(1910), 『말의 소리』(1914)를 중심으로 그의 학설을 소개하였다.

열셋째 조각 「주시경 이후의 한글갈의 대강」에서는 金枓奉, 權悳奎, 申

明均, 張志暎, 金允經, 李允宰, 李克魯, 李熙昇, 方鍾鉉, 李崇寧, 李鐸, 洪起文, 朴勝彬 등 20세기에 한글에 관하여 관심을 가졌던 학자들의 저서 및 논문을 중심으로 하여 간략히 소개하고 비판하였으며, 끝으로 「조선어학회(朝鮮語學會)의 한글 연구」라 하여 '한글 맞춤법 통일안' 제정, '조선어 표준말' 사정, '한글 가로 글씨(橫書字體)의 연구', '한글의 비교문자학적 연구-외래어음 표기법, 국어음 표기법, 조선어음 로마자 표기법, 조선말 소리와 온누리 소리표(萬國音聲記號)와의 대조안' 등 업적을 소개하였다.

3. 이론편의 내용

1) 한글에 대한 고찰

둘째 매 이론편은 세종이 새로 창제한 한글에 대하여 여러 면으로 고찰한 부분이다.

첫째 가름 「훈민정음 통해」라 하여 첫째 조각 『훈민정음』 본문의 해설에서는 한문으로 된 『훈민정음』의 본문(例義篇)과 이를 한글로 번역한 글을 대조하여 볼 수 있도록 먼저 싣고, 15세기 중세 국어로 기록된 번역문을 어학적으로 주석하였다. 50년 전에 쓰여진 주석이기는 하나, 그 뒤의 연구 성과로 비추어 보아도 별로 손색이 없을 정도로 상세하고도 수준이 높게 기술한 주석이었다.

둘째 조각 「한글 제작의 기교」에서는 닿소리(初聲)와 홀소리(中聲)로 나누어서 한글의 制字原理를 다시 한 번 설명하였다.

셋째 조각 「훈민정음에서의 맞춤법」에서는 15세기 중세 국어의 표기법 원칙이 '소리대로 적기'에 있음을 밝히고, 둘째 목 「사잇소리의 적는 법」에서는 "사잇소리의 소리로서의 일함(作用)은 그 이웃말의 끝의 소리가 그 아랫말의 첫소리에 소리 바꾸는 일(變音的 影響)의 미침을 막기 위하여, 그

웃말의 끝소리의 남은 김(勢)을 딱 막아 끊음에 있다."라고 정의를 내리고, 매우 긴 분량에 걸쳐서 초기의 한글 문헌에서의 표기 예를 중심으로 하여 여러 갈래로 분석하여 보이었다.

2) 소실자(消失字)에 대한 고찰

둘째 가름 「없어진 글자의 상고」에서는 먼저 첫째 조각 「한글의 자수 및 차례의 변천」에서 한글이 창제된 이후 변화한 글자수와 차례를 역사적으로 여러 문헌을 기초로 하여 설명하였다.

둘째 조각 「·자의 소리값 상고」부터 한글이 창제된 이후 消失된 '·, ㅿ, ㆁ, ㆆ, 가벼운 입술소리(輕脣音)'의 음가에 대하여 고찰하였다.

「·자의 소리값 상고」에서는 「·자에 관한 고금(古今) 학자들의 학설」이라고 하여 「(一) '훈민정음' 제자해의 설명」(『한글갈』에서는 정인지 무리의 설이라고 표현)부터 소개하였다. 여기에서 외솔은 인용을 잘못한 듯 '一舌小縮'을 '一舌縮'으로 보고 '·舌縮'과 같다고 하여 제자해의 중성자에 대한 설명을 다음과 같이 요약하였다. "·는 ㅗ, ㅏ에 가까우며 또 ㅡ에 가깝다. 그리하여 또 ㅜ, ㅓ에 가깝다. 한 말로 줄이면, ·는 ㅏ, ㅓ, ㅗ, ㅜ, ㅡ에 두루 가까운 소리이라고 하겠다."

「(二) 신숙주의 다룸(取扱)」에서는 신숙주가 『四聲通攷』 범례(1455년경)에서 "爲ㅏ之字 則讀如ㅏ·之間, ㅗ則ㅗ·之間" 등이라고 한 것을, "·가 모든 홀소리에 두루 가까운 불분명한 중성적인 복판 홀소리(中間母音)임을 추찰(推察)"케 할 수 있는 내용으로 보았다.

「(三) 신경준의 설」에서는 "우리가 신여암(申旅庵)의 역학적 성리학적 음운 해석은 그대로 믿지는 아니하지마는, 그의 논술의 요지는 현대적으로 이해할 수 있는 것이다."라고 하여 『운해훈민정음』에서 "·呼時 舌微動脣微啓" 등과 같이 설명한 것을 근거로 하여 신공(申公)의 견해를 "·는 최초로 발생한 홀소리이고, 홑홀소리이며, 그 턱모의 크기가 ㅣ ㅡ와 ㅏ ㅑ와의 사이에 있고, 소리남이 똑똑하지 못하다."라고 하였다.

「(四) 유희의 설」에서는 『諺文志』에서 "東俗不明於 ·, 其聲本在ㅏㅡ之間"이라고 한 것을 믿을 수 없다고 하였다.

「(五) 주시경의 설」에서는 그 지음 『朝鮮語文典音學』과 『조선어문법』에서 '·는 ㅣ ㅡ의 거듭소리'라고 주장한 것을 소개하면서 동의할 수 없음을 밝혔다. 이어서 다음과 같이 여러 학자들의 의견을 길게 또는 짧게 소개하고 비판하였다.

이능화(李能和)	·는 ㅏ ㅓ ㅡ ㅜ 의 간음
소창진평(小倉進平)	·의 원음(原音)은 ㅏ와 ㅗ의 중간음
이극로(李克魯)	·의 소리값은 [ɔ]
김석곤(金碩坤)	·의 소리값은 [ə]
이숭녕(李崇寧)	·음은 ㅏ ㅗ의 간음

둘째 목 「·소리의 변천과 혼용」부터는 셋째 목 「맺음=·의 소리값」을 증명하는 자료로 하여 역대 여러 문헌에서 ·자가 어떻게 쓰이었는지, 그 변화 과정을 참으로 많은 양에 걸쳐서 예를 들어 보이었으며, 이를 바탕으로 해서 셋째 목에서는 "·는 복판 홀소리인 ㅏ ㅡ의 사잇소리 [ə]이며, 똑똑하지 않은 중성적 홑소리이다."라고 결론지었다.

넷째 목 「·소리의 없어진 시기」에서는 "말소리에서의 ·가 선조조부터 그 소리값 자체가 없어지기 비롯하여 영정(英正)시대에 전연(全然)히 그 소리값을 잃어버렸다."라고 하였다.

셋째 조각에서 "ㅿ는 ㅅ의 흐린 소리니 z와 같은 소리다." 하고 단정을 내리고서 간단히 증명을 꾀하였고, 넷째 조각에서 "ㅇ를 목청떠는소리(聲帶振動音)로 볼 수도 있으나 '소리 없는' 것으로 볼 수도 있다."라고 하였다.

다섯째 조각 「ㆆ자의 소리값 상고」에서는 'ㆆ는 목청터짐소리(聲帶破裂音)'라 하고 길게 논증하였으며, 여섯째 조각 「가벼운 입술소리(輕唇音)의 상고」에서는 특별히 음가를 밝히지는 아니하였다.

셋째 가름 「갈바쓰기의 세움(並書論)」은 상당히 많은 정력을 기울이어 기술한 부분으로서, 분량도 598페이지부터 683페이지에 이르는 많은 양을 차지하고 있다. '된소리는 예사소리를 되게 내는 소리'라고 규정하고, 이를 표기하는 데는 각자병서(各自並書)이어야 된다는 생각에서, ㄱ, ㄷ, ㅂ, ㅈ, ㅅ, ㆆ의 각자병서는 물론 ㄹ, ㄴ, ㅁ, ㅇ의 각자병서까지 된소리가 될 수 있다고 하였다.

둘째 조각 「고전의 해석」에서는 合用並書로 쓰인 된비읍, 된시옷, 된비읍시옷 등에 관하여 여러 문헌에서 그 표기 예를 찾고, 합용병서로 쓰인 비읍과 시옷, 비읍시옷이 각각 제 소리값으로 발음되던 것을 적은 예라고 하였다. 그러면서 동국정운식 한자음에서 전탁음을 표기한 각자병서도 된소리로 보았다.

넷째 가름 「한글의 기원(밑뿌리)」에서는 여러 학자들이 주장한 기원설을 소개하고 하나하나 비판한 다음, '발음 기관 상형 기원설'을 주장하였다. 『훈민정음 해례본』 制字解에서, "正音二十八字, 各象其形而制之"라고 하였으므로, 한글이 어떠한 모습(其形)을 상형하여 만들어진 것은 분명하다. 다만 상형한 대상인 '기형(其形)'이 초성의 기본 글자는 발음 기관 내지 조음 상태(調音狀態)이었고, 중성의 기본 글자는 천·지·인(天地人) 삼재(三才)이었다. 그러나 외솔은 『훈민정음 해례본』 제자해에 나와 있는 이러한 설명을 인정하지 아니하고, 신경준의 상형설을 따라서 중성 글자까지도 발음 기관의 발음 작용을 상형하여 만들었다고 하였다. 한 예만 들어 보겠다.

"ㅡ는 소리낼 적에 혀가 평평하고 입을 좌우로 켱기는 맛이 있으므로, 가로 획으로 그 꼴을 삼았다."

"ㅣ는 소리낼 적에 혀가 우에서 아래로 내려가는 맛이 있으므로 세로 획으로 그 꼴을 삼았다."

이러한 설명이 사실과 맞는다고 할 수는 없다.

다섯째 가름 「한글의 세계 문자상의 지위」에서는 結繩 문자에서 단음 문자로 발달한 일반적인 문자 발달 과정을 설명하고 "낱소리 글자(單音文字)에 속하는 한글은 가장 높은 발달 계단에 속한 가장 좋은 글자"라고 하였다.

여섯째 가름 「견주는 한글갈(比較正音學)」은 주로 '한글을 온누리 소리표(萬國音聲記號)로 옮겨 적기', '온누리 소리표를 한글로 옮겨 적기'를 중심으로 하여 여러 학자들의 試案을 소개한 것이다.

4. 맺는 말

위에서 살펴본 바와 같이, 『한글갈』은 크게 두 가지 성격의 내용을 담고 있다.

첫째로 세종 대왕이 창제한 한글에 관하여, 그 창세의 동기와 경위, 한글의 기원, 한글 창제의 제자 원리, 한글의 보급, 한글로 쓰여진 모든 서적에 대한 소개, 한글이 창제된 이후 소실된 글자에 대한 고찰, 한글 표기법의 변천과 개선안 등을 제시하여, 국어사 연구에 관련된 고찰을 많이 하였다.

둘째로 『한글갈』에서는 세종 대왕이 창제한 한글에 대하여 집현전 학사들이 한문으로 해설을 한 한문책 『훈민정음』을 비롯하여, 조선 시대부터 1930년에 이르는 사이에 우리 나라 학자들이 한글 또는 우리말에 대하여 연구하거나 언급한 자료들을 가지고 일종의 연구사를 기술하였다.

이와 같이 『한글갈』은 『훈민정음』을 중심으로 하여 국어사 및 국어학사적인 연구 결과를 서술하고, 또 한편으로는 국어사와 국어학사 연구를 수행할 때 반드시 보아야 될 자료들에 대하여 자세히 설명해 준 책이라고 할 수 있다.

끝으로 다시 한 번 생각해 볼 일은 『한글갈』이 저술된 시대적인 배경이다. 이 글의 첫머리에서 『한글갈』이 쓰여졌던 시기에 대하여 이미 언급한 바 있는데, 그 내용은 순전히 학문적인 배경에 관해서만 언급한 것이다.

『한글갈』이 저술되던 1940년경의 우리 나라 형편은 참으로 암울한 시기였다. 1910년의 國恥 이래, 일본어라는 公用語 아래에서 한국어는 하나의 方言 같은 형편에 놓여 왔었다. 각급 학교에서는 명목상으로 한국어(조선어) 교육이 실시되어 왔는데, 그나마도 1938년부터는 이 교육이 폐지되고, 각급 학교에서의 한국어 사용이 철저히 금지되는 동시에, 한국어에 의한 교육도 배제되던 시기였다.

『한글갈』은 바로 이렇게 우리말과 우리 글이 가장 탄압을 받던 암담한 시기에 저술된 큰 업적이었다. 외솔은 앞날의 희망이 전연 보이지 않던 시기에도, 우리말과 우리 글에 대한 왕성한 연구를 꾸준히 계속하여, 마침내 710페이지에 달하는 방대한 양의 대저를 펴낸 것이다.

또 하나 생각할 일은, 19세기 후반기부터 우리 나라의 국어학 연구는 주시경 · 유길준 선생과 같은 선구자들에 의하여 개척되어, 그 뒤 여러 학자들이 꾸준히 국어학 연구를 계속하여 왔으나, 주요 관심사는 국어 표기법의 확립, 표준어의 사정, 사전 편찬 등에 쏠리고, 이러한 국어 정리 사업을 뒷받침하기 위한 문법 연구가 국어학의 주류를 이루고 있었다는 점이다. 그러므로 『한글갈』은 우리 나라 국어학의 여러 분야에 대한 연구가 아직 뚜렷하게 분화되기 이전의 저술에 속하는 업적이었다.

그러나 이러한 큰 업적이 있었던 덕택으로 1945년의 8 · 15 광복 이후 우리 겨레가 다시 국어학 연구에 눈을 뜨고, 우리말과 우리 글에 대한 연구를 본격적으로 시작하고자 하였을 때, 이 『한글갈』은 신진 국어학도들에게 등대불과 같은 길잡이 구실을 하였다.

(『새국어생활』 3-3, 1993 가을, 국립국어연구원)

申叔舟와 音韻學

1. 申叔舟의 生涯와 業績

申叔舟(1417～1475)는 본관이 高靈으로서 工曹左參判을 지낸 檣과 知成州事 鄭有의 따님 사이에서 태어났다. 7代祖 이래의 祖上이 모두 文科 출신이었다.

1417年(太宗 17) 6月 13日(丁酉)에 출생한 申叔舟는 字가 泛翁, 號가 希賢堂 또는 保閑齋(이하 신숙주를 保閑齋 선생 또는 선생이라 함)이며 1475年(成宗 6) 6月 21日(戊午)에 享年 59歲로 世上을 떴다. 謚號는 文忠公이다. 朝鮮朝 世宗 때부터 文宗·端宗·世祖·睿宗·成宗 때까지 여섯 王 밑에서 30餘年 동안 學者·語學者·政治家·外交家·詩人으로서 크게 활약하였다.

선생은 1438年(세종 20) 2月 7日에 進士에 합격하고 23세 때인 다음해 8月 18日에 生員試에, 그리고 같은 해 9月 4日에 문과에 합격했다. 1441년(세종 23)에 集賢殿 副修撰이 되고 1443년(세종 25) 2월 21일부터 10월 19일까지 日本通信使(정사 卞孝文, 부사 尹仁甫)의 書狀官으로 9개월 동안 일본을 다녀왔다. 선생은 이 때의 見聞을 중심으로 해서 1471년(성종 2)에 『海東諸國紀』를 지어 對日 外交 문제 등을 다루었다.

귀국 후 다른 학자들과 『訓民正音解例本』 편찬 사업에 참여하여 1446년(세종 28) 9월에 집필을 완료하였다. 또 역시 1447년(세종 29)에 편찬이 완료된 『東國正韻』(6권) 편찬사업에도 참여하였고 1455년(단종 3) 2월에 완성된 『洪武正韻譯訓』(16권)과 『四聲通攷』 편찬에도 참여하였다.

1450년(세종 32) 閏正月에는 明나라 使臣 倪謙과 司馬詢의 접대를 맡았고, 1452년(문종 2, 단종 즉위년) 5월에 文宗이 昇遐하자, 謝恩使 首陽大君(뒤의 世祖)의 서장관이 되어 北京行에 수행하였는데, 이 때의 동행이 保閑齋 선생과 수양대군이 가깝게 맺어지는 계기가 되었다.

1455년(세조 1) 6월에 세조가 즉위한 뒤 誥命을 위한 奏請使로 명에 다녀왔고, 1456년(세조 2)에 兵曹判書·禮曹判書를 겸했다. 1460년(세조 6)에는 江原·咸吉道都體察使兼宣慰使가 되어 豆滿江 북방의 野人을 征伐하여 국경지방을 안정시켰다.

1462년(세조 8)에 領議政府事, 1468년(세조 14) 9월 世祖 昇遐 後 院相, 1471년(성종 2) 여름에 다시 영의정부사가 되고, 1475년(성종 6) 6월 21일에 卒하였다.[1)]

이와 같이 보한재 선생은 對明·對日 외교에 노력하였고, 두만강 북방 등 국경 이북 지역의 야인(여진족)을 정벌하여 조선 건국 이래 계속되어 온 북방지역의 안정을 圖謀하였으며 세종대왕의 언어정책을 충실히 輔弼하였다. 특히 보한재 선생은 조선시대 500년 동안에 가장 뛰어난 어학자였다.

이 글에서는 선생의 여러 업적 가운데에서, 言語學 분야의 업적만을 중점적으로 다루려 한다.

선생의 60 평생 가운데 언어학 분야에서 활약한 시기는 대략 27세 때인 1443년부터 39세 때인 1455년(단종 3) 2월까지 10여 년 동안이었다. 이 시기에 선생은 上述한 바와 같이 文字學과 中國音韻學과 관련이 있는 『훈민정음해례본』(1446, 세종 28) 집필에 참여하였고, 중국음운학과 漢語에 관한 素養을 바탕으로 해서 『古今韻會擧要』 注音事業(1444, 세종 26), 『龍飛御天歌』 보완작업(1447, 세종 29 종료), 『동국정운』 편찬사업(1455, 단종 3),

---

1) 이상 보한재 선생의 생애는 『保閑齋集』 附錄 行狀(姜希孟), 碑銘(李承召), 年譜 등에 의함.

『사성통고』 편찬사업(1455, 단종 3경)에 참여하였다.

그러면 선생이 어떠한 학문적인 배경 밑에서 위와 같은 사업에 참여할 수 있었는지 살펴보겠다.

2. 中國音韻學의 發達

中國 大陸에 사는 漢族들은 그들의 詩인 漢詩를 지을 때 押韻을 중시했었다. 그래서 그들의 언어를 표기하는 漢字의 음(이를 字音이라고 함)을 일찍부터 語頭子音인 聲과 그 나머지 요소인 韻으로 분류하여 고찰했었다. 이 가운데에서, 韻이 압운과 밀접한 관련이 있었으므로, 중국의 魏晉南北朝時代(4C~6C)부터 韻을 중심으로 해서 字音을 분류한 韻書가 편찬되어 왔다. 이러한 운서의 편찬사업은 중국 楊子江 유역의 南朝에서 성행하였는데, 隋나라가 중국을 통일한 이후 서기 601년에 陸法言 등이 여러 운서들을 集大成하여 『切韻』을 편찬하였다.

이 『절운』은 그 뒤 중국 운서의 大宗처럼 되어서, 시대의 흐름에 따라 여러 운서가 편찬되었으나, 대개 이 『절운』을 기준으로 했었으며, 宋나라 때에 이르러 『절운』 계통의 운서들을 모아서 교정한 『廣韻』이 1008년(宋眞宗 大中祥符 1)에 간행되었다. 『광운』은 206운으로 되어 있으나 103운인 『절운』과 音系上 큰 차이가 없어서, 漢語의 中古音(7세기~10세기 隋・唐時代音) 연구의 기본적인 자료로 이용되고 있다.

이 밖에 北宋 때에는 과거용으로 『광운』을 간략하게 만든 『禮部韻略』(1037)이 편찬되고, 金나라 때에는 『예부운략』의 韻目을 107운으로 줄인 劉淵의 『壬子新刊禮部韻略』, 또 같은 계통으로 106운인 王文郁의 『新刊韻略』이 간행되어, 押韻의 기본으로 이용되었으므로, 이를 '詩韻' 또는 '平水韻'이라고 하였다.

한편 元의 黃公紹는 107운으로 된 『古今韻會』(1292)를 편찬하였다. 이 운서는 이를 熊忠이 간략하게 만든 『古今韻會擧要』(1297)만이 전해오고 있으며, 원의 朱宗文은 1269년에 만들어진 八思巴文字로 字音을 기록한 『蒙古字韻』(1308)을 지었고, 周德淸은 현실 북방구두어를 표시하는 『中原音韻』(1324)을 편찬했다.

明나라 때에도 건국하자마자 字音의 통일을 기하기 위하여 태조의 명으로 『洪武正韻』(1374년 완성, 1375년 간행)이 편찬되었다.

위에서 설명한 바와 같은 韻書 편찬 이외에, 중국음운학에서는 韻圖라고 하여 圖表로 漢字音을 표시하는 等韻學이 唐末부터 발달하였다. 이 운도는 漢語字音의 어두자음인 성모를 정리한 36字母를 橫으로 배열하고, 縱으로는 四聲別로 韻母音을 4等으로 나누어 배열하여, 橫과 縱의 結合으로 자음을 표시하는 圖表였다.

대표적인 운도로는 宋나라 張麟之의 서문이 붙은 『韻鏡』, 송나라 鄭樵(1104~1162)가 지은 『通志』 안의 『七音略』, 司馬光(즉 宋의 司馬溫公, 1019~1086)이 지었다고 전해 온 『切韻指掌圖』(진짜로 지은 이는 宋 楊倓이라고 함-董同龢說)와, 邵雍(1011~1077)이 지은 「皇極經世聲音唱和圖」가 있다.[2)]

3. 申叔舟와 音韻學

보한재 선생이 관여한 음운학 분야의 사업을 개관해 보면 다음과 같다.

우선 『세종실록』 세종 26년 2월 16일(丙申)조(권103 1장)에는 다음과 같은 기사가 있다.

命集賢殿校理崔恒 副校理朴彭年 副修撰申叔舟 李善老 李塏 敦寧府注

2) 張世祿(1963), 『中國音韻學史』, 泰興書局, 香港, pp.167~206 참조.

簿姜希顔等 詣議事廳 以諺文譯韻會 東宮與首陽大君瑈 安平大君瑢 監掌其事 皆稟睿斷 賞賜稠重 供億優厚矣

집현전 교리 최항 등에게 의사청에 와서 언문으로 『운회』를 번역하도록 하고, 동궁(문종) 등이 이 사업을 관장하도록 명하였다. 모두 왕의 재가를 받았으며, 상도 받았고 대우도 풍족하였다.

訓民正音이 창제된 것이 1443년(세종 25) 12월의 일인데, 위의 기사대로 한다면 불과 40여일 만에 『운회』의 번역사업이 상당히 진척된 것으로 되어 있다. '以諺文譯韻會'란 表音文字인 한글로 『운회』(黃公紹가 지은 『고금운회』는 곧 散佚되었으므로 실지로는 웅충의 『고금운회거요』였을 것임)에 수록되어 있는 한자들의 음, 곧 중국본토자음인 漢音을 기록하는 것을 말하는 것이다.

이 때 선생의 나이는 겨우 28세였고, 한 해 전인 1443년(세종 25) 2월 21일부터 10월 19일까지 9개월 동안 日本通信使 書狀官으로 일본에 다녀온지 얼마 안 되는 시기였다.

또 신숙주의 문집인 『보한재집』 부록에 수록되어 있는 여러 글에서는, 선생의 학문적 소양과 이를 바탕으로 한 활약을 다음과 같이 증언하고 있다.

文忠公行狀　　晋山 姜希孟 撰

上以本國音韻 與華語雖殊 其牙舌唇齒喉淸濁高下 未嘗不與中國同 列國皆有國音之文 以記國語 獨我國無之 御製諺文二十八字 設局於禁中 擇文臣撰定 公實承睿裁

임금(세종)께서 우리나라 음운이 화어(한어)와 비록 다르나, 그 아・설・순・치・후, 청・탁, 고・하(즉 자음, 모음과 성조)가 다 중국과 마찬가지로 다 갖추고 있어야 되고, 그리고 여러 나라가 모두 제 나라 언어음을 나타내는 글자를 가지고 있어서 제 언어를 기록하고 있으나 홀로 우리나라만 글자가 없다고 하셔서 언문 자모 28자를 만드시고, 궁중 안에 기관을 설치하여 문신을 뽑아 언문 관계 서적을 편찬할 때 공이 실지로 임금의 재가를 받들었다.

그리고 年譜에는 다음과 같이 나타나 있다.

癸亥 公 二十七歲

春 爲司直 除日本國通信使書狀官 卞仲文 爲上使

九箇月 還朝 奉撰御製諺文

太虛集云 英陵 初制諺文 集賢諸儒 合辭抗疏 陳其不可 英陵 命申文忠及崔恒等八學士掌其事 作訓民正音·東國正韻等書 東方語音始正

계해(1443, 세종 25) 공 27세

봄에 사직이 되고, 일본국 통신사 서장관으로 임명되었다. 변중문이 상사이었다.

9개월 만에 귀국하여 명을 받들어 '어제 언문'을 편찬하였다.

태허집에서 말하기를 영릉(세종)께서 애당초 언문을 만드실 때, 집현전 여러 학자들이 연서하여 반대하는 글을 올리어 그 옳지 않음을 아뢰니, 세종께서 신 문충공(숙주) 및 최항 등 여덟 학사에게 그 일을 맡아서 『훈민정음』·『동국정운』을 짓도록 명하시니, 우리나라 어음이 비로소 바르게 되었다.

이 글에서 말하는 '奉撰諺文'은 『훈민정음해례본』 편찬에 참여하였음을 뜻하는 것이거니와, '太虛集'은 최항의 문집인 『太虛亭集』(3권 2책 사본, 1486년에 徐居正이 편집)일 것이나 확실치 않다. (『태허정집』에는 이런 기사가 없다.)

行狀과 年譜에는 다음과 같은 기사도 나타나 있다.

行狀 姜希顔

本國語音 訛僞 正韻失傳 時適翰林學士 黃瓚 以罪配遼東 乙丑春 命公 隨入朝使臣到遼東 見瓚 質問音韻 公以諺字翻華音 隨問輒解 不差毫釐 瓚大奇之 自是 往還遼東 十三度

우리나라 어음이 그릇되어 정운이 전해지지 않았는데, 때마침 명나라 한림학사 황찬이 죄를 지어 요동에 귀양 와 있었다. 그래서 을축년(1445, 세종 27) 봄에 공에게 중국에 가는 사신을 따라 요동에 가서 황찬을 만나 음운을 물어보라고 명하시었다. 공이 황찬을 만나 한글로 화음을 옮겨서 묻는 대로 빨리 깨달아 조금도 틀리지 않으니 황찬이 이를 크게 기특하게 여겼다. 이로부터 요동에 다녀오기 열세 번이었다.

碑銘 陽城 李承召(1422, 세종 4∼1484, 성종 15) 撰

世宗 以諸國各製字 以記國語 獨我國無之 御製字母二十八字 名曰諺文 開局禁中 擇文臣撰定 公獨出入內殿 親承睿裁 定其五音清濁之辨 紐字諧聲之法 諸儒受成而已

(전략) 공만 홀로 내전에 드나들며 임금의 재가를 직접 받아서 성모(오음)의 청·탁 구별과 성모·운모법을 정하고, 다른 학자들은 완성된 결과만을 받아들일 따름이었다.

世宗 又欲以諺字 翻華音 聞翰林學士黃瓚 以罪配遼東 命公隨朝京使入遼東 (以下略)

세종이 또 한글로 화음(한음)을 옮기려 할 때 한림학사 황찬이 (이하 생략)

年譜 乙丑(1445, 세종 27) 公 29歲

使遼東 飜華音定五聲

世宗實錄 권107, 27年(1445) 正月 辛巳條(곧 行狀에 나오는 乙丑 春)

遣集賢殿副修撰 申叔舟 成均注簿 成三問 行司勇 孫壽山于遼東 質問韻書
신숙주 등을 요동에 파견하여 운서에 대하여 물어보게 하였다.

여기서 말하는 운서가 1455년(단종 3)에 편찬이 완성된 『洪武正韻譯訓』의 底本인 『洪武正韻』일 것이며, 이 운서의 音에 대하여 질문한 것으로 보이는데, 실록 기사에는 또 다음과 같이 나타나 있다.

世宗實錄 권127, 32年 閏正月 戊申條

命直集賢殿 成三問 應教 申叔舟 奉禮郎 孫壽山 問韻書于使臣 (中略) 鄭麟趾曰 小邦遠在海外 欲質正音 無師可學 本國之音 初學於雙冀學士 冀亦福建州人也 使臣曰 福建之音 正與此國同 良以此也 金何曰 此二子欲從大人 學正音 願大人教之 三問 叔舟 將洪武韻講論良久 (下略)

직집현전 성삼문 등에게 사신한테 운서에 대하여 물어보게 하였다. (중략) 정인지가 말하기를 "우리나라는 해외에 멀리 있어서 한어자음의 정음을 물어보려고 하여도 배울 만한 스승이 없습니다. 우리나라 한자음은 처음에 고려 광종 때 쌍기 학사한테 배웠습니다만, 쌍기 학사도 복주 사람입니다."라고 하였다. 사신이 말하기를 "복건음도 이 나라 자음과 같으므로 이것으로 좋을 것이오."라고 하였다. (접대 담당이었던) 김하가 "이 두 사람이 대인한테 '정음'을 배우고자 하오니 대인께서 가르쳐 주소서."라고 했다. 삼문과 숙주가 『홍무정운』을 가지고 한참 이야기하였다.

行狀 姜希顏

庚午春 翰林學士 倪謙等 賫詔到國 世宗命公從遊 盖欲問知中原典故且學韻語也

경오년(1450, 세종 32) 봄에 한림학사 예겸 등이 황제의 조서를 가지고 우리나라에 왔을 때, 세종께서 사신과 교유하도록 명하셨다. 대개 중국의 전고를 물어 알고, 또 운학 관계를 배우고자 함이었다.

4. 中國音韻學의 傳來와 學習

위에서 설명한 바와 같이, 보한재 선생이 1443년(세종 25)부터 1455년(단종 3)까지, 즉 27세부터 39세 사이에 수행한 주요 사업은, 중국음운학과 한어에 대한 소양이 없이는 감당할 수 없는 과업들이었다. 따라서 선생은 일찍부터 이 땅에 전래되어 있던 중국음운학을, 1439년(세종 21)에 23세로 文科에 합격하기 이전에, 또는 문과 등제 후 1440年에 독서에만 專念하고 있었을 때, 그리고 1441年(25세, 세종 23)에 集賢殿副修撰이 된 무렵에 전공한 것으로 볼 수 있다.

이 땅에는 삼국시대부터 儒教가 전래해 왔었고, 특히 통일신라시대(8세기~10세기)에는 상당히 많은 사람들이 唐나라 유학을 다녀왔으므로, 시를 짓는 일과 밀접한 관련이 있는 韻書에 대해서도 알고 있었을 것이다. 또 雙冀의 건의로 고려 광종 때에는 958년(광종 9)부터 詩賦頌과 時務策으로 과거를 실시했다고 하니, 운서는 더욱 필요했을 것이다.

그러나 지금으로서는 고려시대에 鄭樵의 『通志』와 그 안에 수록되어 있는 「七音略」과 같은 韻圖, 중국 36자모표가 실려있는 王應麟(1223~1296)이 지은 『玉海』, 107운 계통의 『壬子新刊禮部韻略』(1252)을 이은 『古今韻會擧要』(1297)와 106운 계통의 『平水新刊韻略』(1229), 그리고 字書인 『龍龕手鏡』(997)과 韻 중심으로 편찬된 陰時夫의 『韻府群玉』(역시 106운) 등이 傳來되어 있었음을 알 수 있을 뿐이다.[3)]

『高麗史』 권40 世家 권40(38a) 공민왕 13년(1364) 6월 乙卯條의 기사에는 『통지』와 『옥해』의 전래를 기록하고 있다.[4)]

---

3) 小倉進平(1940), 『增訂 朝鮮語學史』, 刀江書院, 東京, pp.527~528 참조.

4) 陳高華(1991), 「元朝與高麗的海上交通」, 『震檀學報』 71·72號, 震檀學會, pp.348~358.

明州司徒……來獻沈香弓矢及玉海通志等書

명주사도가 와서 향료인 침향과 활, 살, 그리고 『옥해』와 『통지』 등 책을 바쳤다.

그리고 『龍龕手鏡』 고려 번각본 제1권이 1940년대 이전에 강원도 金剛山 楡岾寺에서 발견된 일이 있으므로, 이 책도 상당히 일찍이 전래되었음을 알 수 있다. 南宋版 『龍龕手鏡』은 책이름이 『龍龕手鑑』이었다.

106운 계통의 운서는 조선시대에 중용되어서 1463년(세조 9)부터 『新刊排字禮部韻略』이라는 이름으로 여러 차례 복각되어 간행되었다. 또 영조 때에는 이 운서를 개편한 『三韻通考』에 朴性源이 최초로 한글로 注音한 『華東正音通釋韻考』가 편찬되기도 했다.

원래 중국에서 『예부운략』은 1008년(송 진종 대중상부 1)에 간행된 『광운』을 邱雍과 戚綸 등이 『광운』 수록자 24,194자를 9590자로 줄여서 과거 응시용으로 개편한 것이다. 이것을 毛晃이 1162년(남송 고종 소흥 32)에 2,655자를 보태서 12,000여 자가 수록된 『增修互註禮部韻略』을 간행했다.

『古今韻會擧要』(1297)는 『예부운략』 계통에 속하면서도 운목을 107로 하였고, 한자의 배열도 106운목인 韓道昭의 『五音集韻』(1212)처럼 字母順으로 하였다. 이 운서는 우리나라에 중용되어, 세종이 1443년(세종 25)에 한글을 창제하고, 곧 이 새 표음문자로 운서 안의 漢字音을 注音시킨 일이 있었다.

또한 조선초 시기에는 明나라와 밀접한 관련을 맺고 있었으므로, 명나라 태조가 편찬시킨 『홍무정운』(1375)도 전래되었을 것이다.

이 밖에 1445년(세종 27)에 權踶 등이 撰進하고, 1448年(세종 30)에 刊行될 때까지 崔恒·申叔舟·成三問 등 여러 사람들이 보완한 『龍飛御天歌』 안의 한자음 표시에는 여러 韻書와 똑같은 反切이 많이 쓰이었다. 이것도 중국운서가 일찍 들어와 있던 증거다.

『고금운회거요』 권 1, 첫번째 小韻字인 '公'字 아래에는 다음과 같은 설명이 붙어 있다.

收錄字의 排列順

종래의 운서에 수록되어 있는 漢字들은, 순서가 없었는데, 근래 吳棫이 叶音·補音을 만들어 7音韻에 따라 36字母를 배열하여, 처음으로 見母로부터 시작하여 日母로 끝나는 순서가 생겼다.

36字母

근자에 司馬溫公이 『切韻指掌圖』를 만들어 7音韻에 따라 牙·舌·唇·齒·喉·半舌·半齒音으로 분류하고, 36자모로 각 음성의 淸·濁을 구별하여 천하의 學士가 처음으로 올바른 聲音을 알게 되었다.

이러한 운서 이외에, 조선조 세종시대에 우리나라 학술계에 큰 영향을 끼친 것은, 『性理大全』이었다. 宋나라 때 학자의 모든 학설을 집대성한 『성리대전』은 1415년(明나라 제 3대 成祖 永樂 13)에 胡廣 등이 편찬한 것으로, 1419년(세종 1)에 벌써 조선에 전래되었다.

『성리대전』이 전래되자 세종은 집현전 학사들에게 이에 대한 연구를 하게 하였다. 이리하여 四書·五經과 함께 『성리대전』에 수록되어 있는 太極圖·太極圖說·皇極經世書·易學啓蒙·律呂新書 등에 대한 깊은 고찰을 하였다. 이 가운데에서 권 8에는 邵雍이 創案한 「皇極經世聲音唱和圖」(十正聲 十二正音)과 이에 대한 여러 학자들의 주해가 포함되어 있어서, 세종시대의 학자들에 큰 영향을 끼쳐서, 이 이론이 훈민정음 관련 문헌에 많이 반영되었다.

보한재 선생이 쓴 『동국정운』 서문(1447)에서 한 예를 들어 보면 다음과 같다.[5)]

---

5) 姜信沆(1963), 「訓民正音解例理論과 性理大全과의 聯關性」, 『국어국문학』 26, 국어국문학회, pp.177～186.

序文	皇極經世書 주
	(鍾氏過曰 伊川丈人云)
夫音非有異同 人有異同	音非有異同 人有異同
人非有異同 方有異同	人非有異同 方有異同
盖以地勢別 以風氣殊而呼吸異	謂風土殊而呼吸異故也

이 한 예만 보더라도 선생의 학문적 배경을 알 수 있다. 선생은 25세 때인 1441년(세종 23)에 집현전 부수찬이 되었으므로, 집현전에서 『성리대전』을 정독할 수 있었을 것이다.

5. 세종의 漢字音 정리 계획과 申叔舟

위에서 기술한 경로를 거쳐 이 땅에 운서 등 중국음운학에 관련된 학문이 전래되자, 학문을 좋아했던 세종은 이에 관심을 가지어 중국음운학에 대해서도 깊은 조예를 갖게 되었다. 이러한 사실은 『동국정운』(1447) 서문, 『홍무정운역훈』(1455) 서문 등에 나타나 있다. 세종은 이와 같은 학문적 소양이 쌓이자 전승 한국한자음과 한어의 자음에 대하여 큰 관심을 갖게 되고, 마침내 이들에 대한 정리 사업을 계획하게 되었다.

그러나 아무리 훌륭한 계획을 수립해도 성실한 보필자가 없이는 그 실행이 불가능한 일이다. 그런데 세종에게는 다행히도 집현전에서 학문의 길을 닦은 申叔舟, 成三問, 崔恒과 같은 뛰어난 어학자들의 보필을 받을 수가 있었다.

이들 가운데에서도 가장 뛰어난 어학자가 신숙주였으며, 그는 세종이 계획한 한자음 관계 사업에 하나도 빠짐없이 참여했었다.

1) 申叔舟의 漢語 習得

선생은 22세 때인 1438년(세종 20)에 새로 시와 賦를 시험 과목으로 한 進士 시험에 장원을 하고 다음해에 生員 시험에도 2등으로 합격하였다. 이어서 같은 해 乙科 3등으로 文科에 합격하여 典農直長을 제수 받았으나, 다음해 24세 때에는 벼슬을 그만두고 독서에만 전념했다. 따라서 신숙주가 漢語를 학습했다면 이 시기였을지도 모른다.

또 하나의 가능성은 漢學講肄官 제도다. 조선에서는 이웃나라들의 언어를 교육하고 연구하기 위하여, 1393년(태조 2) 9월에 司譯院을 설치하여 漢學(漢語), 蒙學(몽골어), 女眞學(여진어), 倭學(일본어)을 교육하고 장려하였다. 1394년(태조 3)에는 한어 학습을 장려하기 위하여 서울 안의 5部와 지방관청에 명령하여 15세 이하 良家 자제 가운데 슬기로운 사람들을 뽑아서 교육시키기도 하였다. 즉 1394년(태조 3) 11월 乙卯에 사역원 提調였던 偰長壽 등이 사역원의 운용방법 등에 관하여 王께 上書한 글의 한 항목에는 다음과 같은 구절이 있다.[6]

> 習業生徒鮮有自願來者 令在京五部及各道首府州 擇良家子弟十五歲以下 天資明敏者 歲貢一人
>
> 스스로 외국어를 학습하고자 하는 생도가 드무니, 서울의 5부와 지방관청에 명령하여 15세 이하의 양가 자제를 뽑아서 가르치고, 슬기로운 사람 한 사람을 세공(貢生)으로 한다.

또 漢語를 더욱 효과적으로 교육시키기 위하여, 사역원에서 일단 교육시키고 중국에 가는 사신들의 종사관으로 딸려 보냈다. 이 제도는 1433년(세종 15) 12월부터 실시되었으며, 有職者는 '한학강이관'이라 부르고 無職者

---

6) 姜信沆(2000), 『韓國의 譯學』, 서울대학교출판부, pp.15~18 참조.

는 '한학생'이라고 불렀다. 이들은 모두 良家 자제 가운데에서 영예롭게 뽑힌 사람들이었으며, '講肄官'은 문신 출신이었다.

따라서 보한재 선생이 과거에 합격한 이후에 漢語를 배운 것이 아니라면, 과거에 응시하기 이전에 사역원의 '한학생'과 같은 제도를 통해서 한어를 학습한 것으로 추측해 볼 수 있다.

선생의 문집인 『보한재집』에 실려 있는 '연보'의 '丙寅 公 30歲'항 夾註에는 다음과 같은 구절이 있다. "公旣早年學華語于上國(공이 이미 젊을 때 중국에서 한어를 배웠다)." 이 구절의 앞뒤에 자세한 설명이 없어서 선생이 한어를 배운 경위를 알 수 없으나, '早年'이라고 하였으므로, 한어를 일찍 배운 것은 사실인 것 같다.

2) 申叔舟의 漢語 實力

세종은 1443년에 한글을 창제한 이후 곧 명나라 태조가 편찬시킨 『홍무정운』(1375)의 收錄字에, 한글로 한어의 字音을 注音시키려고 했었다. 그래서 앞에서 이미 언급한 바와 같이 때마침 요동에 유배되어 있던 명나라 황찬에게 성삼문과 함께 보한재 선생이 찾아가도록 했다. 그 때 선생은 황찬의 물음에 거침없이 대답을 했다 하니 선생의 한어 실력이 상당한 수준에 있었음을 알 수 있다. 다음 해에도 신숙주와 성삼문은, 한 해에 세 번씩 열세 번(또는 여덟 번)이나 요동에 다녀왔다고 한다.

또 1450년(세종 32) 초에 명나라 사신 翰林侍講 倪謙과 給事中 司馬詢이 조선에 오자 접대를 담당하고, 이들과 漢詩를 주고받으면서 韻書에 대해서도 質正하였다.

『보한재집』 부록에 실려 있는 姜希孟의 '文忠公行狀'에서는 다음과 같이 기록하고 있다.

> 公俱通漢倭蒙古女眞等語 時或假舌人 亦自達意. 後公手飜譯語以進 舌

> 人賴以通曉 不假師授
>
> 공(신숙주)이 한어 · 왜어 · 몽골어 · 여진어 등에 모두 통하여 때로는 역관의 힘을 비는 일이 있어도 역시 스스로 뜻을 통할 수 있었다. 공이 손수 여러 나라 언어를 번역하여 나라에 바치어, 역관들이 스승의 가르침이 없이도 이들 언어를 밝게 깨우칠 수 있었다.

여기서 말하는 '여러 언어'를 선생이 어떻게 손수 번역하여 어떤 업적을 나라에 바쳤는지 구체적인 것은 알 수 없으나, 이 행장으로 보아서는 선생의 외국어 실력이 대단하였던 것 같다.

3) 申叔舟와 韻書

이제 보한재 선생이 참여한 운서 관련 사업을 살펴보면 다음과 같다.

① 『古今韻會擧要』에 대한 한글 注音 사업

1443년(세종 25) 12월에 표음문자인 훈민정음을 창제한 세종은, 첫 사업으로서 이 새 글자를 가지고 『고금운회거요』에 대하여 주음하도록 명하였다. 즉, 세종은 한글을 창제하자마자 漢語를 학습하려면 한어 字音을 한글로 기록하여 漢語音을 익히는 것이 좋을 것이라고 생각했다. 그래서 자음의 발음사전인 운서 안의 한자들의 음을 한글로 기록하게 하였다. 그 대상으로 설정된 운서가 그 무렵에 조선에서 널리 쓰이던 『고금운회거요』였다.

1444년(세종 26) 2월 16일(丙申) 날짜의 세종실록 기사에는 세종이 집현전 교리 崔恒, 부교리 朴彭年, 부수찬 申叔舟, 동 李善老, 동 李塏, 돈녕부 주부 姜希顔 등이 議事廳에서 한글로 <운회>를 '번역'하도록 명하였다는 내용이 있다.

여기서 말하는 <운회>는 1292년에 원나라 黃公紹가 지은 『古今韻會』가 아니고 1297년에 熊忠이 간략화한 『고금운회거요』일 것이다. 왜냐하면

『고금운회』는 곧 전해지지 않았기 때문이다.

이 운서에 대한 한글 주음사업에는 세종실록의 기사대로 보한재도 참여하였다. 그러나 이 사업이 완성되었다는 기사가 없는 것으로 보아서, 이 사업은 중단되었던 것 같다. 그 대신 세종은 이 운서의 체계를 기준으로 해서 그 시절까지 전해 오고 있던 한국한자음, 곧 傳承 漢字音을 규범화하기 위하여 『東國正韻』을 편찬시켰다.

『고금운회거요』는 독특한 音系를 보인 운서로서, 表面的인 音系는 『禮部韻略』 계통을 이은 것이었으나, 裏面的인 音系는 13세기의 현실음을 反映한 「字母韻」으로 표시했었다.7)

전승 한국한자음을 정리하고 체계화하여 『동국정운』을 편찬할 때, 보한재 선생 등은 바로 이 「字母韻」을 기준으로 했었다.

② 『東國正韻』 편찬과 신숙주

이 사업은 傳承 漢字音을 체계화하여 標準 韓國漢字音을 설정하려는 목적 아래 세종이 진행시킨 것이다.8)

이 사업이 언제 시작되었는지 확실하지는 않으나, 『古今韻會擧要』에 대한 한글 注音사업이 중단된 뒤를 이어서 진행된 것 같다. 이 사업에 참여한 학자들은 『訓民正音解例本』을 집필한 진영과 거의 같아서, 보한재를 비롯하여 守 집현전 직제학 崔恒, 守 집현전 成三問, 同 朴彭年, 守 집현전 교리 李塏, 守 이조정랑 姜希顔, 守 병조정랑 李賢老 등과 守 승문원 교리 曹變安, 승문원 부교리 金曾이었다.

이 사업은 1447년(세종 29) 9월에 6권으로 편찬 완료되고, 1448년(세종 30) 10월에 출판되었다. 이 책이 완성될 때 보한재가 31세의 몸으로 서문까

7) 河野六郎(1934), 「再び東國正韻に就いて」, 『朝鮮學報』, 日本 朝鮮學會.

8) 『東國正韻』의 편찬 경위와 音系에 대해서는 兪昌均(1966), 『東國正韻研究』, 螢雪出版社; 李東林(1970), 『東國正韻研究』, 東國大 大學院 등 훌륭한 업적이 있다. 또 姜信沆(1997), 「『東國正韻』音系의 性格」, 『국어학연구의 새 지평』, 성재 이돈주 선생 화갑기념 논총 간행위원회, pp.13~35 참조.

지 쓴 것을 보면 그가 이 편찬사업에서 중추적인 구실을 한 것을 알 수 있다.

『동국정운』 편찬자들을 대표하여 보한재는 「東國正韻序文」(1447)에서 15세기 한국한자음의 특징을 다음과 같이 말하였다.

먼저 지리적 조건과 발음이 달라 한국 한자음이 중국과 다르다는 것을 전제하고 여러 예를 들었다.

1) 溪母之字 太半入於見母

   牙音에서는 k'-(溪母)음으로 발음되던 자음들의 태반이 k-(見母)로 발음되고 있다.

2) 溪母之字 或入於曉母

   k'-음으로 발음되던 자음들 가운데 h-(曉母)음으로 발음되고 있는 것들이 있다.

3) 我國語音 其淸濁之辨 與中國無異 而於字音獨無濁聲

   우리말의 어음에서는 淸·濁의 구별이 중국과 다름이 없는데도, 한국한자음에만 濁聲이 없다.

4) 語音則四聲甚明 字音則上去無別 質勿諸韻宜以端母爲終聲 而俗用來母

   우리말의 어음에서는 4성조의 구별이 매우 분명하나, 한국한자음에서는 상성과 거성의 구별이 없고, -t(端母)음으로 質운·勿운 등의 종성을 삼아야 하는데, -l(來母)음으로 종성을 삼고 있다.

5) 國語多用溪母 而字音則讀夬之一音而已

   우리말에서는 k'-음을 초성으로 많이 쓰고 있는데, 한국한자음에서는 '夬(쾌)'자 하나만 초성에서 k'-음으로 쓰고 있다.

또 같은 序文에서 保閑齋는 重大한 證言을 했다.

如舌頭舌上唇重唇輕齒頭正齒之類 於我國字音未可分辨

우리나라 자음에서 설두음과 설상음, 순중음과 순경음, 치두음과 정치음 같은 것은 구별이 되지 않는다.

이것은 漢語의 音韻史에서 이들이 구별되던 中古音 시기보다 앞선 시기, 즉 이들이 구별되지 않았던 上古音 시기 또는 魏晉南北朝時代音(4~6세기)이 한국한자음에서 保存되고 있음을 말한 것이다.[9]

그런데 『동국정운』 편찬을 맡았던 선생 등은, 위의 예들을 한국한자음의 특징으로 생각하지 않고, 中國 本土의 字音體系에서 벗어난 '訛'라고 생각했었다. 그래서 한국한자음 체계를 하루라도 빨리 바로잡지 않는다면, 도저히 돌이킬 수 없는 상태에까지 이를 것이라고 하였다.

그 결과 『동국정운』의 편찬 방향은, 전승 한국한자음을 바탕으로 하되, 위에서 예로 든 한국한자음의 일부를 중국의 韻書音(주로 『고금운회거요』음) 체계에 맞도록 환원시키는 쪽으로 잡았다. 이리하여 『동국정운』 초성체계는 훈민정음 초성체계와 마찬가지로 23초성(聲母) 체계로 정리하였다.

다시 한자음을 소리의 높낮이에 따라 平·上·去·入 4성으로 분류하고, 이들을 운모음의 차이에 따라 91운으로 정리하였다. 91운은 1444년(세종 26)에 한글로 주음을 시도했던 『고금운회거요』의 「字母韻」(13세기 漢語 字音의 현실음) 체계를 기준으로 한 것이다. 이리하여 『동국정운』 운모음 체계는 순수한 傳承 韓國漢字音을 『고금운회거요』의 字母韻 體系에 따라 分韻하되, 音系만은 전승 한국한자음대로 하였고, 극히 일부만을 漢音에 가깝게 표시하였다. 이 일부 음은 대체로 撮口音이었다.

몇 예만 들어보겠다. ('韻會音'은 竺家寧(1986), 『古今韻會擧要的語音系統』(台北)에서 제시된 音, '中韓'은 15·16세기 현실 한국한자음임.)

9) 姜信沆(2001), 「韓國漢字音(高麗譯音)의 한 모습」, 『國語學』 38, 國語學會, pp.3~12.

字母韻	韻會音	東國韻		中韓
揯	-əŋ	揯	-ɨŋ	-ɨŋ
			-ʌiŋ	-ʌiŋ
			-iŋ	-iŋ, -ɨŋ
公	-uŋ	公	-oŋ	-oŋ, -uŋ
			-ioŋ	-ioŋ
京	-iŋ	京	-iəŋ	-iəŋ
	-iəŋ		-iəŋ	-iəŋ
	-yəŋ		-iuiəŋ	-iəŋ
昆	-uən	昆	-on	-on, -un
涓(鞬)	-yən	鞬	-iuiən	-iən
雞	-i	雞	-iəi	-iəi
孤	-u	孤	-o	-o

위에서 몇 例만 보이었지만, 『東國正韻』이 표시하는 音이 15・16세기 현실 전승 한국한자음과 거의 一致하고, 『고금운회거요』 字母韻의 음(추정음)과는 부합되지 않는 것을 알 수 있다. 이것으로 보더라도 『동국정운』은, 한국한자음의 규범음을 보이려고 하였지만, 어디까지나 전승 한국한자음을 표시하려고 편찬된 운서인 것이다.

세종은 『동국정운』 편찬이 완료되자, 이 운서에서 제시한 한자음을, 한국한자음의 표준으로 정하고, 모든 간행물 안의 한자에 이 운서의 음을 기록하게 하였다.

③ 『洪武正韻譯訓』 편찬사업에 참여

세종은 15세기 전승 한국한자음의 표준음으로 『동국정운』을 편찬시키면서, 중국본토의 標準字音, 곧 漢音을 익혀서 漢語 학습의 길잡이로 삼고자, 중국 운서에 대한 한글 注音을 계획했다. 그래서 그 첫 번째 주음대상으로 선택된 운서가 『고금운회거요』였으나, 이 운서에 대한 주음사업은 중단되고 그 대신 선정된 것이 『홍무정운』이었다.

이 책은 明나라 태조가 편찬시킨 것이다. 명나라는 異民族이 지배하던 元나라를 멸망시키고 새 제국을 건설하자 언어의 통일을 위하여 건국 초기인 1375년(홍무 8)에 樂韶鳳 등 여러 학자들을 시켜서 편찬한 것이다. 따라서 조선의 세종은 명나라 황제가 편찬시킨 『홍무정운』을 가지고 漢語의 字音을 학습하면 가장 정확한 漢語音을 습득할 수 있을 것이라고 생각했던 것이다. 이미 앞에서 선생의 行狀이나 年譜 등에서 引用하였듯이, 『홍무정운역훈』 편찬 준비는 1445년(세종 27, 乙丑)부터 시작된 것으로 보인다.

年譜 乙丑 先生 二十九歲

正月七日 使遼東 質問韻書 飜華音 定五聲

行狀(姜希孟 撰)

本國語音 註僞正韻失傳 時適翰林學士黃瓚 以罪 配遼東 乙丑春 命公隨入朝使臣到遼東 見瓚 質問音韻 公以諺字翻華音 隨問輒解不差毫釐

碑銘(李承召)

世宗 又欲以諺字翻華音 聞翰林學士黃瓚以罪配遼東 命公隨朝京使 入遼東 見瓚質問

책에 따라 '音韻을 물었다', 또는 '韻書를 물었다'라고 했으나, '翻華音', '以諺字翻華音'은 共通이다. 이것은 선생의 질문이 『고금운회거요』 주음사업이나 『동국정운』 편찬사업을 위한 '질문'이라기보다는 『홍무정운역훈』 편찬을 위한 것으로 보인다.

실지로 보한재 선생은 1455년(단종 3) 2월에 이 사업이 완성되었을 때 서문을 쓸 정도로 이 일에 중심적 구실을 하였다. 이 사업에는 成三問, 曹變

安, 金曾, 孫壽山 등이 편찬에 참여하고, 魯參, 權引, 任元濬이 교정을 하였으며, 文宗, 首陽大君, 桂陽君 璔도 이 일에 관여하였다. 1455년(단종 3) 2월에 이 사업이 16권으로 완성되었을 때 책이름은 『홍무정운역훈』이었다. 이 책의 편찬 목적에 대하여 선생은 『홍무정운역훈』의 서문에서 다음과 같이 말하였다.[10)]

> 세종대왕께서 운학에 뜻을 두고 연구하시어 훈민정음 약간자를 창제하신 다음, 중국과 외교 관계를 맺고 있으면서도 말이 통하지 않아 반드시 통역하는 사람의 힘을 빌려야 한다고 하여, 맨 먼저 『홍무정운』을 번역(주음)하도록 명하시었다.

그리고 『홍무정운』이 얼마나 중요한 운서인가 하는 것을 역시 <서문>에서 지적하였다.

> 성운학(곧 중국음운학)은 깨우치기 어려운 학문이다. 대개 사방의 풍토가 같지 않으면 이에 따라 사람의 발음도 다르게 마련이다. 성조(4성)와 聲・韻이 지역에 따라서 다르게 되는 것은 당연하다. 그리하여 漢音에 여러 음이 섞이게 되었는데, 이를 식자들이 걱정해 왔으나 역사상 아직 이를 바로잡은 이가 없었다. 그런데 明나라 太祖 고황제께서 漢音이 어지럽게 된 것을 딱하게 여기어 여러 학자들에게 中原 雅音(중국 북방 공통음)을 기준으로 해서 『홍무정운』을 정하라고 했으니, 이 『홍무정운』은 천하의 만국이 받들 기준이다.

이와 같이 『홍무정운』에서 제시된 음을 '천하 공통의 음'으로 인식하고

---

10) 『洪武正韻譯訓』의 편찬 경위와 音系에 대해서는 李崇寧(1959), 「洪武正韻譯訓의 研究」, 『震檀學報』 20, 震檀學會, pp.115～179; 鄭然粲(1972), 『洪武正韻譯訓의 研究』, 一潮閣, p.251 등의 자세한 연구가 있다.

있었으므로, 세종도 『홍무정운』의 音系만 제대로 알고 있으면 중국 표준 字音을 알 수 있을 것이라고 믿었다. 그래서 이 운서에 수록되어 있는 글자(漢字)의 음을 한글로 기록하도록 명하였다.

이 운서는 황제가 편찬시킨 운서였으나, 韻母面에서는 북방음과 비슷하면서도 聲母面에서는 전탁음을 보존시켜서 현실음과 부합되지 않는 면도 있었다. 이것은 이 운서를 편찬한 사람들이 대부분 남방 사람들이었고, 이 운서를 편찬하던 1375년경의 명나라 수도가 아직 南京이었던 데도 원인이 있었다. (1368년에 明나라 건국 제3대 成祖 때인 1421년에 북경으로 옮김.)

『홍무정운』에 대한 한글 주음사업을 맡았던 선생과 다른 학자들은 15세기 중국 북방음을 알고 있었다. 또 한편으로는 반절로 표시되어 있는 『홍무정운』의 음계도 알고 있었으므로, 서로 어긋나는 음계를 그대로 주음할 수가 없었다. 그래서 보한재 등은 漢語의 字音을 더 확실히 알아 보려고 여러 가지로 노력하였다. 보한재 선생의 行狀, 年譜, 선생이 쓴 『홍무정운역훈』 서문(1455)에서 관련이 있는 기사를 추려 보면 다음과 같다.

1) 使遼東 黐華音定五聲, 與中朝翰林學士黃瓚 質問音韻 往還十三度
   보한재는 요동에 유배되어 있던 명나라 한림학사 黃瓚을 여러 번 찾아가서 漢音을 물어보았다.
2) 燕都爲萬國會同之地 而其往返道途之遠 所嘗與周旋講明者 又爲不少 以至殊方 異域之使 釋老卒伍之微 莫不與之相接 以盡正俗異同之變
   명나라 수도인 燕都(북경)에 사신으로 갔을 때 각계각층의 사람들을 만나 여러 음을 알아보았다.
3) 且天子之使 至國而儒者 則又取正焉
   또 명나라 사신이 오면, 정확한 음을 알아보았다.

보한재 등이 『홍무정운역훈』을 완성하는 데 이렇게까지 고심한 것은, 보한재 등이 파악하고 있었던 중국 북방의 漢音이 다음과 같았기 때문이다.

1) 舌上四母 唇輕次淸一母 世之不用已久
   중국의 전통적인 36자모 가운데서 舌上音 4母와 脣輕音 次淸音 1母가 이미 안 쓰이고,
2) 全濁之字平聲 近於次淸 上去入 近於全淸
   全濁字의 平聲은 次淸音과 가깝게 쓰이고 上聲·去聲·入聲은 全淸音과 가깝게 쓰이며,
3) 濁於入聲 世俗率不用終聲
   일반 사람들은 입성운미를 쓰지 않고 있었다.

이와 같이 두 가지 音系를 알고 있었던 보한재 등은 『홍무정운』의 체재와 수록자, 글자의 순서, 음을 나타낸 反切, 수록자에 대한 뜻풀이 등을 거의 그대로 두고서, 각 小韻의 代表字 앞에 그 소운 대표자의 聲母音을 31자모로 표시하였다. 그리고서 그 字母와 소운 대표자 사이에 그 소운의 字音을 한글로 기록하였으며, 때로는 小韻 代表字의 음을 나타낸 반절 다음에 15세기의 실지 북방음을 '俗音'이라 해서 표시하고, 달리 발음되는 음도 표시했다. 또한 때로는 간단히 주석을 덧붙이기도 해서, 16권 8책으로 이루어진 『홍무정운역훈』을 1455년(단종 3, 경태 6) 2월에 편찬 완료하였다.

④ 『四聲通攷』 편찬

『사성통고』는 현재 전해지지 않고 있으나, 1517년(중종 12)에 이루어진 『四聲通解』의 서문에서 崔世珍은 다음과 같이 말하고 있다.[11]

세종대왕께서는 『홍무정운역훈』을 편찬시켰으나, 16권으로 된 이 책이 완

11) 姜信沆(1973), 『四聲通解硏究』, 新雅社, pp.28~35 참조.

성되자, 그 분량이 너무 많아서 읽는 사람이 어려워할 것을 염려하시었다. 그래서 신숙주에게 字音 위주로 책을 편찬하도록 명하고, 책 이름을 『사성통고』라고 내려 주셨다.

그리고 같은 序文에 의하면, 『사성통고』는 같은 韻에 속하는 漢字들을 字母 순에 따라 배열한 뒤 한글로 각 小韻 대표 글자의 음을 표기했다. 같은 소운에 속하는 한자들을 平聲・上聲・去聲・入聲으로 분류하여 배열한 책이었다. (類粹諸字 會爲一書 冠以諺音 序以四聲 諧之以淸濁 系之以字母) 즉 『사성통고』는, 『홍무정운역훈』의 반절과 글자 뜻풀이를 생략하고 순전히 字音의 正音과 俗音만을 간추려서 '홍무정운 31자모' 순으로 한자음들을 배열하고, 『홍무정운역훈』에 수록된 한자의 음만을 알 수 있게 만든 책이었다. 『홍무정운』은 평성부터 시작하여 상성・거성・입성의 순으로 나누어서 배열하고 각 성조별로 수록된 소운의 배열도, 31자모 순으로 한 것이 아니었다.

이 『사성통고』는 다른 운서들과는 달리 보한재 혼자서 편찬한 것으로 되어 있다. 10項으로 된 이 책의 범례에서는 『홍무정운역훈』 편찬 방침과 '홍무정운역훈 편찬자'들이 관찰한 中國 本土 字音의 正音 및 俗音의 실태를 설명하고 있다. 여기에서는 중국 북방음에서 쓰이고 있는 聲母와 그 변화, 入聲韻尾의 消失, 15세기 中世國語와 漢語 中聲과의 차이 등을 자세히 언급하고 있다. 이것은 중국 近代 音韻史의 중요한 자료가 되는 증언이다. 몇 例를 들면 다음과 같다.

가. 『홍무정운역훈』에서 '俗音'은 각 글자의 反切 아래에 적었다.

나. '舌上聲'은 '以舌腰點齶'으로 調音하여 '正齒音'과 같아졌다.

다. '非'母와 '敷'母는 '非'母 하나가 되었다.

라. 우리나라 齒聲 ㅅ ㅈ ㅊ는 漢音의 齒頭音과 整齒音 사이에서 調音된다.

마. 우리말의 母音은 '輕而淺'하고 漢音은 '重而深'하여 漢音의 'ㅏ' 모음은 우리말의 'ㅏ · 之間'에서 조음해야 한다.

바. 漢語의 北音에서는 入聲 終聲을 안 쓴다.

또 凡例 제7조에서는 15세기 중세국어의 모음을 '張口之字 ㅏㅑㅓㅕ'와 '縮口之字 ㅗㅛㅜㅠ'로 분류하여 설명하였다. 이러한 훈민정음 중성 글자의 순서는 애당초 훈민정음 창제 당시에 '·ㅡㅣㅗㅏㅜㅓㅛㅑㅠㅕ'라고 하던 것이 바뀐 것으로서, 1527년(중종 22)에 최세진이 지은『訓蒙字會』凡例에서는 '諺文字母 俗所謂反切二十七字'라고 해서 훈민정음 중성 글자의 순서를 'ㅏㅑㅓㅕㅗㅛㅜㅠㅡㅣ·'로 했다. 이러한 중성 글자의 순서는 오늘날까지 그대로 이어지고 있다.

보한재는 이와 같이 운서 관계 사업을 27세 때인 1443년(세종 25)부터 39세 때인 1455년(단종 3)까지 10여 년 동안 수행하여 韓國漢字音의 규범화, 標準中國本土字音 제시 등에 큰 공적을 남겼다.

⑤『直解童子習譯訓評話』편찬에 참여

이 책은 현재 전하지 않으나, 成三問이 쓴 序文이『東文選』등에 남아 있어서, 이 책의 편찬과정을 알 수 있다.

이 서문에 의하면, 이 책의 편찬사업은, 1453년(단종 1) 6월 8일부터 10월 11일까지 保閑齋 선생이 右副承旨였던 사이에, 成三問·曹變安·金曾·孫壽山 등과 함께 완료한 것으로 되어 있다.

서문에서는 다음과 같이 말하였다.

> (생략) 我世宗文宗慨然念於此 旣作訓民正音 天下之聲 始無不可書矣 於是譯洪武正韻 以正華音 又以直解童子習譯訓評話 乃學華語之門戶 命今右副承旨 臣申叔舟 兼承文院校理 臣曹變安 行禮曹佐郎 臣金曾 行司正 臣孫壽山 以正音譯漢訓 細書逐字之下 又用方言以解其義

우리 세종·문종께서 이를 개연히 여기시어 이미 훈민정음을 만드셨으니, 천하의 소리를 비로소 적지 못할 것이 없게 되었다. 이에 『홍무정운』에 注音하여 華音(漢音)을 바르게 하시고, 또 『직해동자습역훈평화』는 곧 華音(漢音)을 배우는 입문서라 하시고, 지금(단종 1 현재)의 우부승지인 신숙주 등에게, 훈민정음으로 한음(漢訓)을 옮겨서 가는 글씨로 각 글자마다 아래에 써넣고 또 우리말로 그 뜻을 풀이하도록 하시었다.

成三問은 또 다음과 같이 말하였다.

無惑乎漢語之難學也

學者苟能先學正音若干字 次及於斯 則浹旬之間 漢語可通 韻學可明

한어 배우기의 어려움도 미혹할 것이 없다.

공부하는 사람이 훈민정음 몇 글자를 먼저 배우고 이어서 이 책을 배운다면, 열흘 사이에 한어도 통할 수 있고 운학에도 밝아질 수 있을 것이다.

보한재 선생은 漢語 전문가들과 함께 한어 학습용 『直解童子習譯訓評話』(책이름에는 異說이 있음) 편찬 사업에도 참여할 수 있을 정도로 한어 실력이 있었던 것이다.

⑥『海東諸國紀』편찬

보한재 선생은 1443년(세종 25) 2월 21일부터 10월 19일까지 通信使 卞孝文(上使), 尹仁甫(副使)와 함께 書狀官으로서 日本에 다녀오는 길에 여러 가지 자료를 수집하였다. 日本의 地圖, 여러 領主들의 가계·역사·풍속·通交의 실정, 그리고 沿道의 地名 등이다. 이 가운데에서 地名은 15세기 傳承 韓國漢字音으로 기록한 資料로서, 비록 漢字音을 이용하여 기록한 것이었으나 東國正韻式 漢字音이 아닌 것이 특징이다. 몇 例만 보이되, 편의상 推定音은 發音記號로 표기하고, 동국정운식 한자음도 기록하겠다.

<보기>

일본 地名	風		木		浦		(勝本港)
일본음 推定音	ka	za	mo	to	u	ra	
海東 表記	間	沙	毛	都	于	羅	
15 · 16C 現實音	kan	sa	mo	to	(宇)u	ra	
東正音	kan	sa	mo	to	ŋu	ra	

일본 地名	立		石		黑	瀨	
일본음 推定音	ta	te	i	si	ku	ro	se
海東 表記	多	底	伊	時	仇	老	世
15 · 16C 現實音	ta	(邸)tiəi	'i	si	ku	ro	siəi
東正音	ta	tiəi	ʔi	sʔi	kʔu	ro	siəi

일본 地名	比	田	勝		大		連	河	內	
일본음 推定音	hi	ta	ka	ti	oo		tu	ra	ka	wati
海東 表記	皮	多	加	地	阿	吾	頭	羅	可	知
15 · 16C 現實音	p'i	ta	ka	ti	a	'o	tu	ra	ka	ti
東正音	pʔi	ta	ka	tʔi	ʔa	ŋo	tʔu	ra	k'a	ti

조선시대 문헌에서는, '風 ka-za'를 '間沙 kan-sa'로 표기한 것처럼, 일본어의 有聲音 앞에서 陽聲韻尾(鼻音)로 표기하여 일본어의 유성음을 나타냈었다. '立 ta-te'의 경우 15 · 16세기 자료(『훈몽자회』 등)에는 '底'자가 없어서 '邸'자로 대신한 것이다.

위의 대조표로 보면 『海東諸國紀』의 음은 동국정운식 한자음과 다름을 알 수 있다. 우리는 이러한 자료를 통하여 15 · 16세기 전승 한국한자음의 모습을 더 확실히 파악할 수가 있다.

6. 맺는 말

이상에서 고찰한 바와 같이, 保閑齋 선생은『經國大典』편찬,『國朝五禮儀』편찬 등에 참여하고, 明과 日本·女眞에 대한 外交 활동에 큰 공적을 남기는 한편, 詩人으로서도 뛰어난 作品을 남겼으며, 言語學者로서도 크게 활약하였다. 선생은 새로운 表音文字인 '訓民正音'에 대한 해설서인『訓民正音解例本』편찬(1446), 전승 한국한자음을 체계화하고 규범화한『東國正韻』편찬(1447),『홍무정운』의 漢音을 '正音'과 '俗音'으로 나누어 훈민정음(한글)로 注音한『洪武正韻譯訓』편찬(1455), 漢語 학습서인『直解童子習譯訓評話』편찬(1453) 등에 참여하였고, 樂章體 歌詞인『龍飛御天歌』補完事業(1445~1447)에도 참여하였으며, 未完으로 끝난『古今韻會學要』에 대한 注音事業에도 참여하여, 世宗 時代 言語政策 遂行에 크게 기여하였다.

(『保閑齋 申叔舟의 學問과 業績』, 韓國語文敎育硏究會, 2002, pp.1~31)

참고 문헌

姜信沆(1963),「訓民正音解例理論과 性理大全과의 聯關性」,『국어국문학』26, 국어국문학회, pp.177~186.

______(1973),『四聲通解硏究』, 新雅社, pp.28~35.

______(1987),『訓民正音硏究』, 成均館大學校出版部, pp.8~60, pp.157~161, pp.173~209.

______(1988),「朝鮮初期韓國漢字音(高麗譯音)資料」,『歷史語言硏究所集刊』59-1, 中華民國中央硏究院.

______(1993),「『海東諸國紀』內의 漢字音」,『韓中音韻學論叢 1』, 春虛成元慶博士華甲紀念論叢刊行委員會, pp.75~112.

______(1994),「龍飛御天歌內 反切의 性格」,『震檀學報』78號, 震檀學會, pp.327~

341, 姜信沆(2000), 『한국의 운서』, 太學社, pp.31～49, 再錄.

______(1997), 「『東國正韻』音系의 性格」, 『국어학 연구의 새 지평』, 성재 이돈주 선생 화갑 기념 논총 간행위원회, pp.13～35, 姜信沆(2000), 『한국의 운서』, 太學社, pp.31～49, 再錄.

______(2000), 『韓國의 譯學』, 서울대학교출판부, pp.15～18, pp.31～33, pp.91～106, pp.139～146, pp.152～154.

______(2001), 「韓國漢字音(高麗譯音)의 한 모습」, 『國語學』 38, 國語學會, pp.3～12.

朴炳采(1983), 『洪武正韻譯訓의 新研究』, 高大民族文化研究所出版部, pp.1～37.

兪昌均(1966), 『東國正韻研究』, 螢雪出版社.

李東林(1970), 『東國正韻研究』, 東國大 大學院.

李崇寧(1959), 「洪武正韻譯訓의 研究」, 『震檀學報』 20, 震檀學會, pp.115～179.

鄭 光(2002), 「成三問의 學問과 譯學」, 『語文研究』 115號, 韓國語文敎育研究會, pp.259～291.

鄭然粲(1972), 『洪武正韻譯訓의 研究』, 一潮閣, p.251.

崔明宰(1997), 『訓民正音과 崔恒先生』, 精文堂, pp.28～43, pp.62～109.

洪起文(1946), 『正音發達史』 下, 서울신문社, pp.170～180.

張世祿(1963), 『中國音韻學史』, 泰興書局, 香港, pp.167～206.

陳高華(1991), 「元朝與高麗的海上交通」, 『震檀學報』 71・72號, 震檀學會, pp.348～358.

竺家寧(1986), 『古今韻會擧要的語音系統』, 學生書局, 台北.

藤本幸夫(1994), 「清朝朝鮮通事小攷」, 『中國語文の資料と方法』, 京都大學人文科學研究所, pp.255～290.

小倉進平(1940), 『增訂 朝鮮語學史』, 刀江書院, 東京, pp.527～528.

田中健夫譯注(1991), 『海東諸國紀』, 岩波文庫, 東京, pp.194～239.

河野六郎(1959), 「再び東國正韻に就いて」, 『朝鮮學報』 14, 日本 朝鮮學會.

花登正宏(1997), 『古今韻會擧要研究』, 汲古書院, 東京.

『保閑齋集』, 朝鮮史編修會編, 『朝鮮史料叢刊』 第十四.

『保閑齋集』, 서울大學校 奎章閣 소장본.

文靖公 崔恒 先生의 生涯와 業績

1. 文靖公의 生涯

1409年(太宗 9)에 出生한 太虛亭 崔恒 선생(시호 文靖公, 이하 문정공 또는 공이라 함)은, 본관이 朔寧이며 1434年(世宗 16)에 謁聖文科에 壯元으로 及第한 후, 1474年(成宗 5)에 享年 66세로 卒할 때까지 다음과 같은 官職을 歷任하면서 여러 업적을 남겼다.

공은 朝鮮 초기에 文臣으로 활동한 崔士柔(1372~1455, 증 영의정) 공의 아들이다. 사유공은 1399年(정종 1)에 生員·進士試에 모두 합격하고 1402年(태종 2)에 文科로 급제한 다음 여러 관직을 거쳐 成均館司藝에 이르렀었다. 文靖公은 이러한 집안의 전통을 이어서 官職과 學問分野에서 크게 활약하였던 것이다.

崔明宰(1997),『訓民正音과 崔恒先生』에 수록되어 있는 文靖公 崔恒先生의 年譜와 文靖公 崔恒先生의 著述一覽表에 의거하여 문정공의 업적을 정리해 보면 다음과 같다. 年度에는 필자가 조사한 것과 약간의 차이가 있다.

1434年(세종 16)	集賢殿副修撰	資治通鑑訓義	52명 참여
1444年(세종 26)	集賢殿校理	五禮儀注 撰進	
		韻會 諺譯	6명 참여

1446年(세종 28)	集賢殿應敎	訓民正音解例 집필	8명	참여
1447年(세종 29)	集賢殿直提學	龍飛御天歌 補修	8명	참여
1447年(세종 29)	集賢殿直提學	東國正韻 편찬	9명	참여
1450年(문종즉위년)	司諫院右司諫大夫			
1451年(문종 1)	司諫院右司諫大夫	高麗史 改撰		참여
1451年(문종 1)	集賢殿副提學	大學衍義 註釋		참여
		資治通鑑綱目訓義 撰修		참여
1452年(문종 2)	世宗實錄修撰官			
同年 12月	承政院同副承旨			
1453年(단종 1,10월)	承政院都承旨			
1454年(단종 2)	吏曹參判(2月)	功臣宴曲 4章		찬진(10월)
	寧城君	世宗實錄 편찬 완료	54명	참여
1455年(단종 3)	司憲府大司憲(2월)	文宗實錄 편찬		참여
1457年(세조 3)	戶曹參判, 吏曹參判	初學字訓諺註		찬술
1458年(세조 4)	刑曹判書	新六典 草案		작성
1459年(세조 5)	工曹判書	12駿圖 贊		
	知中樞院事			
	藝文館大提學			
	成均館大司成			
1460年(세조 6)		兵書註解		
		孫子註解 校正	10명	참여
1461年(세조 7)	吏曹判書	梁誠之 저 「蠶書」를 한글로 번역		
		世祖訓辭 주해		
1462年(세조 8)		觀音現相記		찬수
		北征錄 校正	9명	참여
1463年(세조 9)	知中樞院事	明皇誡鑑歌詞를 한글로 번역 (여러 人士 참여)		

1463年(세조 9)	知中樞院事	徐居正과 東國通鑑		찬수
		定大業·保太平 歌詞 改作		
1463年(세조 9)	議政府右參贊	兵書新註 校正		
		申叔舟와 御製諭將說 3篇 註解		
1462年(세조 8)	議政府左參贊	申叔舟 등과 御製兵將說註 刪定		
1465年(세조 11)	議政府左參贊	小學·四書五經 口訣을 定함		
1466年(세조 12)	兵曹判書			
1467年(세조 13)	左贊成, 右議政,	行軍須知 註解	4명	참여
	左議政, 領議政	北征歌詞 3章		찬진
1468年(세조 14)	院相	御馬法諺解	4명	참여
1469年(예종 1)		武定寶鑑		撰修
1469年(예종 1)		經國大典		찬진
1470年(성종 1)	寧城府院君	歷代帝王后妃明鑑		찬수
1471年(성종 2)	左議政	懿敬廟玉冊文		찬진
		世祖實錄 편찬 참여	11명	참여
1472年(성종 3)	領中樞府事	睿宗實錄 편찬 참여	46명	참여
1474年(성종 5)	左議政	4月 28日 卒		

위의 표로 보면, 文靖公은 1434年부터 1450年 9月까지 16年 동안 集賢殿에서만 在任하면서 오로지 撰述事業에 專念하였음을 보여 주고 있다. 그리고 이 시기에 연마한 學問的인 素養을 기초로 하여, 1450年 이후의 撰述 活動도 지속할 수 있었을 것이다.

集賢殿이 1420年(世宗 2) 3月16日에 設置되었을 때에는, 領殿事·大提學·提學 3人은 兼官, 副提學 이하 10명은 專任으로서 經筵(侍講)이 主任務이었다. 그러다가 그 뒤 古制研究와 編纂事業으로 活動範圍가 擴大되었고 점차 事大文書 作成, 史官, 諸大君 교육, 使臣, 試官, 知制敎, 言官, 政治參與 등으로 넓혀졌다. 그리고 集賢殿 學士로 任命되면, 대개 10

年 이상 근무하는 것이 보통이었으며, 20年 이상 또는 25년이나 근무한 학자도 있었다. 따라서 문정공도 집현전에서 16년 동안이나 근무하면서, 古制硏究와 편찬사업에 참여하고 經筵도 겸하고 있었다.

문정공이 1434년(세종 16)에 알성문과에 급제하고 바로 집현전 부수찬으로 제수된 다음 52명이 참여한 『資治通鑑訓義』 편찬사업과 1444년(세종 26)에 집현전 교리로서 참여한 『五禮儀注』 편찬사업은 朝鮮을 儒教國家로 確立하기 위한 기초작업의 하나였다. 그 다음부터 1447년(세종 29)까지 문정공은 집현전 교리, 응교, 직제학으로서 1444년(세종 26)의 『韻會』 諺譯사업(①), 1446년(세종 28)의 『訓民正音解例本』 집필(②), 1447년(세종 29)의 『東國正韻』 편찬(③), 1447년(세종 29)의 『龍飛御天歌』 補修 사업(④)에 참여하였다.

위의 업적 가운데, ①②③과 ④는 구분해서 고찰할 수가 있다. ①②③은 언어학분야 업적이며, ④는 공이 1454년(단종 2)에 찬진한 功臣宴曲 4章, 1463년(세조 9)에 번역한 明皇誡鑑歌詞, 같은 해의 「定大業」·「保太平」 歌詞 改作 사업, 1467년(세조 13)의 「北征歌詞」 3章 찬진 사업과 연관이 있는 歌詞·음악·음률분야 업적이다.

1451年(문종 1) 이후 공은 左司諫大夫로 修史官을 겸임하고 정인지 등과 함께 『高麗史』를 改選하였으며, 이어서 『新六典』 草案 작성(1458, 세종 4), 세조 『訓辭』 주해(1462, 세조 8), 『東國通鑑』 찬수(1463, 세조 9), 『經國大典』 찬진(1469, 예종 1) 등은 앞에서 言及한 『五禮儀注』와 함께 朝鮮을 儒教國家로 確立시키기 위한 사업의 계속이었다.

따라서 公의 업적은 文字·音韻學, 歌詞, 歷史와 法典 編纂 등 크게 세 가지로 나누어진다.

다음에 分野別로 고찰해 보겠다.

2. 文靖公의 學問的 業績

1) 文靖公과 文字·音韻學

문정공의 학문적인 업적 가운데 우선 문자음운학 분야를 살펴보겠다.

朝鮮時代의 음운학은 곧 中國音韻學이었다. 중국음운학은 漢語(중국어)를 기록하였던 한자의 음(이를 字音이라고 함)을 분석하여 한어의 음운을 抽出해내는 학문이다. 중국사람들은 이 학문을 바탕으로 해서 6세기부터 여러 세기에 걸쳐 일종의 발음사전이라고 할 수 있는 韻書를 편찬하였다. 이와 같이 중국에서 편찬된 운서는 고려시대부터 우리나라에 들어왔으며, 운서와 함께 중국음운학도 우리나라에 들어왔다.

이리하여 우리나라 지식층은, 이들 운서를 통해서 중국음운학에 대한 지식을 터득하게 되었는데, 조선 초기에 우리나라에 크나큰 영향을 끼친 운서는 『古今韻會擧要』(元나라 熊忠 지음, 1297), 『平水新刊韻略』(金나라 王文郁 지음, 1229), 『洪武正韻』(명나라 樂韶鳳 등 지음, 1375)등이었다. 이 밖에 唐나라 중기 때부터 字音을 도표로 나타내는 韻圖가 발달되었는데, 고려 때에는 이 운도에 속하는 『七音略』(송나라 鄭樵[1104~1162] 지음)이 전해지고 조선 세종 초에는 『皇極經世聲音唱和圖』(송나라 邵雍[1011~1077] 지음)도 조선에 들어왔다.

公은 이러한 운서와 운도들을 통해서 중국음운학에 대한 소양을 쌓고 1443년(세종 25) 겨울부터 국가적으로 시작된 文字·音韻學 관계 사업에 참여하게 된 것으로 보인다.

다음에 공이 편찬에 참여하였던 文字와 音韻學 관계 서적을 살펴보겠다.

(1) 『訓民正音解例』 집필 참여

세종은 1443년 12월 표음문자인 訓民正音을 창제하였다. 이 글자는 15

세기 중세 한국어의 음운을 분석하여 이를 제대로 나타내는 子音글자 17(병서글자 6을 합하면 23)과 母音글자 7(ㅛ ㅑ ㅠ ㅕ 까 지 합하면 11)로 이루어졌다. 세종은 이 글자를 만든 다음 우선 각 글자의 음가를 간단히 설명하고 아울러 새 글자의 사용법도 간단히 설명하였다. 그리고 나서 여덟 학사들(集賢殿 7, 敦寧府 1)이 새 글자에 대한 해설을 한문으로 저술하도록 명하였다.

공은 그 무렵 이미 30대 중반의 중견학자로서(정인지를 제외한 나머지 학사는 公보다 여덟 살 아래였음) 다른 학사들과 힘을 합하여 1446년(세종 28) 9월까지에 걸쳐서 『訓民正音』(흔히 이 책을 『訓民正音解例本』(또는 『訓民正音原本』이라고 함)을 편찬하였다.

이 편찬사업을 함께 담당한 학자는 예조판서로서 집현전 대제학을 겸하고 있던 鄭麟趾(正2品), 집현전 응교 文靖公(正4品), 집현전 부교리 朴彭年(正5品), 동 申叔舟, 집현전 修撰 成三問(正6品), 敦寧府 主簿 姜希顔(正6品), 行 集賢殿 副修撰 李塏(從6品), 동 李善老(從6品)등 여덟 학자였다. 이들 여덟 학자는 중국음운학과 문자학에 입각하여 새 文字 『訓民正音』에 관한 解說을 기술하되 조선시대 때 가장 중요시되고 있던 性理學 이론을 가지고 설명을 하였다. 성리학은 易學과 太極圖, 陰陽五行說을 근본으로 하였던 학문이었으므로 『훈민정음해례본』의 내용에도 역학과 음양오행설로 된 설명이 많았다. 여기에서 분명히 해둘 것은 새 문자 『訓民正音』은 어디까지나 文字學과 音韻學 理論을 바탕으로 해서 창제되었고, 해설은 그 시대의 학문적 주류이었던 易學이나 陰陽五行說로 이루어졌다는 점이다.

『훈민정음해례본』의 내용이 이렇게 된 것은 1419년(세종 원)에 明나라로부터 전래된 『性理大全』의 영향이 컸었기 때문이었다.

『성리대전』 70권은 1413년에 명나라 제 3대 成祖 永樂皇帝가 편찬시킨 총서의 하나로서 宋나라 시대 학자들의 모든 학설을 집대성한 것이다. 세종은 이 책이 조선에 들어오자 즉시 집현전 학자들에게 이 책의 內容에 관하

여 연구를 진행시켰고, 조선 國內에서도 여러 차례 간행하여 전국의 각 향교에 1부씩 비치시키기도 하였다

따라서 집현전 학자들은 『性理大全』을 통해서 易學과 중국음운학에 대한 지식을 습득하였을 것이다. 왜냐하면 『성리대전』에는 첫머리부터 송나라 학문의 鼻祖라고 하는 周敦頤(1079-1072, 호 濂溪)의 『太極圖』와 『太極圖說』부터 시작하여 張載(호 橫渠)의 『西銘』이 실려 있고, 이어서 邵雍(호 康節)의 『皇極經世書』가 『성리대전』의 권7부터 권12까지에 걸쳐서 실려 있다. 이 『황극경세서』 안에는 사람의 모든 성음을 易數로 해석한 소옹의 『皇極經世正聲正音唱和圖』가 들어있다. 『성리대전』의 권8에는 『十正聲十二正音』이라는 이름으로 실려 있다. 이 『정성정음창화도』는 사람의 聲音을 역수로 설명하기는 하였으나 12세기 때 宋나라 수도였던 開封지역의 현실음을 나타내는 韻圖였다. 『성리대전』 권8에는 이 운도와 함께 여러 학자들의 주해도 많이 실려 있어서 『성리대전』을 읽으면 저절로 중국음운학에 대한 소양도 쌓게 되어있었다. 그러므로 공과 다른 학자들은 『성리대전』을 통해서 역학과 중국음운학에 대하여 쌓은 지식을 가지고 새로 창제된 훈민정음에 대하여 해설을 해서 『훈민정음해례본』을 편찬한 것이다.

『훈민정음해례본』에는 첫머리에 한문 소양이 없는 일반 백성을 위하여 쉽고 날마다 쓰기에 편리한 訓民正音을 창제하였다는 世宗의 서문이 실려 있다. 이어서 새 표음문자의 음가와 운용법(表記方式) 등을 간단히 예시하였다. 흔히 이 부분을 '훈민정음해례본 본문' 또는 「例義篇」이라 한다. 여기에서 새 글자는 音素文字이면서도 音節單位로 모아서 表記하도록 規定하여 音節文字처럼 쓰임을 말하였다. 이런 경우 훈민정음의 초·중·종성 각 글자는 音節單位로 쓰인 '감' '볼' 등의 字素처럼 인식되었다.

이 「예의편」에 대하여 자세히 해설한 부분이 「훈민정음해례」다. 「훈민정음해례」는 制字原理를 비교적 길게 밝힌 「制字解」, 초성의 성격을 자세히 설명한 「初聲解」, 중성의 성격과 중성글자의 종류를 자세히 예로 든 「中聲解」, 종성의 성격과 용례, 그리고 15세기 국어의 성조를 설명한 「終聲解」,

초성·중성·종성글자가 합해져서 한 음절문자처럼 쓰이는 경우의 예를 들고 15세기 중세국어의 성조를 다시 한번 구체적으로 설명한 「合字解」, 끝으로 새 글자로 표기된 15세기 중세국어의 어휘 예를 보인 「用字例」로 이루어지고 있다.

이 해례를 여러 학자가 공동으로 집필했으므로, 공도 이 해례 집필 때 참여하였을 것이나, 처음부터 끝까지 공동 집필인지 분담 집필인지 자세히 알 수는 없다. 다만 年長者로서 公이 큰 구실을 하였을 것으로 짐작할 수 있다.

『훈민정음해례본』의 끝에는 이 책이 1446년(세종 28) 9월에 편찬 완료될 때, 세종 28년 4월 25일부터 예조판서이었던 鄭麟趾가 겸직하고 있던 집현전 대제학 자격으로 서문을 썼다. 이 글에서 훈민정음을 창제한 이유, 훈민정음을 창제한 분(세종), 『훈민정음해례』 집필자들의 이름, 『훈민정음해례본』 편찬 완료일 등을 밝혔다.

(2) 『古今韻會擧要』에 대한 注音작업

1444년(세종 26) 2월 16일(병신)날짜의 세종실록 기사에는 世宗이 집현전 교리 崔恒, 부교리 朴彭年, 부수찬 申叔舟, 동 李善老, 동 李塏, 돈녕부 주부 姜希顔 등에게 議事廳에서 한글로 『韻會』를 번역하도록 명하였다는 내용이 있다.

여기서 말하는 『韻會』는 1292년에 원나라 黃公紹가 지은 『고금운회』를 1297년에 熊忠이 간략하게 만든 『고금운회거요』를 가리키는 것이다. 이 책 역시 中國本土字音인 漢語의 字音을 '韻' 중심으로 분류해 놓은 발음사전의 하나다.

세종은 1443년에 한글을 창제하자마자 漢語를 학습하려면 漢語字音을 알아야 한다고 여겼다. 그러기 위해서는 漢語字音(漢音이라고 함)의 발음사전인 운서에 수록되어 있는 한자들의 음을 한글로 기록하여 漢音을 학습하는 것이 필요하다고 생각하였다. 그래서 그 무렵에 조선에 전래되어 있던 여러 운서 가운데에서 웅충이 지은 『고금운해거요』를 골라서 음운 전공자인 공들에게 이 주음사업을 맡겼다.

그러나 이 운서에 대한 주음사업이 완성되었다는 기사가 없는 것으로 보아서, 이 사업은 중단되었던 것 같다. 그 대신 세종은 이 운서의 체계를 기준으로 해서 당시까지 전해오고 있던 우리나라의 한자음, 곧 傳承 韓國漢字音을 규범화하기 위하여 『東國正韻』을 편찬시켰다.

그런데 『古今韻會擧要』에 收錄되어 있는 漢字에 새로 創製된 한글로 注音을 한다는 것은, 漢字의 中國本土字音인 漢音을 表記하는 것을 말하는 것이다. 이러한 사업은 漢音에 밝은 學者만이 할 수 있는 일이다. 그러므로 公의 文集인 『太虛亭集』 안에는 분명하게 기록되어 있지 않으나, 公이 『韻會』의 注音事業에 참여하였다면, 公이 이 사업에 참여하기 이전에 이미 漢音에 通達하고 있었다고 볼 수 있다.

世宗時代에 漢音을 學習할 수 있었던 기관으로는 司譯院과 承文院이 있었다. 司譯院은 朝鮮 建國初인 1393年(태조 2)에 이웃나라들과의 外交關係 등을 위하여 설치되었다. 이 사역원에서는 四學인 漢學(곧 中國語, 漢語), 蒙學(몽골어), 女眞學(여진어), 倭學(일본어, 倭語)을 설치하고 이들 이웃나라의 언어를 가르치기도 하고 연구도 하였다.

承文院은 원래 이웃나라들과의 外交文書를 관장하기 위하여 조선 건국초에 설치되었다. 太宗 때에는 '文書應奉司'라고 했었다. 承文院에서는 원래 '吏文'을 학습하고 이를 製述하는 것이 主目的이었으나 吏文은 漢語와 밀접한 관련이 있었으므로 1431年(세종 13) 5月에는 承文院 안에서 漢語만을 使用하도록 한 일도 있었다. 따라서 承文院 官員들은 필수적으로 漢語를 학습한 것으로 보인다.

公은 26세인 1434年(세종 16)에 壯元及第하여 바로 集賢殿 學士가 되었으나, 公이 及第 이전이나 급제 이후에 漢語를 학습하여 이러한 素養이 있었기에, 『韻會』 注音事業에 참여하고, 漢音에 밝아야만 가능하였던 『東國正韻』 편찬사업에서도 주요한 구실을 하였을 것이다.

(3)『東國正韻』 편찬사업

위에서 말한 바와 같이, 세종은 우리나라의 전승한자음을 정리하여 標準韓國漢字音을 설정하려는 목적에서 음운학 전공자들에게 『동국정운』을 편찬시켰다.

이 사업이 언제 시작되었는지 확실하지 않으나, 『고금운해거요』에 대한 한글 주음 사업이 중단된 이후 그 뒤를 이어서 진행된 것 같다. 이 사업에 참여한 학자들은 『훈민정음해례본』 집필자와 거의 같아서 1447년(세종 29) 편찬 완료 당시의 직급은 守 集賢殿 直提學(3品) 文靖公, 守 集賢殿 應敎(4品) 申叔舟, 守直集賢殿 成三問, 同 朴彭年, 守 集賢殿 校理(5品) 李塏, 守 吏曹正郎 姜希顔, 守 兵曹正郎 李賢老, 守 承文院 校理 曺變安, 承文院 副校理 金曾이었다.

『동국정운』은 1447年(세종 29) 9月에 6卷으로 편찬 완료되고 1448年(세종 30) 10月에 출판되었다. 그런데 『동국정운』 편찬을 맡았던 공들은, 傳承韓國漢字音을 한국한자음의 특징으로 생각하지를 않고 중국본토의 한자음 체계에서 벗어난 '訛'라고 생각했었다. 그래서 한국한자음 체계를 하루라도 빨리 바로잡지 않는다면 날이 갈수록 잘못된 음이 더욱 심해져서 도저히 돌이킬 수 없는 폐단이 생길 것이라고 하였다. 그 결과 『동국정운』 편찬 때 傳承 韓國漢字音의 特徵을 다음과 같은 方向으로 돌리는 쪽으로 잡았다.

1) 원래 溪母(k'-)였던 음을 見母(k-)로 발음하고 있는 한국한자음은 'k'-'음으로 바로잡는다.

2) 원래 溪母(k'-)였던 음을 曉母(h-)로 발음하고 있는 한국한자음은 'k'-'로 바로잡는다.

3) 한국한자음에서 발음되지 않고 있던 탁음(전탁음)을 되살려 쓰도록 한다. 다만 이 당시의 학자들은 전탁음을 된소리로 인식하였던 것 같다.

4) 한국한자음에서는 4성이 분명치 않아, 특히 운미 '-t'을 '-l'로 발음하고 있는 것을 '-t'으로 발음하도록 한다. (단 ㄷ→ㅀ 형식으로 함)

5) 우리말에는 첫머리에서 'k'-'음으로 발음하고 있는 어휘가 많으니, 한국한자음에서도 초성에서 'k'-'음을 발음하도록 한다.

이리하여, 『東國正韻』 初聲體系는 訓民正音 초성체계와 마찬가지로 23체계로 정리되었다. 『동국정운』 편찬자들이 중국본토의 字音체계에 맞춘다고 하면서도 중국의 36字母體系대로 하지 않은 것은 또 하나의 원칙을 가지고 있었기 때문이다. 공과 함께 『동국정운』 편찬에 참여하였던 申叔舟가 쓴 '서문'에서는 이러한 방침을 다음과 같이 말하고 있다.

> 字母之作 諧於聲耳 如舌頭舌上唇重唇輕齒頭正齒之類 於我國字音 未可分辨 亦當因其自然 何必泥於三十六字乎.
>
> 자모를 분류하여 만드는 것은 성모를 고르게 할 뿐이라, 예를 들면 설두음과 설상음, 순중음과 순경음, 치두음과 정치음 같은 것은, 우리나라 한자음에 있어서는 이를 구별할 수 없으니, 꼭 중국 36자모에 사로잡힐 필요가 있습니까!

이것은 중대한 증언으로서 우리나라 한자음이 중국의 中古音(7세기~10세기)보다도 그 이전 단계인 上古音이나 魏晉南北朝時代(3세기~6세기)音을 유지해 온 것을 증언한 것이다.

즉 6세기 이전에는 漢音에서도 舌頭音과 舌上音, 脣重音과 脣輕音, 齒頭音과 正齒音이 傳承 韓國漢字音처럼 分化되어 있지 않았었다. 따라서 우리나라 한자음이 6세기 이전 시기의 漢音을 받아들인 것으로 인정할 수 있다.

이리하여 우리나라 한자음을 23성모체계로 하고, 한자음의 높낮이에 따라 한자들을 平上去入 4聲으로 분류한 다음 한자음의 韻을 91운으로 정리한 『동국정운』 6권을 편찬하였다. 91韻은 1444년에 한글로 注音을 시도했던 중국의 『고금운회거요』의 字母韻체계를 기준으로 한 것으로서, 자모운이란 13세기 漢語의 현실 韻母體系를 말하는 것이다. 중국 운서의 이러한 분류법을 근거로 하여 15세기 우리나라 한자음을 정리하여 표준 한국한자음이 될 수 있도록 편찬한 것이 『동국정운』이다.

세종은 『동국정운』 편찬이 완료되자 이 운서에서 제시한 한자음을, 우리나라에서 간행되는 모든 서적 안의 한자에 한글로 기록하게 하였다. 이리하여 1447년(세종 29)에 간행된 『釋譜詳節』, 『月印千江之曲』부터 시작하여 세조 때 刊經都監에서 대대적으로 刊行한 『圓覺經』 등 여러 佛經의 한자에 한글로 '東國正韻式 漢字音'을 꼬박꼬박 기록했었다.

2) 文靖公과 歌詞

文靖公은 中國音韻學에 관한 素養 이외에도 歌詞와 韻律方向에 깊은 造詣가 있었던 것으로 보인다. 위에서 보인 一覽表를 보면 公이 관여한 歌詞와 韻律 方面 업적은 다음과 같이 많다.

(1) 『龍飛御天歌』 보완작업 참여

세종은 조선의 건국이 무력에 의하여 이루어진 것이 아니고 또한 건국의 이념으로 삼았던 儒敎에 어긋나게 易姓革命을 한 것이 아니라 하늘의 뜻에 의하여 이루어진 것을 증명하려고 하였다. 그래서 세종의 6대조인 穆祖로부터 太宗에 이르기까지 역대 조상의 功德에 의하여 저절로 이루어졌다는 사실을 증명하기 위하여 『용비어천가』를 짓고 주석을 붙이게 하였다. 『世宗實錄』 기사에 따르면, '용비어천가'를 짓기 위하여 자료를 수집하기 시작한 것은, 훈민정음이 창제되기 이전인 1442년(세종 24) 3월 1일이었다. 그리고 역시 『세종실록』의 기사대로 한다면 『용비어천가』 10卷은 125章의

歌詞와 이를 자세히 주석한 글로 엮어져서 1445년(세종27) 4월에 완성된 것으로 되어 있다. 즉, 실록기사에서는 "의정부 우찬성 權踶, 우참찬 鄭麟趾, 공조참판 安止 등이 『용비어천가』 10卷을 지어 올렸다."라고 되어 있다.

그러나 실지로는 『용비어천가』가 이때에 완전히 이루어진 것이 아니었다. 1447년(세종 29)에 文靖公이 쓴 「龍飛御天歌 跋文」에 의하면, 용비어천가 내용에 대한 補修와 註解, 그리고 어려운 한자나 구절에 대한 주석 등이 1447년 2월까지에 걸쳐서 이루어지고, 실지로 『용비어천가』가 간행되어 550部를 여러 臣下들에게 나누어준 것은 1447年(세종 29) 10月16日(갑술)의 일이었다. 이러한 과정에서 보수 작업을 직접 맡은 학자들은 그 무렵 『훈민정음해례본』 집필에 참여하였던 文靖公, 박팽년, 강희안, 신숙주, 이현로, 성삼문, 이개 등과, 辛永孫이었다. 『용비어천가』 보수작업을 마치면서 문정공이 발문을 쓴 것을 보면, 공은 세종시대에 조선의 언어학을 대표하는 학자인 동시에 歌詞에 밝았던 학자였음을 알 수 있다. 이러한 사실은 다음과 같은 업적으로도 증명된다.

(2) 『明皇誡鑑』 歌詞 번역

『東文選』 권94에 실려 있는 朴彭年의 序文에 의하면, 1441年(세종 23년, 明 正統 6) 9月에 세종은 唐 明皇(玄宗)과 楊貴妃 間에 있었던 여러 가지 故事를 각종 문헌에서 수집하여 『明皇誡鑑』을 편찬시켰다. 편찬담당자는 戶曹參判 李宣, 集賢殿 副修撰 朴彭年, 著作郎 李塏 등이었으며, 故事를 그림으로 그리고 간략하게 事蹟을 붙였다. 세종은 이를 보고 漢文으로 된 168章의 歌詞를 親製하였다.

이 漢文歌詞를 문정공이 중심이 되어 우리말로 번역하였다. 공의 문집인 『太虛亭集』 卷 1에 실려 있는 「明皇誡鑑序」에는 다음과 같이 되어 있다.

上卽位之八年夏五月 召臣某若曰 我世宗博觀前籍 圖恢後規 嘗聽唐明

皇故事 手制歌詞一百六十有八章 逐節略敍其事 成敗暸於偶對 鑑戒昭於詠歎 婉而顯 暢而窅 誠萬世之龜鑑也 予常服膺先猷 克惕往躅 茅慮敍事旣簡 謏聞難該 爾其更加刪潤 並著註解

주상전하 즉위하신 지 8년 여름 5월에 신 아무를 불러 말씀하셨다.

“우리 세종께서 예전 서적을 널리 보시고 뒷날의 규모를 갖추고자 하여 일찍이 당 명황의 옛일을 캐내서 손수 가사 168장을 지어 대문마다 그 사실을 서술하셨다. 성공과 실패를 대구(對句)로 보이고 감계를 영탄으로 나타내어 말씨가 완곡하면서도 드러나고, 조리가 있으면서도 이슥하니 진실로 만세의 귀감이다. 나는 항상 선세의 아름다운 정책을 생각하고 지난날에 끼친 자취를 회복하려 하는데, 다만 서술한 사실이 너무도 간략하여 소소한 문견으로는 알기 어려울까 염려되니 경은 다시 수정을 가하고 주해를 지으라.”

英祖 때까지 寫本으로 전해온 諺解本의 내용은 다음과 같다.

與臣某某 旁攷諸書 謹就添改 仍係音義 并附事蹟之不入歌詞者 用資多聞 又會儒士 譯以諺語 河城尉等 讎校 永膺大君等 再校 臣與某某重校 書成以進 賜名曰明皇誡鑑 且命臣序文

신하 모모로 더브러 모든 글을 상고ᄒᆞ야 더ᄒᆞ며 고티기를 삼가ᄒᆞ고 인ᄒᆞ야 음의를 ᄆᆡ며(붙여) 가ᄋᆞ로(아울러) ᄉᆞ적이 가ᄉᆞ의 드니 아닌 거술 ᄇᆞ터 ᄡᅧ 문견을 ᄌᆞ뢰ᄒᆞ게 ᄒᆞ고(많이 들을 수 있게 하고) ᄯᅩ 유ᄉᆞ롤 모화 언문을 번역ᄒᆞ고 하셩위 등이 교졍ᄒᆞᆫ 후 영응대군 등이 두 번 교졍ᄋᆞ(ᄒᆞ)고 신이 모모로 더브러 다시 교졍ᄒᆞ야 글이 일매(이루어지매) ᄡᅧ 나으니 일홈을 주샤 ᄀᆞᆯᄋᆞ샤ᄃᆡ 명황계감이라 ᄒᆞ시고 ᄯᅩ 신을 명ᄒᆞ샤 셔롤 지으라 ᄒᆞ시니

위와 같은 기사에서, 공이 중심이 되어 世宗親製 漢文歌詞 168首를 번역하였다는 것을 알 수 있다. 『世祖實錄』에는 이 과정이 다음과 같은 기사로 나타나 있다.

세조 9년 5월 15일(계묘)

永膺大君, 都承旨 洪應, 前 尙州 牧使 金守溫 등에게 『明皇誡鑑』의 歌詞를 번역하게 하였다.

세조 9년 5월 16일(갑진)

또 中樞院使 崔恒, 藝文提學 李承召, 直藝文館 李永垠, 成均博士 朴始亨 등에게 『明皇誡鑑』 歌詞를 번역하게 하였다.

위와 같은 기사에는 公이 서문에서 某某라고 한 사람들의 이름과, 공이 중심이 되어 번역했음이 기록되어 있다.

다만 문정공의 「명황계감서」는 "上卽位之八年夏五月 召臣某若曰"로 시작하고 있어서 『명황계감』 가사에 대한 보완작업은 세조 8년에 시작하고 가사 번역은 세조 9년에 완성한 것으로 보인다.

이보다 앞서서 1454年(단종 2)에는 「功臣宴曲」을 찬진하였고, 1463年(세조 9)에는 「定大業」·「保太平」 歌詞를 改作하고 1467年(세조 13)에는 「北征歌詞」 3章을 찬진하였다.

(3) 「定大業」·「保太平」 歌詞 改作

「定大業」은 宗廟祭禮의 亞獻과 終獻에 연주하는 樂舞로서 1447年(세종 29)에, 世宗이 祖宗의 武功을 찬미하는 내용으로 친히 창제하여 會禮樂으로 사용하였다.

「保太平」은 종묘제례의 초헌에 연주하는 악무로서, 1447年(세종 29)에 역시 세종이 조종의 文德을 찬미한 내용으로 친히 창제한 회례악이다.

세조 때에 이르러 1463年(세조 9) 12月에, 世祖가 文靖公으로 하여금 世宗이 창제한 악장의 뜻은 그대로 두고 줄여 고치도록 하였으며, 곡조도 改作하였다. 이리하여 「定大業」과 「保太平」이 함께 宗廟제례악으로 채택되어 현재까지 傳承되어 오고 있다.

이러한 여러 업적으로 보아 公은 歌詞와 音律 분야의 專門家였던 것 같다.

3) 儒教國家 確立에 獻身한 公

朝鮮時代에는 社會秩序를 유지하기 위하여 '禮'를 매우 중히 여겼었다. '禮'는 國家와 宮室의 모든 儀式의 基本이었다.

文靖公은 '禮'와 관련이 있는 『國朝五禮儀』와 『經國大典』의 편찬에 참여하였다. 또 兵法 관계 註解事業에도 참여하였는데, 國家確立과 연관이 있는 것으로 보아 이 항에 넣었다.

(1) 『國朝五禮儀』 注

公은 1444年(세종 26)에 『五禮儀』 주석사업에 참여하였다.

이 『오례의』는 朝鮮朝初에 五禮(吉禮, 賓禮, 嘉禮, 軍禮, 凶禮)를 중심으로 한 官·民의 모든 의식 절차를 제정한 책이다. 세종 때 王命으로 許稠 등이 편찬하기 시작하여 世祖 때에도 찬술을 계속하여 1474년(성종 5)에 申叔舟, 鄭陟 등이 완성하였다. 이 『오례의』는 거의 같은 시기에 완성된 『경국대전』 중의 『禮典』으로 들어가게 되었다. 따라서 『경국대전』 편찬에도 참여한 문정공은 처음부터 끝까지 참여한 셈이다.

(2) 『經國大典』 편찬 참여

『경국대전』은 朝鮮朝 500여년 동안 통용된 基本法典이었다. 朝鮮朝에서는 建國初부터 世宗 때까지 『經濟六典』 등을 준용해 오다가, 世祖가 즉위한 후에는 六典祥定所를 설치하고 統合法典인 『經國大典』 편찬에 힘을 기울였다. 그리하여 1460년(세조 6)에 『戶典』이, 1461년(세조 7)에 『刑典』이, 1466년(세조 12)에 『吏典』·『禮典』·『兵典』·『工典』이 편찬되었다. 이 『丙戌大典』은 완전하지 못하여, 그 뒤 보완작업이 계속되어 1469년(예종

元)에 『己丑大典』, 1471년(성종 2)에 辛卯大典, 1485年(성종 16)에 『乙巳大典』이 편찬되어 1485년(성종 16) 1월 1일부터 최후의 『乙巳大典』이 조선조의 기본법전으로 시행되었다. 이와 같이 『경국대전』은 30년간에 걸쳐서 편찬되었는데, 그동안 공을 비롯하여 여러 학자들이 이 편찬사업에 참여하였다.

1469년(예종 元)에 쓴 徐居正의 「經國大典序」(소위 己丑大典)에는 寧城府院君 崔恒, 右議政 金國光, 西平君 韓繼禧, 右贊成 盧思愼, 刑曹判書 姜希孟, 左參贊 任元濬, 右參贊 洪應, 同知中樞府事 成任, 戶曹判書 徐居正이라고 하여 문정공도 참여하였다고 했다. 공은 이 책에 箋文을 썼다. 이 때 공의 직함은 다음과 같았다.

> 輸忠衛社協贊靖難佐翼功臣 大匡輔國崇祿大夫 寧城府院君兼領春秋館事 臣崔恒

이 『己丑大典』은 공과 鄭昌孫, 申叔舟, 韓明澮, 徐居正 등 여러 人士들이 校正作業을 계속하여, 1470年(成宗 元) 10일에 寧城府院君이었던 공 등이 『校正經國大典』을 進上하여 1471年(辛卯, 성종 2) 1月 1日부터 遵行하기로 했었다. 이를 『辛卯大典』이라 한다. 그러나 大典의 補完作業은 그 뒤로도 계속되었으며, 1484年(성종 15) 7月에야 끝났는데, 공은 1474年(성종 5) 4월 28日에 세상을 떴다.

(3) 『東國通鑑』 편찬 참여

1458년(세조 4)에 편찬이 시작되어 1485년(성종 16)에 완료된 역사책으로, 신라초부터 고려말까지의 역사를 기록하였으며 56권이다. 문정공과 申叔舟, 徐居正 등 여러 사람이 참여하였으며, 金富軾의 『三國史記』와 權近의 『東國史略』의 내용을 보완하기 위하여 편찬되었다.

(4)『資治通鑑』관련 사업

北宋의 司馬光 등이 편찬한『資治通鑑』을 南宋의 朱熹가 春秋筆法으로 정리하여『資治通鑑綱目』을 지었다. 文靖公은 세종 때 집현전 중심으로 진행된『資治通鑑訓義』편찬사업에 참여하였고, 문종 때에는『資治通鑑綱目訓義』찬수 사업에 참여하였다.

(5)『御製兵將說』주해

1461년(세조 7) 9월에 세조가 친히 지은『兵將說』에 藝文館 大提學 崔恒, 左議政 申叔舟, 藝文館 提學 李承召, 刑曹判書 徐居正 등이 주해와 부록을 덧붙여 1462년(세조 8)에 간행한 兵書이며 單卷 1冊의 乙亥字(세조 원년 주조자)本이다.

本文은 兵說과 將說로 되어 있다.

文靖公의 箋과 申叔舟의 序가 있다.

(6)『御製諭將說』序

문정공은 世祖가 지은『御製諭將說』을 申叔舟 등과 함께 1463年(세조 9)에 註解하고 序文을 썼다.『유장설』에서는 장수가 태만하지 말고 노력해서 국가의 綱紀를 바로잡도록 한 訓戒를 성리학의 정신에 입각해서 설명하고 있다.

(7)『武經』註解

文靖公의 著述一覽表에는 다음과 같이 나타나 있다.

1460年(세조 6)	兵書註解	공 주해
1460年(세조 6)	孫子註解(校正)	공 외 9인
1463年(세조 9)	兵書新註	공 교정
1467年(세조 13)	行軍須知註	공 외 3인

1469年(예종 1) 武定寶鑑 공 찬술

이상의 表를 보면 『孫子』와 『行軍須知』 이외에는 兵書의 이름이 구체적으로 밝혀져 있지 않으므로 어떠한 兵書를 주해했는지 알 수가 없다. 그러나 공의 文集인 『太虛亭集』 권2에는 「武經跋」이 수록되어 있다.

원래 『武經』은 『武經總要全書』를 말하는 것으로서 『武經七書』(六韜, 孫子, 吳子, 司馬法, 三略, 尉繚子)의 要語와 역대 諸家들의 用兵之法을 모아 엮은 책이며, 『百戰奇行』과 『行軍須知』등도 포함되었었다. 「武經跋」에서는 다음과 같이 말했다.

> 嘗觀藝文志 兵家者流 無慮數百 而太公・黃石・司馬・孫・吳・尉・李之書 爲其冠冕 世所傳武經七書是已
>
> 일찍이 『예문지』를 보니 兵法을 기술한 책이 무려 수백에 달하는데, 太公(周나라 呂望의 『六韜』), 黃石(韓나라 黃石 公의 『三略』), 司馬(齊나라 司馬穰苴의 『司馬法』), 孫(周나라 孫武의 『孫子』), 吳(전국시대 魏나라 吳起의 『吳子』), 尉(周나라 尉繚의 『尉繚子』), 李(唐나라 李靖의 『李衛公問對』)의 책이 우뚝 섰으니, 이것이 세상에 전해오는 『武經七書』다.

그리고 이어서 『孫子』는 잘못이 많은 대로 11家의 註解가 있으나 나머지는 아직도 註解가 되어 있지 않아서, 文宗 때부터 王命으로 口訣부터 시작하여 註解를 했다고 하였다.

(8) 『武定寶鑑』 찬수

『무정보감』은 朝鮮 建國初부터 睿宗 때까지 발생한 국내의 政變과 전쟁, 외침사건의 전말을 기록한 책으로서, 공 등이 1469年(예종 1) 7월에 찬진한 책은 현재 전하지 않으며, 후편인 『속무정보감』만이 전하고 있다.

(9)『北征錄』校正

『北征錄』은 1460年(세종 6)에 六鎭의 북쪽 毛憐衛에서 女眞族을 정벌한 내용을 기록한 책으로서 1468年(세조 14)에 申叔舟・李克堪 등이 왕명으로 편찬하였고, 公이 교정을 하였다.

4) 文靖公이 執筆한 序跋들

文靖公은 대학자로서 世祖를 도와 文物制度의 整備에 크게 공헌하였으며, 文章에 능하여 당시 明나라에 내는 使臣의 表箋을 거의 담당했다고 하며, 世祖 때의 刊行物에 序와 跋文을 쓴 경우가 많았다. 다음에 몇 예만 들어보겠다.

(1)『張寧皇華集』序

『皇華集』은 1450年(세종 32)부터 1633年(인조 11)까지 明나라에서 온 使臣과 우리나라의 接待官이 唱和한 詩와 그들의 文을 수록한 詩文集이다.

문정공이 서문을 쓴『張寧皇華集』은 1460年(세조 6)에 勅諭使로 온 張寧과 武忠 가운데, 張寧과 遠接使 朴元亨, 申叔舟, 尹子雲, 李克堪 등의 唱和詩와 張寧이 뒤에 交分이 있는 朝鮮사람들에게 써 준 題・論・辨 등의 雜文이 실려 있다.

(2)『訓辭』後序

세조가 王世子(나중의 睿宗)를 가르치기 위하여 1458年(세조 4)에『訓辭』10조를 만들어준 것을, 金鉤, 金末 등 9명의 신하가 註解를 해서 바치고, 문정공이 序를 썼다. 1461年(세조 7)에 乙亥字로 刊行되었으며 奎章閣에 原本이 소장되어 있다.

(3)『觀音現相記』

1462년(세조 8)에 世祖가 上院寺에 갔을 때 觀世音菩薩이 現出한 奇蹟을 공이 기록한 책이다. 1책(7장) 圖(畵報)와 說明文이 있다.

(4)「十二駿圖贊幷序」

1463年(세조 9)봄에 세조가 등극 이전에 사용하던 名馬 12匹에 대하여 글을 쓰라고 하여, 공이 12匹의 出生地와 특징 등을 설명하고 태조와 世宗 등 역대 왕들의 말에 대해서도 그 특징을 설명하였다.

(5)「經書小學口訣跋」

經書와 小學 등에 대하여 世祖와 여러 臣下들이 口訣을 정하고 수정한 경과를 적은 글이다. 문정공이 일에 참여하고 발문을 썼다.

(6)「耆英會記」

1473年(성종 4)에 議政과 二品 이상의 벼슬을 지낸 자로서 70세가 넘은 노인들에게 酒宴을 베푼 내용을 적은 글이다.

(7)『易學啓蒙要解』跋

『易學啓蒙要解』는 世祖가 潛邸에 있을 때『易學啓蒙』을 탐독하고 여러 학자들에게 문의하여 지은 것으로서, 文靖公 등이 세조의 명을 받들어 교정하여 올리고 1466年(세조 12, 명 成化 2) 2月에 公이 跋文을 썼다.

(8)『懿敬廟玉冊』찬진

'懿敬廟'는 조선 成宗의 生父인 德宗의 묘호로서, 世祖의 아들이며 성종의 아버지다. 덕종은 병으로 20세에 세상을 떴으며 능은 敬陵에 있다. 1471年(성종 2)에 德宗으로 追尊되어 이때 尊號를 지어 올릴 때의 頌德文을 새긴 簡策이『懿敬廟玉冊』인데 이 글을 公이 찬진하였다.

3. 맺는 말

이상에서 간단하게나마 文靖公의 生涯와 業績에 대하여 세 分野로 나누어서 고찰해 보았다.

다시 요약하면 다음과 같다.

1. 公은 文字와 音韻學에 관한 지식을 활용하여 세종이 기도하고 있던 고유문자 창제사업을 적극적으로 輔弼하여 『訓民正音解例』 집필에 참여하였다.

2. 公은 세종이 계획한 傳承 韓國漢字音 整理 및 體系化 事業에 참여하여 『東國正韻』 편찬을 完成시켰다.

   또 한편으로 『蠶書』를 한글로 번역하고, 『小學』·『四書』의 ㅁ訣을 정하며, 『御馬法』 언해사업 등에 참여한 것으로 보면, 공이 새 우리 固有文字인 訓民正音(한글)에 대해서도 통달하고 있었음을 알 수 있다.

3. 公은 韻律과 歌詞 分野에도 천부적인 재능이 있었던 듯하여, 『龍飛御天歌』 보수, 『功臣宴曲』 4章 찬진, 『明皇誡鑑』 歌詞 번역, 「定大業」·「保太平」 歌詞 改作, 「北征歌詞」 3章 찬진 등에서 중요한 구실을 하였다.

4. 公은 經學에 대한 해박한 지식을 바탕으로 하여 儒教國家 確立에 필요한 『五禮儀』 注 찬진, 兵書 주해, 『經國大典』 편찬 등에 참여하여 국가에 크게 공헌하였다.

5. 公은 16年 동안 集賢殿 專任學士를 역임한 뒤, 承政院 都承旨, 刑

曹·工曹·吏曹·兵曹判書 등에다가 領議政까지 政府의 要職을 두루 거치면서도, 위에서 살펴본 바와 같은 업적을 남겼다는 것은 참으로 놀라운 일이다.

이상에서 간단하게나마 文靖公의 生涯와 業績에 대하여 세 分野로 나누어서 고찰해 보았다. 公은 文字와 音韻學 知識을 활용하여 世宗이 企圖하고 있던 固有文字 創製事業과 傳承 韓國漢字音 整理事業을 보필하였고, 천부의 재능으로 韻律과 歌詞 분야 정리, 經學에 대한 해박한 지식으로 儒教國家 確立에 크게 공헌하였다.

공은 조선 초기에 文臣으로 활동한 崔士柔(1372~1455, 증 영의정) 공의 아들이다. 士柔공은 1399년(정종 1)에 生員·進士試에 모두 합격하고 1402년(태종 2)에 文科로 급제한 다음 여러 관직을 거쳐 成均館 司藝에 이르렀었다. 文靖公은 이러한 집안의 전통을 이어서 官職과 學問 분야에서 크게 활약하였던 것이다.

참고 문헌

姜信沆(2003), 『修正增補 訓民正音研究』, 成均館大學校出版部.
金一根 編校(1991), 『明皇誡鑑諺解』, 書光.
崔明宰(1997), 『訓民正音과 崔恒先生』, 精文堂.
崔承熙(1966·67), 「集賢殿研究」, 『歷史學報』 32·33.
『太虛亭集』

崔世珍의 음운 연구

1. 머리말

崔世珍(1468~1542)은 평생 동안 漢語의 통역과 번역, 中國本土漢字音(이하 漢音이라고 함)의 연구에 종사한 漢語譯學者이었으나, 韓國漢字音(高麗譯音, Sino-Korean, 이하 韓漢音이라고 함)에 대해서도 관심을 가져서 이를 『訓蒙字會』(1527)에 수록된 한자의 음으로 보이었다. 그러므로 최세진의 음운 연구는, 훈몽자회 한한음의 音系와 『四聲通解』(1517) 수록자에 표시된 漢音의 음계로 나누어서 고찰할 수 있다.

2. 최세진과 한국한자음(韓漢音)

최세진은 漢音을 나타내는 『사성통해』를 1517년(중종 12)에 지은 뒤, 10년 만인 1527년(중종 22)에 『훈몽자회』를 지었다. 따라서 최세진이 『훈몽자회』 안의 한자들에 注音한 한한음은 그가 『사성통해』에서 나타낸 한음을 많이 반영하였을 것이라고 추측하기 쉽다. 그러나 최세진이 『훈몽자회』에서 보인 한한음은 몇 종류의 음을 제외하고는 거의가 16세기의 한한음을 나타낸 것이었다.

조선시대에, 우리나라 한자음을 최초로 한글로 기록한 서적은 『東國正

韻』(1447)이었다. 이 운서 곧 한한음사전은, 15세기의 傳承 한한음을 기초로 해서, 申叔舟, 成三問 등이 세종의 명을 받들어 편찬한 것이었으나, 漢音의 음계와 일치되지 않는 일부 한자음은 이를 잘못 전해 온 것으로 보고 인위적으로 고친 것도 있었다.

그러나 『훈몽자회』에 나타난 한자음에는 전승한한음과 어긋나는 음이 매우 적다. 세종이 바로잡으려고 생각해서 표준한국한자음용으로 편찬시킨 동국정음 음계는 한글 창제 후 여러 가지 諺解書(주로 佛經 諺解)에서, 한자음을 한글로 표기하는 데 쓰이었다. 그러나 이와 같은 인위적인 규범음을 대중은 받아들이지 않았다. 그래서 성종 때부터는 언해서에 나타나는 한자의 음을 동국정운식 개정음으로 표시하지 않았다. 그 대신 1476년(성종 7년, 성화 12년)에 간행된 『千手天眼觀自在菩薩大悲心陀羅尼經』부터는 한자음을 한글로 표기할 때 전승한한음을 표기했었다.

다음에 『훈몽자회』의 성격을 알아보기 위하여 『六祖法寶壇經諺解』(1496, 燕山君 2년) 안의 한한음과 『훈몽자회』의 한한음을 비교해 보겠다. 참고로 동국정운음도 함께 기록하되 입성자와 성조별 표시는 생략하였다.

例字	東正	六祖	訓蒙	例字	東正	六祖	訓蒙
壇	딴	단	단	關	관	관	관
彈	딴	탄	탄	間	간	간	간
蘭	란	란	란	山	산	산	산
岸	안	안	안	眼	안	안	안
讚	잔	찬	찬	仙	션	션	션
觀	관	관	관	善	쎤	션	션
官	관	관	관	便	뼌	편	편
原	원	원	원	蓮	련	련	련
員	원	원	원	見	견	견	견
院	원	원	원	賢	현	현	현

泉	쭨	쳔	쳔	田	뗜	뎐	뎐
萬	먼	만	만	縣	ᅘᅧᆫ	현	현
前	쪈	젼	젼				

위에서 25자의 예만 보기로 보이었으나, 『훈몽자회』의 음은 어디까지나 전승한한음을 기록한 것임을 알 수 있다. 그런데 『훈몽자회』에서는 한 가지 음계만을 나타낸 것이 아니었다. 간혹 몇 종류의 음을 기록한 예가 있다. 이 가운데에는 『동국정운』 편찬자들과 똑같은 생각으로 우리나라 전승한한음을 '바로잡으려고' 한 것이 있고, 중국본토자음인 漢音을 빌려온 것도 있다. 『훈몽자회』 범례 제5조에서는 다음과 같이 말하였다.

> 凡字音 在本國傳呼差誤者 今多正之(무릇 한자음 가운데 우리나라에서 발음이 잘못 전해 오는 것은, 이제 이를 많이 바로잡았다.)

여기에서 지적한 '많이'가 어느 정도인지 알 길이 없으나 앞에서 제시한 『육조법보단경언해』 안의 전승한자음과 비교해 보면, 그렇게 많은 양은 아닌 것 같다. 이돈주(1979:42)에서는 최세진이 『훈몽자회』 안의 한자 아래에다 주를 단 한자음들을 다음과 같이 정리하였다.

① 정음(正音)을 앞세우고 현실음을 주기(註記)한 예
② 현실음을 앞세우고 정음을 주기한 예
③ 일자다음(一字多音)을 주기한 예

①에 해당하는 보기는 다음과 같다.

貉	학	本國音	락	厠	치	國音	측
鎌	렴	國音	겸	箚	잡	俗	차

이들 가운데 정음인 '厠치'와 속음인 '箚차'는 근세 한음이다. 따라서 현실음이 꼭 우리나라 음인 것은 아니다.

②에 해당하는 예로는 다음과 같은 자음들이 있다.

訐	알	正音	결	牒	잡	本音	텹
埃	애	정음	의	伉	항	정음	抗
餉	향	정음	샹	饘	젼	정음	鮮
苦	길	정음	결	饁	녑	정음	葉
轑	료	정음	老	弛	이	정음	始
貓	묘	정음	毛	枳	기	本音	止
畦	규	정음	奚				

이들은 이돈주(1979:43~47)에서 분석한 바와 같이 異音, 重音 또는 類推에 의한 속음을 기록한 예이며, '枳기'처럼 上古音을 전승해 온 현실음을 보인 예도 있다.

③에 해당하는 예를 이돈주(1979)에서는 41개 보이고 있다.

車	거	又音	챠	度	도	又音	鐸
刷	솨	又	솰	食	식	又音	四
鞘	쇼	又音	소	契	계	又音	乞
樂	악	又音	洛	髈	과	又音	庫

(이하 생략)

『훈몽자회』에서는 41자에 걸쳐서 又音을 한글이나 다른 한자를 가지고 표시하였다.

『훈몽자회』에는 漢音을 차용한 자음도 있다. 이들은 대부분 널리 쓰이지 않는 글자들의 음이다. 몇 예만 보이겠다.

例字	훈몽	반절	中古音	現漢音
箚	잡	竹洽	ȶăp	tʂa^{2}
鞋	혜	戶皆	ɣăi	ɕie^{2}
檛	좌	陟瓜	ȶwa	tʂua^{2}
雙	솽	所江	ʃăŋ	ʂuaŋ^{2}
揩	계	古喝	kai	tɕie^{4}
鎖	솨	蘇果	suă	suo^{3}
刷	솨	數刮	ʃwat	ʂua^{1}
孿	솬	生患	ʃwan	ʂuan^{4}
椿	좡	都江	taŋ	tʂuaŋ^{1}
蒜	숸	蘇貫	suân	suan^{4}

『훈몽자회』는 임진왜란 이전의 초간본으로 보이는 일본 比叡山本 이후 여러 번 간행되면서 釋·音·傍點과 글자 아래의 주까지 여러 면에서 차이를 나타내게 되었다. 따라서 이 글에서 설명한 것은, 초간본을 바탕으로 한 것이다.

이상에서 설명한 바와 같이 최세진은 어린이 한자 교과서로서 『訓蒙字會』를 상·중·하 세 권으로 나누어서 지었다. 모두 33항의 목록에 따라 각 권마다 1,120자, 합해서 3,360자를 수록하였으며, 한자의 뜻에 따라 全實之字(實字), 半實半虛字, 虛字로 구분하고, 한글로 한자의 음을 기록하였다. 이들 3,360자의 한자음은 16세기까지의 우리나라 전승한자음을 그대로 기록한 것이 대부분이며, 앞에서 설명한 대로 일부는 최세진의 主觀에 따라서 '바로잡은' 것도 있다. 이러한 한자음 표기 방법은 조선시대의 전통으로서, 중국 본토의 漢音음계와 일치가 되도록 대대적으로 바로잡은 운서가, 세종 때의 『東國正韻』(1447)이었고, 18세기에 편찬된 운서인 『華東正音通釋韻考』(1747), 『三韻聲彙』(1751) 등도 전승한자음을 바탕으로 하였으면서도 일부는 바로잡은 '正音'을 보이고 있다.

3. 최세진과 중국본토한자음(漢音)

1) 『사성통해』 편찬

최세진이 아동용 한자 학습서인 『훈몽자회』를 편찬하여 3,360자에 걸쳐서 16세기의 한국한자음을 보이었으나, 이 책은 체계적인 音系를 보이는 韻書는 아니었다.

최세진이 漢語 학습용으로 편찬한 『四聲通解』는 운서의 하나였다. 조선시대 譯學者들은, 한어 학습을 위해서는 漢音을 정확하게 표시하는 운서가 필요하다고 생각했었다.

최세진도 이러한 생각을 이어받아서 세종시대에 申叔舟 등이 편찬한 『洪武正韻譯訓(1455)을 개편한 『사성통해』를 편찬한 것이다. 따라서 『사성통해』의 성격을 알려면, 『홍무정운』(1375)의 성격부터 고찰해야 한다.

원래 운서라는 것이, 한어의 구두어나 현실 한음을 정확하게 나타내고 있는 것은 아니었다. 그런데도 세종시대의 학자들은, 명나라 태조가 편찬시킨 『홍무정운』이 한음을 학습하는 데 가장 권위가 있는 책으로 알고 있었다. 그래서 세종은 한글을 창제하자마자 1445년경부터 1455년(세종 27~단종 3) 사이에 『홍무정운역훈』을 편찬시키고, 이것을 간략하게 만든 『四聲通攷』(1455경)도 편찬시켰다. 『사성통해』는 『사성통고』를 다시 보충한 것이다.

그러므로 『사성통해』의 편찬 경위는, 『홍무정운』과 『역훈』, 『역훈』과 『사성통고』, 『사성통고』와 『사성통해』의 관계를 밝히는 순서로 살펴볼 수 있다.

(1) 『홍무정운』과 『홍무정운역훈』

『홍무정운』은 평・상・거・입 사성을 보존하고 31성모체계와 76운모체계로 이루어진 운서였다. 그런데 이 운서를 편찬할 때 명나라의 수도가 南京이었으며, 편찬자들이 대부분 남쪽 사람들이었던 관계로 『홍무정운』은 다음과 같은 특징을 가지고 있었다.

① 당시 중국 북방어에서는 이미 入聲이 없어졌었는데, 이 운서에서는 입성을 보존시켰으며, 평성도 陰과 陽으로 나누이었는데, 하나로 묶어서 성조를 평・상・거・입으로 하였고,

② 당시의 북방어에서는 성모가 20개이었는데, 全濁音을 존속시켜서 31성모로 하였다.

③ 운모 계통은 입성을 제외한 나머지 운을 평・상・거 각각 22개 운으로 해서 북방음을 나타낸 中原音韻처럼 대담하게 통합하였다.

신숙주 등은 이와 같은 『홍무정운』의 특징을 잘 파악해서 『홍무정운』 안에 수록된 한자들의 음을 한글로 표기하였다. 이 음들은 『홍무정운』에서 反切로 표시되어 있던 것인데, 이렇게 반절로 표시된 음을 한글로 옮기면서 이들을 正音이라 하였다. 『홍무정운역훈』 편찬자들은 당시 북방음에는 정음과 일치하지 않는 현실음이 있다는 것을 알고 있었다. 이것을 俗音이라고 하여 간혹 기록하였다.

(2) 『홍무정운역훈』・『사성통고』와 『사성통해』

그런데 16권 8책으로 이루어진 『홍무정운역훈』은 분량이 너무 많아서 이용하는 데 불편이 많았다. 이에 세종은 글자의 뜻풀이를 빼고 글자의 음만을 모은 책을 편찬하게 하였다. 이것이 『사성통고』다.

최세진은 음만 있고 글자풀이가 없는 『사성통고』에 불만을 가지고 있었다. 그는, 한어를 공부하려면 그 무렵까지 널리 쓰이어 온 『老乞大』와 『朴

通事』를 가지고 공부를 한 다음 『사성통고』를 가지고 한음의 정음과 속음을 공부해야 되는데, 음만 있고 뜻풀이가 없으면 바로 알기가 어렵다고 했다. 그래서 4년 동안 원고를 일곱 번 고쳐 써서 상·하 두 권으로 된 『사성통해』를 편찬했다.

(3) 『사성통해』 편찬

최세진은 한자의 음을 제대로 나타내기 위하여 『사성통해』를 지었는데, 이 책을 지을 때 정확한 음을 나타내기 위하여 여러 서적을 참고하였다.

우선 『홍무정운』, 『홍무정운역훈』, 『사성통고』를 기초로 하고(『蒙古韻略』, 『蒙古字韻』과 같은 책이라는 설이 있음), 『古今韻會擧要』, 『集韻』, 『中原音韻』, 『韻學集成』, 『中原雅音』 등 여러 운서도 참고하였다.

『사성통해』를 편찬하면서 글자[漢字]를 수록할 때에는, 『홍무정운』 곧 『홍무정운역훈』의 수록자를 거의 그대로 옮겨 싣고서, 늘 쓰이는 글자 가운데 빠진 글자가 많다고 하여 상당히 많은 글자를 보충하였다. 그 대신 별로 잘 쓰이지 않는 글자는 『홍무정운』에 수록되어 있더라도 빼어 버린 것이 있다.

글자의 뜻풀이[字釋]는 『사성통해』의 범례에서 밝혔듯이 『홍무정운』의 주해 대신에 黃公紹의 『운회』(사실은 熊忠의 『고금운회거요』)의 주석을 따서 수록자의 글자풀이로 썼다. 이 밖에 더 알기 쉽게 하기 위하여 450개 정도는 중세국어로 자석을 달았다.

이상에서 설명한 바와 같이 『홍무정운』의 형식과 수록자 및 글자풀이를 그대로 두고서 각 小韻(같은 운 안에서 성모와 운모가 같은 글자들)의 대표글자마다 한글로 음을 기록한 것이 『홍무정운역훈』이다. 이 역훈에서 글자풀이는 생략하고 수록되어 있는 글자만으로 운별로 분류하고, 같은 운 안에서는 31자모 순으로, 같은 자모 안에서는 평·상·거·입성 순으로 배열한 것이 『사성통고』였다. 『사성통해』는 『사성통고』의 형식과 음계, 그리고 소운 대표자를 그대로 두고서 글자의 순서를 고치고 여러 가지 운서의 음과

今俗音(최세진이 관찰한 16세기 중국 북방음)을 기록하고 글자 뜻풀이와 글자의 수를 보충하여 편찬한 운서였다. 그런데 최세진은 『사성통해』를 편찬하는 과정에서 먼저 『홍무정운역훈』에다가 글자와 글자풀이를 보충한 『續添洪武正韻』을 짓고 이것을 『사성통고』와 같은 체재로 개편하였다. 이것이 『사성통해』다.

이 『사성통해』의 두두러진 특징은 다음과 같다.

① 책의 체재는 『사성통고』와 같으나 수록자를 대폭 보태기도 하고, 때로는 몇 자 줄이기도 했다.

② 『사성통해』에서는 『홍무정운』의 반절을 옮겨 적지 않고, 『홍무정운역훈』에서 한글로 적었던 漢音만을 그대로 옮겨 적었다. 『홍무정운』에서 반절로 나타냈던 음을 『홍무정운역훈』에서는 正音이라고 했는데, 『사성통해』에서도 그대로 정음이라고 하였고, 『홍무정운역훈』에서 15세기 중국 북방음을 俗音이라고 하면서 가끔 기록했던 것을 최세진도 그대로 옮겨 적었다. 그리고 최세진이 관찰한 16세기의 중국 북방음을 역시 가끔 今俗音이라고 해서 적었다. 따라서 『홍무정운역훈』과 『사성통해』는 정음과 속음의 音系가 같아서 정음과 속음이 31성모이며, 76韻目(『사성통해』는 80운목)의 중성도 서로 같다.

③ 『사성통해』에서는 16세기 중국 북방음에서 이미 소실되었던 입성운미를 그대로 반영하여 『홍무정운역훈』의 정음을 옮겨 적으면서 입성운미만을 표기하지 않았다. 다만 藥韻의 입성만을 정음에서 ㅸ로 표기했다. 『홍무정운역훈』에서는 정음의 입성운미를 ㄱ ㄷ ㅂ으로 표기하고 속음의 입성운미는 ㆆ(단 약운만 ㅸ)으로 표기했는데, 『사성통해』에서는 속음의 입성운미로 ㆆ만을 기록하였다.

④ 『사성통해』에 수록되어 있는 글자의 순서는, 『홍무정운역훈』과 달랐고, 小韻 대표자도 가끔 달랐으며, 때로는 『홍무정운역훈』의 소운을 통합하기도 하였다. 이것은 최세진이 『몽고운략(몽고자운)』, 『고금운회거

요』, 『집운』, 『중원음운』, 『운학집성』, 『중원아음』 등의 운서를 참고해 가며 『사성통해』를 지을 때, 『홍무정운』과 『몽고운략(몽고자운)』에서 음이 같은 자부터 수록했기 때문이었다.

⑤ 『사성통해』에서는 정음 · 속음 · 금속음 이외에 몽고운략음 · 고금운회거요음 · 중원음운음 등을 기록하기도 하였다.

⑥ 글자의 뜻풀이는 주로 『고금운회거요』에서 취했는데, 글자의 뜻풀이 가운데에는 450여 단어에 걸쳐서 物名 등을 중세국어로 기록한 것이 있다.

2) 최세진이 보인 한음의 특징

(1) 성모(聲母)

『홍무정운』은 反切法으로 한자의 음을 나타냈다. 『홍무정운역훈』에서는 이렇게 반절법으로 표시된 음을 정리해서 『홍무정운』의 성모를 31로 하고 운모음과 운미음도 한글로 나타냈다. 이 31성모[字母]는 중국의 전통적인 36자모에서 知(지) · 徹(철) · 澄(징)모를 照(조) · 穿(천) · 牀(상)모에 합하고, 孃(양)모를 泥(니)모로, 敷(부)모를 非(비)모로 합친 것이다. 이 31자모는 당시의 중국 북방음의 20성모와 부합되지 않는다. 그런데 최세진은 그가 지은 『飜譯老乞大』와 『飜譯朴通事』의 범례에서 전탁음이 차청음으로 변화하였음을 지적하는 등 북방음을 잘 알고 있었으면서도 『사성통해』의 정음과 속음, 그리고 금속음의 성모에서는 이 31성모대로 표기했었다. 그러나 최세진은 1510년경에 지은 『번역노걸대』, 『번역박통사』에서는 20개 성모로 적었다.

31자모의 내용은 다음과 같다.

『사성통해』 첫머리에 실려 있는 「洪武韻 31字母之圖」

(한글의 음가도 함께 적는다.)

칠음	아음	설두음	순음重	순음輕	치두음	정치음	후음	반설	반치
전청	見ㄱ	端ㄷ	幫ㅂ	非ㅸ	精ᅎ	照ᅐ	影ㆆ		
	k	t	p	f	ts	tʃ	ʔ		
차청	溪ㅋ	透ㅌ	滂ㅍ		淸ᅔ	穿ᅕ	曉ㅎ		
	k'	t'	p'		ts‘	tʃ‘	x		
전탁	群ㄲ	定ㄸ	並ㅃ	奉ㅹ	從ᅏ	牀ᅑ	匣ㆅ		
	g	d	b	v	dz	dʒ	ɣ		
불청	疑ㆁ	泥ㄴ	明ㅁ	微ㅱ			喩ㅇ	來ㄹ	日ㅿ
불탁	ŋ	n	m	w			zero	l	z
전청					心ᄼ	審ᄾ			
					s	ʃ			
전탁					邪ᄽ	禪ᄿ			
					z	ʒ			

31자모의 특징은 전탁음(全濁音)을 보존시키고 있는 점이다. 이들 전탁음은 15세기 중국 북방음에서는 이미 다른 음으로 변했었는데, 『홍무정운』에서는 그대로 보존하고 있어서, 『홍무정운역훈』 편찬자들은, 한글로 31자모의 음을 적을 때, 한글의 각자병서로 적었다. 한글의 각자병서는 중세국어의 된소리를 표기한 것이었으나, 한음의 전탁음은 유성자음이었으므로, 『홍무정운역훈』의 전탁음을 표기한 한글의 각자병서도 유성자음을 표기한 것으로 보기도 한다. 그리고 31자모 안의 순경음은 ㅸ[f], ㅹ[v], 기타 ㆅ[ɣ] [zero]를 각각 나타내는 것이었다.

치두음은 문제가 없으나, 정치음을, 15세기 중국 북방음에서는 tʂ・tɕ, tʂ‘・tɕ‘, ʂ・ɕ・ʐ음이었다고 보는 견해와, tʃ, tʃ‘, ʃ, ʒ이었다고 보는 견해가 있다.

31성모체계 안에서도 속음에서는 의모(疑母, ŋ)와 유모(喩母, zero)가 크게 혼용되고 있으므로 이들을 하나로 묶으면 30성모가 된다.

(2) 운모(韻母)

한자의 음에서 성모(聲母, initial, 頭音)를 뺀 나머지 요소, 즉 개음(介音, medial), 주모음(主母音, principal vowel), 운미(韻尾, ending), 성조(聲調, tone)를 통틀어 운모라고 한다.

『홍무정운』(곧 홍무정운역훈)과 『사성통해』의 다른 점은 운모수뿐이다. 『홍무정운』은 76운인데 『사성통해』는 『홍무정운』의 76운 가운데에서 眞軫震質(진진진질)을 둘로 나누어 따로 文吻問物(문문문물) 등 네 운을 보태어 80운으로 하였으나, 진운에 포함되었던 'ㅣ ㅡ ㅜ ㅠ' 주모음을 'ㅣ'와 'ㅡ ㅜ ㅠ'로 나눈 것이어서, 『홍무정운(역훈)』과 『사성통해』 사이에는 음계상 차이가 없다.

『홍무정운』은 전통적으로 206운이나 107 또는 106으로 운을 나누어 오던 방식을 버리고, 현실음을 바탕으로 해서 대담하게 새롭게 76으로 운을 나누었다. 이리하여 성모(초성)체계는 남방음을 반영하여 31자모체계가 되고, 운모체계는 중원음운과 상당히 가까운 음계를 나타내게 되었다. 이러한 사실은 중국 북방음계를 나타내고 있다고 하는 『中原音韻』(周德淸, 1324), 『韻略易通』(蘭茂, 1442), 『韻略滙通』(畢拱辰, 1642) 등의 음계와 비교해서 확인될 수 있다. 그래서 趙蔭棠의 『중원음운연구』(1956)에서는 '남북을 혼합한 홍무정운'이라고 했다.

다음에 최세진이 『사성통해』에서 한음의 운모를 어떻게 기록하고 있는가, 하나의 예만 들어 보겠다. 『사성통해』의 운목번호 제1인 東董送屋(동동송옥)운은 곧 『홍무정운』의 동동송옥운이며, 또한 이것이 『홍무정운역훈』에서도 같은 운이다. 『홍무정운역훈』에서는 이러한 운에 정음과 속음을 기록하였고, 『사성통해』에서는 이들을 그대로 옮겨 적고 이따금 今俗音을 기록하였다. 그래서 다음에 이들 음과 한어의 中古音(7세기~10세기 음)과의 관계를 살펴보겠다. 중고음은 董同龢, 『漢語音韻學』의 추정음이며, 『중원음운』음도 동동화의 추정음이다.

	중고음	중원	정음	속음	금속음
1등	東 uŋ	東鍾	東董送		
	冬 uoŋ	uŋ	uŋ		ɨŋ(明母)
3등	東 juŋ	iuŋ	iuŋ	uŋ(일부)	uŋ(일부)
	鍾 juoŋ				

『중원음운』에서는 운을 크게 19韻類로 나누었으므로 東鍾(동종)운류와 『홍무정운』의 동동송운은 일치하지 않고, 『중원음운』의 동종운류가 『홍무정운』에서는 동동송운과 庚梗敬(경경경)운으로 나뉘어 수록되어 있다. 『홍무정운역훈』에서는 이를 구별하여 동운 계열은 웅(-uŋ), 융(-iuŋ)으로, 경운 계열은 잉(-iŋ), 읭(-ɨiŋ), 윙(-uiŋ), 윙(-iuiŋ)으로 기록하였고, 『사성통해』에서도 그대로 따랐다.

王力의 『漢語史稿 上』, p.191에서는 한어(漢語)의 역사상 通攝 곧 동운의 脣音 소속자들이 梗攝 곧 庚韻 소속자들의 開口呼인 fəŋ(風), məŋ(夢) 등으로 변한 예를 보이고, 이것은 -u- 앞의 p-, p'-, f-, m- 등 순음이 異化作用으로 변화한 북경음의 한 특징이라고 하였다. 그러나 『홍무정운역훈』음(곧 사성통해음)의 정음에서는 아직 이러한 상태를 보여 주지 않고, 순음 글자는 여전히 동운에 배열되어 있다. 그런데 『사성통해』의 今俗音에서는 순음의 蒙(몽)자 계열을 믕(mɨŋ)으로 표음하고 있다. 『사성통해』 전반을 통하여 볼 때 한글의 ㅡ(ɨ)는 중국자음(추정음) ə와 대응관계를 보이고 있는 경우가 많으므로, 한글로 표음한 mɨŋ은 실지로는 məŋ이라 할 수 있다.

明母자의 예를 몇 개 들어 보이겠다.

예자		蒙濛朦(평성)	蠓幪(상성)	夢懜懵(거성)
음	중원	muŋ	muŋ	muŋ
	정음	muŋ	muŋ	muŋ
	금속음	mɨŋ	mɨŋ	mɨŋ

동운 계열에서 금속음의 주모음을 ㅡ(-ɨ-)로 표기하고 있는 것은 明母 소속자뿐이지만, 금속음은 그 당시 곧 16세기의 중국 북방 현실음을 반영하고 있는 것이므로, 이 정도로 최세진은 북방음을 세밀히 관찰하고 있었다고 할 수 있다.

이 밖에 앞에서 제시한 한어 중고음의 -uŋ, -uoŋ, -juŋ, -juoŋ 계열의 운모는 근세음에서 -uŋ으로 변화한 것이 많다. 이러한 사실을 『사성통해』의 범례에서도 "동운과 경운은 또 중성의 ㅜ ㅠ의 발음이 서로 섞인 것이 역시 많다(東與庚則又以中聲ㅜㅠ之呼而相混者亦多矣)."라고 지적하고 속음과 금속음으로 웅(-uŋ)을 표음하고 있다.

운모의 일부분을 이루는 韻尾 가운데 入聲운미에 관한 표기는 『홍무정운역훈』과 『사성통해』 사이에 차이가 있다. 『사성통해』의 정음은 『홍무정운역훈』의 정음을 그대로 옮겨 적은 것이었으나, 『사성통해』에서 입성운미 표기만은 달리하였다.

예를 들면 東韻과 짝이 되는 『홍무정운』의 입성은 屋韻인데, 이것을 『홍무정운역훈』의 정음에서는 욱(-uk), 육(-iuk)으로 표기하고 『사성통해』의 정음에서는 우(-u), 유(-iu)로 표기했다. 이것은 역훈이 아직 입성운미를 보존하고 있던 남방음을, 『사성통해』는 이미 소실 단계에 있었던 북방음을 표기한 것이다. 14세기경부터 중국 북방음에서는 입성이 소실 단계에 있었으므로, 『홍무정운』 곧 『홍무정운역훈』의 음계를 그대로 옮겨 적은 『사성통해』에서도 이와 같은 사실을 외면할 수 없었던 것 같다. 속음만은 다 같이 입성운미를 ㆆ(-ʔ)으로 표기하여 입성운미가 -k(-t, -p) > -ʔ > zero로 변화하는 과정을 보여 주고 있다.

왕력의 『한어사고』 상 p.174에서는 옥운 소속자 가운데 현대어의 白話音이 -ou가 된 것이 있다고 하고 다음의 예를 들었다.

粥 tʂou　　軸妯 tʂou　　熟 ʂou　　肉 ʐou　　六 liou

이들에 대하여 『사성통해』의 금속음에서는 다음과 같이 표기하고 있다.

軸	금속음	혹	tʃiw	妯	금속음	tʃiw
熟	중원음운	ʃu	ʃiw			
肉	금속 又音	ʐiw				

이와 같이 최세진은 한음 입성의 변화상을 잘 알고 있었다. 그리고 입성 운미 이외의 운미에 대해서도 『사성통해』의 범례에서는 운미의 ㅁ(-m)음이 ㄴ(-n)으로 변화하고 있음을 지적하고 있다.

(3) 『번역노걸대』와 『번역박통사』에 기록된 한음

최세진이 16세기 중국 북방음을 속음이나 금속음보다도 오히려 대담하게 기록한 것은, 『사성통해』(1517)보다 2, 3년 앞서서 편찬한 것으로 인정되고 있는 『번역노걸대』와 『번역박통사』 안의 자음에 대한 표음에 나타나 있다. 이들 책에서는 책 안에 있는 모든 한자 밑에, 좌·우 두 종류의 음을 한글로 기록하였는데, 좌측음은 『홍무정운역훈』(곧 『사성통해』)의 속음이며, 우측음은 16세기 현실 북방음이었다. 이렇게 하나의 한자음을 두 가지로 기록하는 방식은 조선시대 譯學 관계 서적의 전통이 되었다.

최세진은 『번역 노걸대·박통사』 범례에서, 國音, 漢音, 諺音, 傍點, 非(ㅸ)·奉(ㅹ)·微(ㅱ) 三母, 淸濁聲勢之辨, ㅱㅸ爲終聲, 正俗音, 支紙寘三韻內齒音諸字 등 여러 항목에 걸쳐서 한한음과 한음 성조의 차이, 한음의 변화상에 관하여 자세히 언급하고 있다. 이에 대한 세밀한 고찰은 지면 관계로 생략한다.

4. 맺는 말

최세진은 중종조 때 크게 활약한 역학자였다. 그는 우리나라 한자음과 중국본토자음인 한음에 관하여 조예가 깊었다. 그가 남긴 한한음 자료인 『훈몽자회』와 한음 자료인 『사성통해』 및 『번역 노걸대·박통사』는 국어음운사와 한어음운사를 연구할 때 반드시 활용해야 될 귀중한 문헌이다.

(『새국어생활』 제9권 제3호, 99년 가을)

참고 문헌

姜信沆(1973), 『四聲通解硏究』, 新雅社.
李基文(1971), 『訓蒙字會硏究』, 韓國文化硏究所.
李敦柱(1979), 『訓蒙字會漢字音硏究』, 全南大學校大學院 博士學位論文.
王　力(1958), 『漢語史稿 上』, 北京：科學出版社.
董同龢(1968), 『漢語音韻學』, 台北：廣文書局.

李允宰－獄苦에 진 한글의 넋

1. 國文正理의 役軍

1940년, 간악한 日帝는 간악한 우리말 抹殺정책을 감행하여 국민학교(현 초등학교) 교사들을 그 앞잡이로 이용했다. 그들은 순진한 우리나라 어린이들의 얼[魂]을 빼어서 자기네 나라의 백성, 즉 皇國臣民을 만들 작정이었다. 우리 민족을 일본 天皇의 赤子로 만들어 놓으려는 일에 餘念이 없었던 것이다. 아침에 일어나면 천황이 있는 동쪽-궁성이 있는 도쿄를 향하여 절을 해야만 하였다. 집에서나 학교에서나 할 것 없이 일본말을 쓰도록 강요했다. 성과 이름을 일본사람 모양으로 바꾸라고 했다. 이 바람에 혀를 잘 놀려서 일본말깨나 하고, 일본사람에게 아첨을 하며 일본사람 행세를 잘하는 자들은 출세를 하여 富貴를 누릴 수 있었고, 혀가 안 돌아가서 우리말만을 쓴 사람은 소위 非國民 축에 끼어서 가는 곳마다 구박이 심하였다. 심지어 어떤 우리 동포들은 일본사람에게 아첨하는 나머지 일본식 옷을 걸치고 가정에서도 일본사람 행세를 하여 시골에서 갓 쓴 할아버지라도 찾아오는 날이면 通譯을 놓고 이야기를 한다는 소문까지 있던 시대다.

이런 판국에 우리말을 정리하고 우리말 사전을 만들고 우리말의 올바른 表記를 위한 正書法(한글 맞춤법 통일안)을 보급하려고 애쓴 사람이 있었다면, 그는 확실히 얼빠진 사람이거나 시대착오적인 사람으로 보였을 것이다. 그러나 그처럼 가혹한 일본 제국주의자의 탄압에도 굴하지 않고 우리말을 지켜온 사람들이 있었다.

李允宰(이윤재, 號는 桓山 또는 한뫼)도 그 중의 한 사람이다. 그렇다고 해서 이들은 얼이 빠졌거나 시대착오적인 妄想에 사로잡혀 우리말을 지킨 것은 결코 아니었다. 말이란 사람의 사상 감정을 전달하는 수단이므로 오랫동안 같은 말을 사용하는 사람들끼리는 같은 정신을 갖게 되고 거기에 그 나라 국민정신이 담겨지게 되는 것이다. 그리하여 일제는 갖은 수단으로 우리말을 말살함으로써 우리 동포를 일본사람으로 만들려고 했다. 우리 先覺者들도 이것을 잘 알기 때문에 이를 악물고 우리말을 守護하여 우리 얼을 지키려고 애썼으며 마침내 이로 해서 殉國까지 하였다.

우리말을 지켜온 분은 비단 이윤재 한 사람만은 아니었다. 그러나 우리가 일제의 가증스러운 우리말 말살 정책을 想起할 때면 으레 우리말을 지키다가 갖은 苦楚를 당하였던 사람들을 생각하지 않을 수 없다. 일제에게 갖은 고초를 당한 그들 중에서도 특히 이윤재는 끝내 일제의 모진 拷問(고문)을 못 이겨 차디찬 감방에서 숨을 거두고 말았던 것이다.

현대에 있어서의 국어·국문의 정리운동은 멀리 1894년의 甲午更張 무렵에까지 거슬러 올라간다. 그 당시 국어·국문에 대한 愛用熱은 최고조에 달했다. 조선 500년 동안 젖어온 慕華思想에서 벗어나 정치적·문화적으로 독립하려는 민중의 움직임은 자못 활발하였다. 이에 따라 당시까지 멸시를 받아오던 국어·국문을 애용하자는 운동이 크게 일어나, 建陽 원년(1896) 4월 7일에는 순국문판으로 『독립신문』이 민간인의 힘으로 발간되었고, 다음 해 정월에는 역시 순국문으로만 씌어진 李鳳雲(이봉운)의 『국문정리(國文正理)』라는 책까지 출판되었다. 이 책은 문법과 철자법을 간단히 언급한 책에 지나지 않았으나, 그때 벌써 순국문으로 이러한 책을 저술하였다는 것은 당시의 국어 애용열이 얼마나 높았던가 하는 것을 보여 주는 것이다. 실지에 있어서 『국문정리』의 서문에서 저자는 '국가의 독립을 위하여' '自主 정신을 확립하기 위하여' 국어를 애용하여야 하고, 국문을 애용하여야 한다는 것을 열렬히 주창하고 있다.

이러한 분위기 가운데 혜성과 같이 나타나 국어·국문을 가장 열심히 연구하고 국문의 普及을 위하여 헌신적 노력을 한 사람이 바로 周時經(주시경)이다. 그는 현대 국어학의 鼻祖라고 일컬어지는 분인데, 오늘날 국어·국문학을 공부하는 학자로서 그의 가르침을 직접 간접으로 받지 않은 사람은 별로 없다. 이윤재도 그의 영향을 받은 사람 중의 하나다.

그는 주시경에 대하여 다음과 같이 추모하는 말을 한 일이 있다.

> 한글의 바른 길을 잡아 주신 선생의 공적은 이제 새삼스러이 말할 것이 없습니다. 오늘날 한글 운동이 갈수록 더욱 발달하여 그 바른 본으로써 점점 통일에로 이르게 되었으니 이것이 모두 선생의 일생을 통하여 성(誠)과 역(力)을 오로지 여기에 쏟으신 결정(結晶)이 아니고 무엇이겠습니까? 우리말과 우리글이 있는 날까지는 선생이 영원히 살아 계실 것입니다. 그러므로 우리가 한 마디의 말을 하거나 한 자의 글을 쓰거나 어느 때든지 잠시인들 선생을 잊을 때가 있으오리까. (丁泰鎭, 『周時經先生』)

주시경의 감화가 얼마나 컸던가를 알 수 있는 이야기다.

2. 正書法의 確立

정서법이란 1933년 10월 조선어학회에서 제정 발표한 「한글 맞춤법 통일안(朝鮮語綴字法統一案)」을 말하는 것이다. 이것은 국어를 바르게 表記하려고 하는 사회적인 약속으로서, 오늘날 우리는 이것에 의하여 글을 쓰고 있다.

갑오경장 이후 국어·국문의 애용열이 高潮에 달했을 때, 우리나라 사람들에게 제일 먼저 부닥친 문제는 우리 한글의 표기법을 정리하여 올바른 정서법을 확립하는 일이었다. 그것은 당시 한글의 표기법이 큰 혼란상태에 빠져 있었기 때문이었다. 국어·국문의 연구에 눈을 뜬 사람들은 먼저 국어의 표기법을 정리해야 한다는 것을 절실히 느끼지 않을 수 없었다. 앞에서도 말한 이봉운의 『국문정리』나 池錫永(지석영)의 上疏로 公布(1905년 7월 19일)하게 된 『신정국문(新訂國文)』도 여기에 관한 것이었다. 이때 민간의 이와 같은 움직임에 자극을 받은 정부에서도 光武 11년(1907) 7월 8일 學部(오늘날의 교육부) 안에 國文硏究所를 설치하고 당시의 우수한 국어·국문학자인 魚允迪(어윤적), 李能和, 權輔相(권보상), 周時經, 池錫永 같은 이들 10여 명을 망라하여 委員으로 위촉하였다. 그러나 이미 나라가 기운 때라 그 시행은 흐지부지되고 말았다.

물론 국어정리를 위한 거센 민족적 운동에 종지부가 찍힌 것은 아니었다. 국문연구소의 위원으로서도 가장 주동적 구실을 한 주시경이 1914년 지나친 격무 끝에 39세로 요절하자, 그의 제자들이 중심이 되어 1921년 12월 3일에는 朝鮮語硏究會(1931년 1월 10일 朝鮮語學會라고 改稱. 現 한글학회의 前身.)를 조직하였다. 이 연구회의 회원들은 국어를 연구하는 한편 주시경 때부터 숙제로 이어 내려온 국어표기법의 정리를 완성하기로 결정하였다.

즉, 1930년 12월 13일의 조선어연구회 총회에서는 '한글 맞춤법 통일안'을 제정하기로 결의하고 위원 12인을 뽑았다. 이윤재도 그 중의 한 사람이었다. 이들 12인(權悳奎(권덕규), 金允經, 李秉岐, 李允宰, 李熙昇, 張志暎, 鄭寅燮(정인섭), 崔鉉培 등)은 2년간의 심의를 거듭하여 1932년 12월에 이르러 맞춤법 원안을 작성하였다. 여기에 위원 6인이 증원되어 1932년 12월부터 1933년 정월까지 開城에서 회의를 열어, 그 원안에 대한 제1독회를 끝마쳤다. 조선어학회(1931년 정월 10일부터 개칭)에서는 다시 수정위원 10인을 뽑았는데, 이윤재는 역시 그 중의 한 사람이었다. 이들 10인은 그 후 6개월 동안에 걸쳐 대체의 수정을 끝마쳤다. 이것을 가지고 위원 전체가 제2독회를 하고, 다시 전체적으로 정리하기 위하여 정리위원 9인을 뽑아서 최종의 정리를 끝냈던 것이다. 이윤재도 이 정리위원의 한 사람이었다.

이렇게 하여 정리된 최종안은 1933년 10월 19일의 조선어학회 임시총회에서 그 시행이 결의되고 동월 29일 한글날(당시는 29일이 한글날이었음)에 세상에 발표되었다. 이 통일안을 완성하기까지 위원들은 3년 동안 125회의 회의를 열었다.

그런데 표기법 정리에 대한 고심은 이것으로 끝난 것이 아니었다. 당시 조선어학회는 1936년 10월에 「査定된 우리말 표준말」을 발표하고서 그보다 먼저 발표한 「한글 맞춤법 통일안」의 용어와 語例들을 사정된 표준말과 부합시키고자 서둘렀다. 그리하여 이러한 수정위원으로 김윤경, 이희승, 이윤재, 정인승, 최현배 등 일곱 사람이 뽑혀 이듬해인 1937년 3월까지 마지막 손질을 끝마쳤다. 이처럼 그는 처음부터 끝까지 국어의 올바른 표기법 제정을 위하여 심혈을 기울였다.

3. 標準語의 査定과 辭典編纂

「한글 맞춤법 통일안」의 제정으로 일단 국어의 올바른 표기법은 해결되었다. 그런데 한국사람들의 共通語가 될 표준말의 확립이 무엇보다도 시급함을 알고 있었던 조선어학회는 서울과 각도 대표 73명으로 구성된 朝鮮語標準語 査定委員會를 따로 설치하였다. 이들은 표준어를 사정하기 위하여 미리 마련한 어휘집을 놓고서 충청남도 온양온천에서 첫 모임(1935년 정월 2~6일)인 제1독회를 마치고, 그해 8월에 牛耳洞 鳳凰閣(봉황각)에서 제2독회를 마쳤다. 이듬해 7월에는 인천 제1공립보통학교에서 제3독회를 가졌다. 이렇게 세 번에 걸친 독회를 거쳐 표준말을 사정하였는데, 각 모임마다 수정위원들을 뽑아서 이들로 하여금 다시 일일이 査定案 전체에 대하여 수정하게 하였다. 그래서 세 번째 수정위원들은 최종 사정회가 끝난 뒤 석 달 동안이나 밤낮을 가리지 않고 애써 고심한 결과, 위에서 언급한 바와 같이 사정된 표준말을 1936년 10월 28일에 발표하였다. 이때도 이윤재는 수정위원으로 뽑혀서 표준말의 확립에 노력을 아끼지 않았던 것이다. 이때에 사정된 어휘 수는 다음과 같다.

표준어	6,231
준말[略語]	134
비표준어	3,082
한자어	100
합계	9,547

말이란 쉴새 없이 변천하는 것이다. 또 지역적으로 제각기 발달을 이루어 方言을 형성한다. 이러한 말들 가운데 전국적으로 널리 쓰이는 공통어로서 표준어를 정하고 사정한다는 것은 여간 어려운 일이 아니다. 더욱이 거의 만 개에 달하는 단어에 걸쳐서 일일이 검토하고 熟議한 연후에 사정하였다고 하니, 여간한 열성과 인내심이 없고서는 이룩될 수 없는 크나큰 사업이었다.

위에서 말한 두 가지의 방법에 의한 국어정리 이외에 이윤재가 가장 힘을 기울인 일은 우리말 사전을 편찬하는 일이었다. 당시까지는 다만 몇 외국인들이나 총독부에서 자기들의 편의를 위하여 만든 것 이외에 우리의 손으로 이룩된 완전한 사전이 없었다. 그래서 우리나라 학자들이 우리말 사전을 편찬하여야 하겠다는 熱意는 갑오경장 이후 우리말 연구에 뜻을 둘 때부터 이미 가지고 있었다.

더군다나 이들 외국인의 손으로 된 사전들은 모두가 외국인이 우리말을 공부하기 위하여 만들어진 사전에 불과했다. 또한 수록된 단어와 표기에도 통일이 없는 것이었다. 그래서 우리나라 사람들은 표기법의 정리(맞춤법 통일), 표준어의 사정, 그리고 사전의 편찬이라는 세 가지 면에서 국어 정리를 위한 일을 추진한 것이다.

그러나 실제로 우리나라 사람들 손에 의하여 우리말 사전 편찬사업이 착수된 것은 1910년에 창립된 朝鮮光文會 때부터의 일이었다. 同會는 1910년에 우리나라 古書를 출판하기 위하여 崔南善이 세운 기관이었다. 이곳에서 주시경, 권덕규, 이규영, 김두봉 등이 『말모이(辭典)』를 편찬하기 시작했다. 그러나 완성을 보지 못한 채 1927년 6월 당시 啓明俱樂部에서 이 사업을 인계받아 계속하기로 하였다. 그런데 사전편찬이란 그렇게 쉬운 일이 아니며, 더군다나 몇몇 개인의 힘으로 완성할 수 있는 일이 아니었다. 그래서 위에서 말한 계명구락부에서의 사전편찬사업도 곧 중단되고 말았다.

이때 이윤재는 일이 중단되는 것을 몹시 분하게 여겼다. 그래서 사전을 편찬하는 데는 먼저 조선광문회에서 이 분야의 일에 종사한 경력이 있는 김두봉과 함께 일하는 것이 좋겠다고 생각했다. 당시 김두봉은 상해에 있었으므로 이윤재는 이 사람을 국내에 데려오기 위해 1927년 8월에는 직접 상해에까지 찾아갔었다. 그런데 일은 제대로 되지 않았다. 김두봉은 돌아오기를 거절했던 것이다. 이윤재는 김두봉이 가지고 있었던 사전 원고라도 얻어 가지고 돌아오려고 노력하였으나 그것도 뜻을 이루지 못하였다.

그러나 이와 같은 그의 노력은 마침내 결실을 보게 되었다. 1929년 10월 31일 거행된 한글날 기념식 직후에, 사회 각 방면의 인사 108명이 발기인이 되어 '조선어 사전 편찬회'가 조직된 것이다. 조선어학회는 물론 기타 각 부문의 전문가가 사전을 분담 집필하기로 하였다.

이 당시 국어를 정리하는 사람들의 목적의식과 열의가 어떠하였는가 하는 것은 이 편찬회 취지서에 잘 나타나 있다.

> 인류의 행복은 문화의 향상을 따라 증진되는 것이요, 문화의 발전은 언어 및 문자의 합리적 정리와 통일로 말미암아 촉성되는 것이다. 그러므로 어문의 정리와 통일은 제반 문화의 기초를 이루며 또 인류 행복의 원천이 되는 것이다.
>
> 언어와 문화의 관계가 이와 같이 중대하므로 일찍이 문화 발전에 뜻을 둔 민족들은 언어 및 문자의 정리와 통일을 급무(急務)로 하지 않은 자가 없으

니, 과거의 모든 문명민족이 제가끔 자기 어문의 표준을 확립하기 위하여 표준언어와 표준문자를 제정하며, 동시에 표준사전을 편성하여 어문의 통일을 도모하였고, 오늘날의 중국과 터어키의 신흥민족들은 종래의 문자가 합리적이 못되고 실제적이 못되어 문화 보급에 막대한 장애가 있음을 통절히 느끼어 신문자(新文字)를 제정한 바요, 또 미국과 노국(露國)도 재래 문자의 자법(字法)이 불합리하므로 학습상 공연한 시간과 노력(勞力)의 손실을 없애기에 전력을 기울이는 바다.

그러하므로 오늘날 언어를 소유하고 문화를 소유한 민족으로서는 사전을 가지지 않은 민족이 없다. 그러나 우리 조선민족은 언어를 소유하고 또 문자를 소유하면서도 오늘날까지에 아직 사전 한 권을 가지지 못하였다. 그러므로 조선의 언어는 극단으로 문란(紊亂)을 일으키게 된 것이요, 또 조선민족의 문화적 생애는 오늘날과 같은 황폐를 이루게 된 것이다.

조선의 언어는 이제 말한 것처럼 어음(語音), 어의(語意), 어법(語法)의 각 방면으로 표준이 없고 통일이 없으므로, 동일한 사람으로도 아침 저녁이 서로 다르고 동일한 사실로도 경향(京鄕)이 같지 않을 뿐 아니라, 낱말의 뜻이 미상한 바가 있어도 이를 질정(質正)할 만한 준거(準據)가 없기 때문에 의사와 감정은 원만히 소통하고 충분히 이해할 길이 바이 없다. 이로 말미암아 문화의 향상과 보급은 막대한 손실을 면할 수 없게 되는 것이다.

오늘날 세계적으로 낙오된 조선민족이 다시 살아날 첩로(捷路)는 문화의 향상과 보급을 급무로 하지 않을 수 없는 것이요, 문화를 촉성하는 방편으로 문화의 기초가 되는 언어의 정리와 통일을 급속히 꾀하지 않을 수 없는 것이다. 그를 실현할 최선의 방책은 사전을 편성함에 있는 것이다. (下略)

이 편찬회가 발족된 후 사전편찬에 착수한 것은 1931년부터의 일이었다. 그리고 기관의 형식은 따로 선 것이었으나 실질적으로는 조선어학회에 소속되어 있었으므로 사전편찬사업은 곧 조선어학회의 사업이었다.

그 후 경비 부족으로 편찬사업은 1, 2년 동안 침체상태에 놓이기도 하였다. 그러나 몇몇 篤志家(독지가)들이 상당한 액수의 편찬비를 조선어학회에 기부하였으므로, 1936년 3월 19일에 '사전 편찬회'는 그 사업 전체를 조선어학회에 넘기고 해산하기로 결의하였다. 조선어학회는 다시 사전편찬 전임 위원으로 4명을 뽑아 이해 4월 1일부터 일을 시작하게 하였다. 이 네 사람은 이윤재를 비롯하여 정인승, 李重華, 李克魯 등이었다. 일제 말기에 이를 수록 우리말에 대한 탄압이 심하여지며 무슨 사건이라도 일어날 것 같은 불길한 예감이 구름처럼 덮여 있었다. 이러한 가운데 그들은 사전편찬을 급속히 추진하기 위하여 밤에도 일을 하였다. 또 원고를 빼앗기거나 잃어버릴 것을 두려워하여 원고를 두 벌을 만들기로 계획하였다고 한다. 그러나 이렇게 애쓴 보람도 없이 이윤재는 사전편찬사업의 끝을 보지도 못한 채 獄死하고 말았던 것이다.

1930년 초기에, 우리나라 민간신문사인 동아일보사와 조선일보사가 주동이 되어 한글 보급운동을 대대적으로 벌인 일이 있었다. 이에 발을 맞추어 조선어학회 회원도 총동원하여 강사로서 순회강연을 맡았다. 이윤재도 1931년 여름에는 宣川(선천)·평양·定州(정주) 등지에서, 1932년 여름에는 永興(영흥)·興南(흥남)·新興(신흥)·청진·鏡城(경성)·雄基(웅기) 등지에서, 1933년 여름에는 鐵原(철원)·洪原(홍원)·富寧(부령) 등지에서 한글의 보급과 새 철자법의 계몽에 힘쓴 바 많았다. 한편 그는 각 신문지상에 국어와 국문을 아끼는 글을 여러 번 발표하였고, 조선어학회에서 발간하던 機關紙(기관지) 『한글』의 편집 책임자로서 전심전력을 기울였다. 이러한 그의 노력이 모두 국문을 더욱 아끼고 보급시키기 위한 정성에서 나온 것이었다.

4. 祖國光復에 바친 生涯

이윤재는 1888년 12월 25일 경상남도 金海에서 이용준의 맏아들로 태어났다. 스물한 살 때인 1908년에 김해공립보통학교를 졸업하였다고 하니 신식 교육을 받은 것은 꽤 늦은 셈이다. 보통학교 졸업 후에는 곧이어 1911년까지 김해 合成학교에서 교편을 잡는 한편 대구 啓星학교에서 修業한 다음 1913년까지 마산 昌信학교에서, 1917년까지 마산 義信여학교에서 교육에 종사하였다.

이와 같이 청장년기의 대부분을 경상도에서 지낸 탓인지 이윤재는 天稟(천품)이 고지식한 데다가 전형적인 경상도 고집쟁이였다고 한다. 그는 소위 수단을 부릴 줄 몰랐고 고지식하기가 짝이 없어서, 자기가 그르다고 생각하는 바는 그것을 극도로 회피하고 이와 반대로 자기가 옳다고 생각하는 일은 어디까지든지 그 所信대로 돌진하는 기개와 용기를 가지고 있었다. 또한 그는 自我를 잘 알고 있어서, 자기 자신이 韓族이며 桓因(환인)·桓雄(환웅)의 後裔(후예)라는 것을 골수에 새기기 위하여 號도 桓山(환산)이라고 하였다. 우리 민족이 再起하는 길은 義에 살고 의에 죽는 데 있음을 그는 늘 강조했을 뿐 아니라 그 자신이 평생에 불의의 행적을 조금도 남긴 적이 없었다. 이와 같이 그는 正氣의 탓으로 일제 강점기의 삼엄한 偵察網(정찰망) 속에서도 일본인들의 불의와 無道함을 거리낌없이 罵倒(매도)하였다.

3·1 운동 때 그는 평안북도 寧邊(영변)의 崇德학교 교사로 있으면서 학생들에게 여전히 독립사상을 고취하고 있었다. 드디어 1919년 독립을 외치는 만세 소리가 천지를 진동시켰다. 나라를 되찾겠다는 일념으로 피가 끓던 32세의 그는 3·1 운동에 투신하여 맹활약을 한 후 일제 경찰에게 검거되어 평양 감옥에서 3년 동안이나 고초를 겪었다.

조국광복을 위한 활동은 이때부터 본격적으로 시작되었다. 3년 동안의 獄苦를 치른 뒤에도 그는 조금도 굴함이 없이 큰 뜻을 품고 중국으로 건너가 北京大學 사학과에서 1921년부터 3년 동안 역사를 연구하였다.

1924년 37세 때 조국에 돌아오자 그해 9월부터 평안북도 定州 五山학교에서 1년간 교편을 잡았고, 1925년 4월 서울에 올라온 후로는 분주하게 돌아다니면서 1937년까지 우리말 교사로서 協成학교, 儆新(경신)학교, 同

德여자고등보통학교, 培材(배재)·中央고등보통학교, 연희전문학교, 감리교신학교 등에서 교편을 잡았다. 그의 가르침을 받은 학생은 수천에 달하였다.

그동안에 국어 정리를 위하여 진력하였음은 이미 앞에서 소개한 바와 같다. 그는 잡지 『한글』의 편집 간행을 홀로 맡아서 비용이 부족하면 私財를 들여 발행을 계속하기까지 하였다. 따라서 그의 생활은 늘 궁색하여 점심 끼니를 넘기는 수도 많았다. 이러한 환경에서 무리를 한 탓으로, 때로는 貧血症으로 졸도도 하고 때로는 喀血(객혈)로 드러눕기도 하였다. 이렇게 악전고투하면서도 우리말을 정리하기에 여념이 없던 그는 1934년에 우리의 넋을 살리기 위하여 설립된 震檀學會(진단학회)의 창립에 참여하여 국사 연구에도 힘을 기울였다. 이때 그에게 또 厄運(액운)이 닥쳐왔다. 1937년 6월 7일 修養同友會 사건에 관련되어 그 이듬해 10월까지 서대문 감옥에서 두 번째로 獄苦를 치렀다.

출옥 후 그는 1939년부터 大同출판사에서 일하였고, 1941년에는 基督新聞社의 주필로서 떨치지 못하는 교역자를 일깨우며 여위어 가는 신자들의 넋을 보살폈다. 그는 또한 일반 사회보다 뒤진 교회 출판물의 한글 맞춤법을 바로잡기에 노력하였다.

당시 殘惡한 식민지 정책을 감행하던 일제는 그래도 부족하여 韓民族을 완전히 자기네들에게 同化시키기로 결정하였다. 그리하여 그들은 1938년부터 각급 학교에서 우리말 교육을 폐지했다. 또한 1941년에는 한국사람에게 일본식 創氏改名을 강요하고 우리말, 우리글로 된 신문·잡지를 폐간시켰다. 이런 정세 하에서 그들이 조선어학회를 방치해 둘 리 없었다.

마침내 1942년 여름에 咸興지방에서 일은 벌어졌다. 함흥 永生여자고등보통학교에 재학 중이던 어느 학생의 일기장에서 민족정신이 살아 있음을 발견한 일본 경찰은, 학생들에게 그런 감화를 준 장본인이 바로 조선어학회 회원으로 있는 丁泰鎭(정태진)임을 알아냈던 것이다. 정태진은 1940년 5월까지 전후 9년 동안이나 영생여학교 교사로 근무한 사람이었다.

이리하여 1942년 9월 5일 정태진이 검거된 것을 필두로 그해 10월 1일부터는 조선어학회 관계자가 총검거되었다. 10월 1일에는 이윤재를 비롯하여 李重華 · 張志暎 · 韓澄(한징) · 李克魯 · 이희승 · 정인승 · 權承昱(권승욱) · 李錫麟(이석린) 등 간부진이 먼저 검거되었고 뒤이어 여러 사람이 검거되어 도합 33명이 고난을 당하였다. 이 가운데 두 분은 불구속, 두 분은 병으로 검거를 중지했다. 이 사건의 증인으로 호출되어 문초를 받은 사람은 백수십 명에 달하였으며, 당시 知名인사는 거의 다 이 사건에 連累(연루)되었다. 이것이 유명한 조선어학회 사건이다.

일본 경찰은 이들을 洪原경찰서 유치장에 1년 동안이나 구속시켜 놓고 갖은 악형을 다하였다. 겨울에 찬물을 온몸에 들씌우기, 물 먹이기, 대들보에 매달아 놓고 치기, 메어치기, 장작불로 지지기, 뺨치기, 몽둥이로 치기, 개처럼 四肢로 엉거주춤하고 엎드려 있게 하기, 먹으로 얼굴에 악마를 그리기, 농지끼리 대칼[竹刀]로 서로 치게 하기, 여러 사람이 뭇매질하기 등 天人共怒할 온갖 야만적 惡刑을 가하였다. 이 중에서도 가장 잔인한 악형은 이른바 '비행기 태우기'였다. 이것은 두 팔을 뒤로 젖혀 매고 가로 장나무를 등[背] 뒤에서 어깻죽지 밑으로 가로질러 넣은 다음, 장나무 양끝에 줄을 매어서 천정(天井)에 달아 놓고 두 줄을 비꼬아서 맴을 돌리는 惡刑이었다. 정신이 아찔해지는 것은 물론, 어깻죽지가 뒤로 튀겨질 지경이었다. 매달려서 3분, 5분, 10분 지나는 동안에 혀를 빼어 물고 정신없이 사지가 축 늘어져서 산 사람도 반은 죽게 만드는 것이었다. 이윤재는 일본 경찰에게 이러한 拷問을 여러 차례 당했다.

경찰은 그에게 물도 먹였다. 그들은 널빤지로 만든 커다란 걸상 위에 그를 반듯이 뉘어 놓고 고개를 걸상 끝에서 아래로 떨어지도록 젖혀 놓은 다음 주전자에서 나오는 물줄기를 콧구멍에 들이대는 것이었다. 그는 처음에는 물을 먹지 않으려고 애를 썼지만 숨을 쉬지 않을 수 없으니까 자연 물이 콧구멍으로 해서 뱃속으로 들어가 그만 정신을 잃고 그들이 묻는 대로 "예, 예." 해 버렸다.

그들이 이윤재를 남달리 혹독하게 괴롭힌 것은, 일찍이 사전 편찬하는 일로 그가 상해에 다녀온 일을 가지고 上海 臨時政府의 지령을 받고 온 일이 없느냐 하는 것을 캐기 위해서였다.

홍원 경찰서에서 만 1년 동안을 고생한 그는 1943년 9월 동지들과 함께 함흥 형무소로 이감되었다. 정식으로 기소한다는 것이었다. 이송 도중 용수를 쓰고 수갑이 채워져서 동지들과 한 줄로 늘어섰을 때 그는 감시의 틈을 타서 동지들의 옆구리를 꾹꾹 찔렀다.

> "우리 함흥에 가서는 모두 부인합시다."

모두 步調를 같이하여 부인하자고 했다. 또 어떤 때는 동지들을 격려하였다.

> "우리가 연구를 마음대로 하여 볼 날이 머지 않아 올 것이다."

그러던 그가, 함흥 형무소로 넘어가서 다시 예심문초를 치르고 정식 재판에 회부되어 법정에 들락날락하던 도중 1943년 12월 8일 상오 다섯 시에, 그렇게도 기다리던 조국의 광복을 보지 못한 채, 원통하게도 주림과 영양부족과 추위에 견디다 못하여 함흥 형무소 독방에서 참혹하게 옥사하고 말았다. 그의 나이 57세였다.

그 후 동지들 중의 한 사람인 韓澄(한징)도 1944년 2월 22일에 옥사하였으며, 나머지 10여 명은 재판을 받고 8·15까지 계속 옥고를 치렀다. 동지의 한 사람이었던 김윤경은 이윤재의 무덤 비문에 다음과 같이 적었다.

> 공(公)의 인격은 지극히 청렴하고 결백하였다. 지극히 인자하고 겸손하였다. 지극히 평화스러워 성내는 일이 없었다. 종교로는 예수교의 장로였으며,

일생의 사업으로는 혀와 붓을 통하여서의 교육이었다. 인격 혁신과 정치 혁명을 위하여서는 해외에서 흥사단(興士團)에, 국내에 와서는 수양동우회에 관계하여 심력을 다하였고, 국사를 통하여 조선의 넋을 살리기 위하여서는 진단학회를 일으키었고, 우리말과 글을 바로잡기 위하여는 조선어학회의 중진이 되었던 것이다.

약력

1888년 경남 김해에서 출생.
1908년 金海公立普通學校를 졸업.
1911년 김해 合成學教 교원이 됨. 대구 啓星學校에서 修業.
1919년 3·1 독립운동으로 被逮, 3년형을 言渡받고 平壤監獄에 入監됨.
1921년 중국 北京大學 사학과에서 역사학을 연구.
1924년 定州 五山學校 교원이 됨.
1927년 『우리말 사전』 편찬 준비활동을 개시.
1929년 『우리말 사전』 편찬 수정위원이 됨.
1931년 延禧專門學校 교원이 됨.
1933년 서울 儆信學校 교원을 겸임. 中央高等普通學校 교원이 됨.
1934년 震檀學會 창립에 참여.
1935년 監理教神學校 교원이 됨. 朝鮮語標準語查定會 수정위원이 됨.
1936년 查定된 표준어 발표됨.
1937년 修養同友會 事件으로 西大門刑務所에서 복역.
1941년 『基督教新聞』 主筆이 됨.
1942년 朝鮮語學會 事件으로 咸南 洪原警察署에 구금됨.
1943년 咸興刑務所로 이감됨. 獄에서 죽음.
1962년 大韓民國建國功勞勳章 單章이 授與됨

※저서 : 『표준조선어사전』, 『文藝讀本』, 『文章讀本』, 『聖雄 李舜臣』, 『渡江錄』(朴趾源 原作의 抄譯)

(『韓國의 人間像』, 1965, 學者篇, 新丘文化社)

참고 문헌

金允經,『韓國文字及語學史』.

______,『새로 지은 국어학사』.

______,「한뫼선생」,『新天地』, 1954, p.6.

李熙昇,「朝鮮語學會事件」,『思想界』, 1959, pp.7～12.

______,「人間 李允宰」,『新太陽』, 1957, p.8.

朝鮮語學會,『한글』 제11권 2호, 1946.

『經世正韻』에 대한 霞谷과 明谷의 문답
〈附〉 徐敬德(花潭)의 '聲音解'

1. 학문적인 배경

1443年(세종 25) 12月에 창제된 訓民正音은 동양의 언어학인 中國音韻學과 朱子學으로 集大成된 宋學思想을 배경으로 한 것이었다.

明나라 제3대 성조 永樂皇帝는 宋나라 때 여러 학자들의 학설을 총망라한 『性理大全』을 1415년(영락 13)에 편찬시켰으며, 이 총서가 1419년(세종 원년)에 朝鮮에 傳來되었으므로, 朝鮮初期의 학자들은 '宋學理論'을 곧 攝取할 수가 있었다. 특히 『성리대전』 권7부터 권12까지에 수록되어 있는 邵雍(1011~1077)의 『皇極經世書』는 훈민정음 창제 때 큰 영향을 주었다. 소옹은 성리학자이면서도 사람의 聲音에도 관심을 가져서, 人間의 聲音을 易數로써 설명하기는 하였으나 12세기 開封地方(宋나라 수도)의 현실음을 올바르게 나타낸 「皇極經世聲音唱和圖」를 창안했었다. 이 「창화도」는 「十正聲十二正音, 十聲十二音唱和圖」라는 이름으로 『성리대전』 권8에 수록되어 있고, 이어서 여러 학자들의 註解가 달려 있다. 그리하여 세종 초부터 集賢殿을 중심으로 『성리대전』의 내용을 정밀히 考究하던 世宗 시대의 학자들은, 韻書와 같은 다른 중국음운학 관계 서적과 함께, 邵雍의 이론을 『訓民正音解例』 집필 때 상당히 많은 部分에 걸쳐서 반영하였다.

이러한 전통은 후세의 일부 학자들에게도 그대로 이어졌다.

중종 때에 徐敬德(1489~1546)은 「황극경세성음창화도」에 큰 관심을 가지고 이에 대하여 자세히 설명한 글을 남겼다. 그는 「聲音解」라는 글에서 「황극경세성음도」의 구성을 세밀히 분석하고 『성리대전』에 함께 실려 있는 蔡元定, 邵伯溫 등 여러 학자들의 註를 기초로 하여 「성음도」에 대하여 더 자세히 설명하였다. 이와 같이 「성음해」에서 「성음도」에 대하여 상당한 분량에 걸쳐서 설명을 하였는데도, 서경덕은 '跋前聲音解未盡處'라는 항목에서 미진한 부분을 보완하였다.

최석정의 『경세정운』(1678, 숙종 4)도 邵雍의 「황극경세성음창화도」의 계통을 이은 저서였다. 그러나 이 책은 그 동안 국내에서 잊혀져 있었고, 洪良浩(1724~1802, 景宗 4~純祖 2)의 文集인 『耳溪集』 권10에 「經世正韻圖說序」라는 글 한 편이 실려 있어서 최석정이 지은 『경세정운』이 있는 것을 알 수 있었다. 그러다가 金智勇 교수가 1968年에 日本 京都大學 '河合文庫'에 소장되어 있는 手寫本으로 추정되는 장서를 촬영해 와서 연세대학교 인문과학연구소에서 『영인 經世訓民正音圖說』이라는 이름으로 刊行하여 세상에서 널리 알게 되었다.

2. 崔錫鼎과 『經世正韻』

최석정은 仁祖反正의 공신이었던 崔鳴吉(호 遲川, 1586~1647)의 손자이며, 後亭(호 東岡)의 아들로서 1671年에 文科에 오른 뒤 여러 요직을 거치고 나서 1701年에 영의정이 된 뒤, 전후 여섯 번이나 영의정을 지냈다. 그는 오랫동안 官界에 있으면서 저술활동을 계속하여 『경세정운』 2책 이외에 『明谷集』 34권 17책이 있고, 編書로 『左氏輯撰』, 『韻會箋要』, 『典錄通考』, 『禮記類編』 등이 있다. 최석정은 '經世正韻 五贊 註 述志'항에서 『경세정운』을 1678년(숙종 4, 무오)에 짓고, 조부 최명길과 부친도 字學을 연구하였다고 하였으므로, 그는 집안의 학문을 이은 것이다.

그는 또 드러내 놓지는 않았으나 陽明學 계통을 이은 학자였으며, 그의

文集에 958수의 漢詩가 수록되어 있을 정도로 詩에 能했고 書藝家로서도 一家를 이루었다고 한다.

筆寫本으로 전해 온『경세정운』2책은 표지에 '經世訓民正音' 乾 또는 坤이라 되어 있다. '乾'의 내용 첫장 첫머리에 '경세정운 서설'이라는 항목이 있고 '坤'의 내용 첫머리에는 '경세정운 五贊'이라는 항목이 있다.

『경세정운』의 내용 차례는 다음과 같다.

經世訓民正音　　　　乾

　經世正韻 序說

　　訓民正音

　　十七聲分配三聲圖

　　十一音取象八卦圖

　　聲分淸濁圖

　　音分闢翕圖

　　律呂相乘配合成字圖

　　終聲十六

　　平上去入圖

　　音分開發收閉圖

　　訓民正音準皇極經世四象體用之數圖

　　聲音律呂唱和全數圖(32圖로 이루어진 一種의 韻圖)

　　外 8攝　　　　內 8攝

經世訓民正音　　　　坤

　經世正韻 五贊

　　明象　　辨韻　　本數　　稽訓　　述志

　　聲音篇

　　群書折衷

廣韻三十六字母圖

沈氏四聲韻譜

邵氏皇極經世天地四象體用之數圖

祝氏聲音韻譜

韻會三十五字母

梵字五十母

劉氏切韻指南

禮部韻

三韻通考

東國正韻

字彙

論諺文終聲

論正韻圖說

五贊註

論初終聲閏位

이 책의 전체적인 구성을 보면, 제1부 '경세정운 서설'에서, 제2부 '韻圖' 안의 漢字音을 표시할 표음문자 훈민정음의 음가와 성격을 밝히고, 이를 邵雍의 皇極經世聲音圖에 적용하였다. 이어서 제2부에서 16攝으로 나눈 漢字音을 운도 형식으로 배열하고 훈민정음으로 음을 표시하였다. 제3부 이하는 '경세훈민정음 건' 부분에 대한 보완 설명과 중국음운학 관계 운서 등에 관한 설명이다.

3. 훈민정음 관련 부분

'경세훈민정음 건' 첫머리에서 '경세정운 서설'이라 하고 完山崔錫鼎如

和述이라고 하였으므로 책이름이 『경세정운』임을 알 수 있다.

'서설' 다음에는 '훈민정음'이라는 항목 아래 『世宗實錄』 28년 9월조에 실려 있는 훈민정음 관계 기사에서, 本文(예의편)만을 순서를 바꾸어서 옮겨 실었다.

『경세정운』에서는 '훈민정음'이라는 제목 아래 '世宗莊憲大王御製'를 내세우고 『훈민정음』 本文(예의편)에서 'ㄱ牙音如君字初發聲'부터 '入聲加點同而促急'까지 옮겨 싣고 그 다음에 '御製曰'이라 하여 世宗의 序文을 실었다. 이어서 훈민정음에 대한 최석정의 의견을 '臣錫鼎謹按'이라는 형식으로 밝히고 있다. 이러한 '按' 형식은 이 책의 모든 항목마다 붙어 있다.

최석정은 '어제언문28자'를 '列宿之象'으로 보고, 초성글자를 '五行相生之序'로, 중성글자를 '太極兩儀八卦之象'으로 파악했다.

'17聲分配三聲圖'는 훈민정음 23자모체계에서 전탁음을 나타내는 각자병서 6자를 빼고 나머지를 그대로 옮기고 간단히 주를 달고 있다.

'11音取象八卦圖'는 ㆍ(太極)에서 ㅡ ㅣ(兩儀)로 나아가고 ㅡ→ㅏㅑㅓㅕ, ㅣ→ㅗㅛㅜㅠ(이상 8괘)로 나간다고 설명하고 있다.

'聲分淸濁圖'는 17초성에 전탁음 6초성을 보탠 23초성체계를, 邵雍의 '皇極經世正聲正音圖'에 준거하여 '正聲24圖'로 꾸민 것이다.

一淸	ㄱ君	ㄷ斗	ㅂ彆	ㅈ卽	ㆆ虛	ㅅ戌
二濁	ㄲ虯	ㄸ覃	ㅃ步	ㅉ慈	ㆅ洪	ㅆ邪
三淸	ㅋ快	ㅌ呑	ㅍ漂	ㅊ侵	ㅎ挹	ㄹ閭
四濁	ㆁ業	ㄴ那	ㅁ彌		ㅇ欲	ㅿ穰

一淸과 三淸은 無氣無聲音 有氣有聲音의 대립을(ㅎ과 ㄹ은 예외), 二濁과 四濁은 된소리와 鼻音의 대립을(ㅇ와 ㅿ은 예외) 보인 것이고, 6은 易의 6爻, 음악의 6律을 상징한 것이다.

音分闢翕圖는 역시 '皇極經世正聲正音圖'를 기준으로 하여, 4象×8(8은 易의 8卦, 음악의 8音을 상징)=32에 맞추려고, 훈민정음 中聲解에서 제시한 29 중성글자에서 ㅣ를 빼고 ᆝ ᅩ ᆝᅵ ᅬ 네 글자를 보태어 32중성으로 하고 원순모음(闢)과 비원순모음(翕)으로 분류하여 배열한 것이다.

律呂相乘配合成字圖는 위에서 말한 子音글자(聲母)와 母音글자가 결합하여 나타낼 수 있는 音節글자의 보기를 開口音과 合口音으로 나누어서 표로 만들어 보인 것이다.

終聲 16항은 하나의 音節을 초·중·종성으로 나눌 때 終聲으로 올 수 있는 單子音 12와 複合子音 4로 나눈 표다.

單 ㆁ ㄱ ㄴ ㄹ ㄷ ㅁ ㅂ ㅿ ㅅ ㅈ ㅇ ㆆ

複 ㄺ ㄼ ㄽ ᇙ

이들 종성 16과 初聲 24, 中聲 32이 서로 결합하면 萬物之數, 곧 사람이 발음할 수 있는 음절의 수는 12,288이 된다고 하였다. 그리고 漢字音의 경우는 ㄷ ㅈ ㄺ ㄼ ㄽ ᇙ 종성을 빼는 대신에 ㅱ ㅸ을 보태어 12종성이 된다고 하였다.

聲分平上去入圖는 漢字音의 韻들을 平·上·去·入聲으로 나눈 것이다.

音分開發收閉圖는 소옹의 술어를 써서 음절을 분류한 것이다.

訓民正音準皇極經世四象體用之數圖는 소옹의 황극경세정성정음도에 대한 재해석 부분이다.

聲音律呂唱和全數圖는 최석정이 가장 힘을 기울인 중심부분이다. 모든 漢字音을 16攝으로 나누고, 이들을 圖表마다 384音(음절)을 나타낼 수 있는 32圖表로 정리했다. 이것은 일종의 韻圖로서 가로로는 聲母(字母)를 배열하고, 세로로는 韻母를 배열하여 가로와 세로의 결합에 의하여 漢字音의 음절을 나타내는 圖表 形式(해당되는 음이 없으면 空欄으로 함)으로 되어 있다. 성모(자모)는 앞에서 제시한 23이며, 운모음은 32이다.

이 도표에서는 內·外 16攝이 끝나고도 6圖가 보충으로 더 붙어 있다. 그런데 최석정이 이 운도에서 나타내고자 한 漢字音은 漢音이었으나, 어느 韻書音을 나타낸 것인지 분명치가 않다.

'經世訓民正音 坤'은 上卷인 '乾'이 55페이지 분량인 데 비하여 24페이지밖에 안된다. 그 내용도 '乾' 부분에서 제시한 운도에 대한 注釋이거나 邵雍의 '皇極經世正聲正音圖'에 대한 해설, 또는 廣韻의 성모, 韻會 字母, 梵字에 대한 해설 등으로 이루어져 있다. 그리고 끝에 가서 '論正韻圖說'이라는 項目을 설정하고, 圖表에 수록된 것은 모두 '天地 自然의 元聲에서 나왔다'고 하고, 표에서 나타낼 수 있는 音은 12,288인데 자리만 차지하고 음이 없는 768을 빼면 11,520이라고 하였다. 이로 보면 최석정은 그가 지은 운도를 '經世正韻圖說'로 생각했던 것 같다.

국어에 대해서는 '坤'의 끝 부분에서 '論諺文終聲' 項을 설정하고, 『訓民正音』 本文에서 '終聲復用初聲'이라고 했으므로 初聲 17字가 모두 終聲으로 쓰일 수 있다고 하고 다음과 같은 예를 들었다.

鮒부魚어	붕어	角각이	가기
極긐히	그키	山산이	사니
筆붇이	부디	末긑	그티
木남오	나모	食밥이	바비
葉닢히	니피	花곶이	고지
漆옻이	오치	衣옷이	오시
乙을이	으리	主쥬人ᅀᅵᆫ	쥬ᅀᅵᆫ

또 '論初終聲閏位' 항에서 초성과 종성의 合用聲(合用字)을 설명하였다.

初聲 二合之聲 6母

ㅲ	ㅂㅋ	ᄎᆞᆷᄞᅢ(眞荏子)	
ㅳ	ㅷ	ᄠᅳᆮ(意思)	ᄩᅡ다(密和水)
ㅶ	ㅄ	ᄧᅡ다(鹹味)	ᄡᆞᆯ(白米)

終聲 二合之音 4位

ㄺ	ᄃᆞᆰ(鷄)
ㄼ	여ᄃᆞᆲ(八)
ㄽ	용비어천가와 佛經 諺解에 나옴

三合之聲

ㅴ	ᄎᆞᆷᄢᅢ(脂麻)

4. 鄭齊斗와의 교류

조선시대 陽明學者였던 鄭齊斗(호 霞谷, 1649~1715, 인조 27~영조 12)는 文字와 음운학에 관한 論著를 남긴 것은 없다. 그러나 그의 文集인 『霞谷集』 권2와 최석정의 문집인 『明谷集』 권13에는, 두 사람이 『경세정운』의 내용에 대하여 다음에 轉載한 것과 같이 먼저 하곡이 묻고 명곡이 해답하는 형식으로 자세히 언급하고 있다. 질의하고 응답한 내용은 10개 항에 걸치며, 『경세정운』과 이 저술의 바탕이 되었던 『황극경세정성정음도』, 그리고 운서 일반에 대하여 자세히 묻고 성실히 답변하고 있다. 이것으로 보면 두 사람이 다같이 중국음운학 및 소옹의 운도에 대하여 잘 인식하고 있었던 것을 알 수 있다.

다음은 霞谷과 明谷이 『經世正韻』의 내용을 중심으로 중국음운학에 관하여 묻고 답한 글을 번역한 것이다. 이 글을 통하여 崔世珍(1468~1542)

이후 잠잠하였던 학계에서 중국음운학에 관하여 관심을 보인 두 학자의 수준을 엿볼 수 있다.

霞谷集 卷之二(書三)　與崔汝和問目

明谷集 卷之十三(3首)　與鄭士仰書

霞：初聲淸濁三十六母其例는 肇於廣韻之西僧하고 中聲闢翕開收三十二音은 其法이 據於邵書之八宮하되 而但韻會等書는 皆以廣韻淸濁으로 分於諸字하나 而義或不同은 何也오? 邵書闢翕을 更於何書詳述其字하야 而有可攷者邪아?

초성·청탁 36자모 예는 『광운』의 서역승에서 시작하고(인도의 승려가 36자모를 시작했다는 설에서 온 것), 중성·벽흡·개발수폐 32음은 그 법이 소옹이 지은 책의 8궁에 의거한 것인데, 다만 『운회』 등은 모두 『광운』의 청탁을 가지고 여러 글자를 나누나 뜻이 같지 않음은 무슨 까닭인가? 소옹의 저술에 있는 벽흡을, 다시 어느 저술에서 그 글자에 대하여 자세히 논하였는지 참고할 만한 것이 있는가? (괄호 안은 필자의 주, 이하 같음)

中聲法은 實與今音多異하야 而乃以分攝之韻과 排定切字를 果從何案아? 豈只據禮韻切法하야 自可悉解者인가? 如東之爲三闢과 冬之爲四翕之類를 未知初從何以斷之也라.

중성법은 실로 오늘날의 음과 많이 달라서 곧 섭으로 나눈 운과 반절의 순서를 정한 글자는 과연 어떤 안을 따라야 할 것인가? 어찌 다만 『예부운략』의 반절법에만 의거하여야만 저절로 자세히 해석할 수 있는 것인가? 東운이 三闢이 되고 冬운이 四翕이 되는 것 같은 것을, 애당초 어떤 것을 좇아서 단정해야 될지 알 수가 없다.

明：初聲淸濁云云은 廣韻淸濁이 原於西僧之飜切하고 韻會字母는 因廣韻三十六母하야 而稍變이니 此則黃公紹隨現在俗音而爲之也라. 邵氏闢翕은

別無所推原之處나 只以宋時俗音呼而得之하되 而兼取廣韻諸書參訂也라. 東與冬은 近世混呼如一韻이나 而本其初則不同이라. 此는 以字體로 字音及事證知之라.

초성 청・탁이라는 것은, 『광운』의 청・탁이 인도에서 온 승려의 반절법을 바탕으로 한 것을 말한 것이고, 『운회』의 자모는 『광운』의 36자모를 바탕으로 하여 조금 변한 것이니, 이것은 황공소가 당시의 속음에 따라서 이를 정한 것이다. 소옹의 벽흡은 그 근원을 밝힌 곳이 따로 없으나, 다만 송시대 속음(현실음)의 발음을 가지고 정하되 『광운』 등 여러 책을 참고로 하여 정한 것이다. 東운과 冬운을 근세에 하나의 운처럼 뒤섞어 발음하나 애당초 그 근원은 같지가 않다. 이것은 글자의 모습과 글자의 음 및 사실 증명으로 알 수 있다.

風俗通云 箜篌是坎侯이니 所作箜是ㅋㅇ音이요 坎是캄音이니 古者終聲ㅇㅁ相通을 易象及詩騷可徵也라. 禮記引詩에 我躬不閱을 作我今不閱하니 躬與今이 同音이요 又屋韻은 本隷侯尤韻하니 鉤是긓音이요 鳩是깋音이며 而穀隷於公하고 匊隷於弓하니 是皆三闢之音也라.

『풍속통』에서 말하기를 '공후'를 '감후'라 하였으니 여기의 '箜'은 'ㅋㅇ'음이요 '坎'은 '캄'음이니, 옛날에는 종성 ㅇ과 ㅁ이 서로 통하였음을 易의 象(역의 卦에 나타난 현상)과 『詩經』 및 屈原의 「離騷」 등으로 증명할 수 있다. 여기에서 인용한 시에 '我躬不閱'을 '我今不閱'로 한 것이 있으니 '躬'과 '今'이 같은 음이며, 또 屋운은 본래 侯・尤韻에 소속되어 있으니 '鉤'는 '긓'음이요 '鳩'는 '깋'음이며, '穀'은 '公'에 속하고 '匊'은 '弓'에 속하니, 이 모두가 '三闢'의 음이다.

禮韻切法은 亦可考据나 而但以今俗音求之則有不可解矣라. 沈約所論開合相混도 亦指中葉之音耳라.

『예부운략』의 반절법은 역시 고증할 수 있으나 다만 오늘날의 속음(실제음)으로 밝히면 해석할 수 없는 점이 있다. 심약(梁나라 사람, 441~513)이 말한 '개'・'합'의 뒤섞임도 역시 중엽의 음을 가리킨 것뿐이

다.(詩經에 '昔在中葉'이라고 있음. 中葉은 어느 한 시기)

霞：闢翕圖는 可以新行禮韻附錄闢翕圖로 考之하나 烏要于由等分闢翕之不相同은 何也오? 且禮附則有丨伊而無·兒하고 圖說則有·而無丨는 何也오?

소옹의 황극경세성음창화도는 새로 간행된『예부운략』부록 벽흡도(운모도)로 고찰할 수가 있으나 烏(ㅗ)·要(ㅛ)·于(ㅜ)·由(ㅠ) 등 闢과 翕의 분류가 같지 않으니 무슨 까닭이오? 또『예부운략』부록에는 丨伊는 있어도 ·兒 가 없고,「경세정운도설」(최석정이 숙종 4년, 1678년에 편찬한 것)에는 ·는 있어도 丨는 없으니 무슨 까닭이오?

明：闢翕圖烏要與禮韻附印不同云云은 禮韻附錄이 因邵氏二十八聲하야 分排勢沒奈何하야 烏要于由分屬闢翕有伊而無兒音者는 此也라. 正音은 元有三十二이니 可知經世之疏漏矣라. 今訓民則依天地本然之元聲하야 推去하니 故로 具三十二音하고 其有兒而無伊音者는 伊在ᅴ伊應之中故也라.

벽흡도의 ㅗㅛ와『예부운략』부록이 같지 않다고 한 데 대하여 말하면,『예부운략』부록이 소옹의 二十八성(운모음)에 바탕을 둔 것이라, 분류할 때 어찌할 수 없어서, ㅗㅛㅜㅠ가 벽흡에 나뉘어 소속되어, 丨는 있고 ·가 없는 것이 이 때문이다. 훈민정음의 모음은 원래 32이니 소옹의 경세성음창화도의 소루함을 알 수 있을 것이다. 이제 훈민정음은 천지 본연의 원래 소리(중성음)에 바탕을 두고 확대한 것이라 32음을 갖추고 있고, ·는 있고 丨가 없는 것은 丨가 'ᅴ伊應' 속에 있기 때문이다.

霞：終聲說曰 其見於文字면 凡得二十音云 而齒音之思聲과 喉音之益聲과 脣輕音之非聲之爲終聲者를 於圖攝中未見이니 有所用處면 何從而定其所用邪아?

종성을 말하기를 한자의 종성을 보면 무릇 12음을 얻을 수가 있다고 했는데, 치음의 ㅅ(思), 후음의 ㅇ(㒶), 순경음의 ㅸ(非)음이 종성이 된 것을 「도섭」 안에서 볼 수가 없으니 쓸 곳이 있으면 무엇을 좇아서 그 쓸 곳을 정해야 되겠는가?

明 : 終聲十二云云은 喉音之㒶聲是歌麻韻之入聲이니 歌架箇강各가ㆆ요 脣輕音之非聲是蕭肴之入聲이니 驕矯驕걓脚걓요 此法詳見於本朝崔世珍所撰四聲通解니라.

종성 12이라는 것은, 후음의 ㅇ(㒶)성은 歌·麻운의 입성이니 '歌架箇강'와 '各강'요, 순경음의 ㅸ(非)성은 蕭·肴운의 입성이니 '驕矯'와 '驕걓'·'脚걓'다. 이에 대해서는 우리나라 최세진이 편찬한 『사성통해』에 자세히 나와 있다.

※ 여기의 설명을 보면 明谷이 운미음을 입성으로 인식하고 있었던 것 같다.

霞 : 攝義未詳이니 出自何書오? 橢輿等目字所取는 何據오? 本圖字音中에 其攝名本字를 不必爲綱하고 而特取爲攝目은 何故오? 其下或用卦名하고 而至劉氏指南等處攝名紛紜增多는 又何義也오?

'攝'이라는 뜻을 알 수 없으니 어느 책에서 나온 것이오? 橢·輿 등 운목 글자는 어디에서 따온 것이오? 이 도표(『경세정운』)의 자음 가운데 그 攝이름의 원래 글자를 반드시 벼리로 삼지 않고 특별히 따서 攝目으로 삼은 것은 무슨 까닭이오? 그 아래에 때로는 卦이름을 쓰고, 劉氏의 指南(元나라 劉鑑이 지은 『切韻指南』을 가리킴) 등에 이르러는 攝이름이 여러가지로 많아진 것은 또 무슨 뜻이오?

明 : 韻攝云云 攝字는 本出唐韻이니 是孫愐所著요 性理大全輯注에 所謂括唐韻之內外八轉者가 是也라. 但唐韻에 亦多紕繆하고 元時에 劉士明著切韻指南하야 今見於羣書折衷하니 而開合旣混하야 且攝目取字無意義라.

'운섭'이라는 것에 대하여 말하면 '攝'자는 원래 『唐韻』에서 나온 말인데, 이 운서는 손면이 지은 것이요, 『성리대전집주』에서 이른바 『唐韻』의 內外 8轉을 포괄한다고 한 것이 이것이다. 다만 『당운』에는 역시 잘못된 곳이 많으며, 元나라 때 유사명이 『절운지남』을 지었으며 이제 여러 책에서 절충한 것을 보니 개・합이 이미 뒤섞이어서 또한 섭목의 글자를 취한 것이 뜻이 없게 되었다.

止蟹江山之屬은 以韻目猶有說也라. 通曾流深之屬은 取別字하야 不可爲準이라 故로 鼎改定攝目이라. 初以卦名하고 後以別字改之는 因作序韻攝一篇은 如易序卦之體요 橢輿等字는 不過取本攝之內一字以標之요 非有深意니 此는 與韻目東冬紙尾로 何異오?

止・蟹・江・山섭에 속하는 글자들은 운목에 관하여 아직도 여러 설이 있다. 通・曾・流・深섭에 속하는 글자들은, 다른 글자를 취하여 기준으로 할 수 없어서, 鼎(최석정)이 고쳐서 섭목을 정했다. 처음에는 괘이름으로 하고 나중에 다른 글자로 고친 것은 운섭 차례 1편을 지었기 때문이며, 괘의 형체에 관한 역의 차례와 같은 것이며, 橢・輿 같은 글자는 같은 섭 안의 한 글자를 취하여 표로 삼았을 뿐이고 깊은 뜻이 있는 것은 아니니, 이것은 東・冬・紙・尾 같은 운목이 (아무 뜻이 없는 것)과 무엇이 다르리오?

霞 : 艮宮之顋攝과 酳攝, 坤宮之任攝은 有無字之圖하나 然이나 任攝은 有圈有韻이니 猶有音聲也라. 顋酳則元無音聲 而尙且以顋酳等으로 攝稱之者는 恐亦無可爲據邪아?

艮궁의 顋섭과 酳섭, 坤궁의 任섭은 글자가 없는 도표에 있으나, 그러나 任섭은 동그라미가 있고 운이 있으니 마치 음성이 있는 것과 같다. 顋・酳는 원래 음성이 없으면서 오히려 또 顋・酳 등으로 攝을 일컫는 것은 아마도 역시 근거가 없는 것이 아니겠는가?

明 : 艮宮二攝은 與諸宮不同하니 강卽과 향卽화 긍卽궈 깅卽귀이니 開口之中에 便成合口하니 故로 二翕四翕空而無字하니 此非牽强而然이니 且雖無音

聲이나 猶立攝目은 如經世之方圓黑圈이 只存其位置而已니라.

艮宮의 두 섭은 여러 궁과 같지 않으니, '걍'가 곧 '관', '향'가 곧 '햔', '긍'가 곧 '구', '깅'가 곧 '귀'이니, 개구 안에서 곧 합구를 이루니, 그러므로 二翕·四翕은 비어 있고 글자가 없으니, 이것은 억지로 이렇게 되는 것이 아니며, 또 비록 음성이 없더라도 그래도 攝目을 세우는 것은 마치 「경세성음창화도」 안의 方圓·黑圈처럼 다만 그 자리만 차지하고 있을 따름이다.

霞：八宮之外兌宮江韻以下六圖는 似是前八宮之再敍者也니 則只宜一從前攝하야 所不入之一半을 十六聲開列也라. 然而兌宮江韻은 旣是別韻而重用發音하고 艮宮交韻은 疊是一韻而變入하고 開音等은 未可曉하니 未知別有佗義邪아?

8궁 외에 兌궁의 江운 이하 6도는 앞의 8궁을 다시 설명한 것과 같은 것이니, 곧 다만 마땅히 오로지 앞 섭을 좇아서 들어가지 않은 반을 16성으로 하나하나 써넣은 것이다. 그러나 兌궁의 江운은 이미 다른 운인데 발음을 거듭 쓴 것이고, 艮궁의 交운은 겹친 것이어서 하나의 운이 변하여 들어간 것이고, 開音 등은 자세히 알 수 없으니, 또 다른 뜻을 가지고 있는지 모르겠소?

明：八宮之外六圖는 固是八宮之內一韻이나 而但江깅變爲걍 山산變爲샨 皆개爲걔 鷄계變爲곙하니 下皆倣此라. 別出者는 與上八宮字와 有妨碍故也라.

8궁 외의 6도는 진실로 8궁 안의 1운이나, 다만 江(깅)은 변하여 '걍'이 되고 山(산)은 변하여 '샨'이 되고 皆(개)는 변하여 '걔'가 되고 鷄(계)는 변하여 '곙'가 되니, 아래는 모두 이와 같다. 달리 나온 것은 위의 8궁자와 어긋남이 있기 때문이다.

交皆等韻을 置諸第一等은 非爲開音也이니 只爲冊張之太繁하야 故로 推移排列而已니 此等處倂宜活看矣라.

交·皆 등의 운을 제1등에 놓은 것은 개음이 되기 때문이 아니고 다만 책장이 너무 많아서 밀어내어 배열한 것뿐이니, 이러한 곳은 마땅히 아울러 살피어야 한다. (活看 : 활용하여 봄)

霞 : 且圖攝中에 凡增多나 禮韻에 所無之字는 據於何書며 而其切韻은 何所取邪아?

또 「도섭」 가운데에 많이 추가했는데, 『예부운략』에 없는 글자는 어떤 책을 근거로 한 것이며, 그 반절은 어디에서 취한 것이오?

明 : 禮韻에 所無之字는 此圖가 只取聲音之別異라. 禮韻所收字數는 僅九千字에 反切之有音無字者가 甚多하야 故로 今取五音集韻하니 通修集韻은 是昌黎孫韓道昭所編에 字數는 多至八萬에 有奇라.

『예부운략』에 없는 글자는 이 도(경세정운도설)에서 다만 성음의 다름만 취했다. 『예부운략』 수록자는 겨우 9천 자에 반절 가운데 음은 있고 글자가 없는 것이 매우 많아서, 이 때문에 이제 『오음집운』(金나라 때, 1211)을 취했다. 『集韻』을 엮은 것은 韓昌黎(이름은 韓愈, 昌黎는 호, 768~824) 후손인 한도소가 편찬한 것인데, 글자수가 많아서 8만여 자에 이르고 특이한 글자도 있다.

霞 : 反切之法이 自漢으로 註解已有之인데 今直謂出自梵天하니 如何오? 此雖主三十六字母而言이나 然이나 或涉無辨邪아?

반절법이 한나라 때부터라고 주해에 이미 있는데, 이제 인도로부터 나왔다고 하니 어떻게 된 것이오? 이것은 비록 36자모를 중심으로 말한 것이나, 그러나 혹시 관련성이 있는데 구별하지 않은 것인가?

明 : 叶韻之法은 或一宮四攝이 通以爲叶하고 或以他宮相近之音이 通叶하니 如乾宮은 與巽하고 兌宮은 與坎이 是已라. 又酉攝은 與輿之四翕과 叶하고 震宮은 與坤亦相叶하며 又義攝之開音은 空而無字나 借歌戈爲音하고 永攝之開音은 空而無字나 借岡光爲音하니 此가 其大體也라.

운을 조화시키는 법은 혹 한 궁 안의 4섭이 통해서 조화를 이루기도 하고 혹 다른 궁의 가까운 음이 조화를 이루기도 하니, 예를 들면 乾궁은 巽과, 兌궁은 坎과 조화를 이루는 것이 이것이다. 또 畬섭은 輿의 4翕과 조화를 이루고, 震궁은 坤과 역시 서로 조화를 이루며, 또 義섭의 開音은 빈칸으로 글자가 없는데 歌·戈를 빌려서 음을 이루고, 永섭의 開音은 빈칸으로 글자가 없는데 岡·光을 빌려서 음을 이루니, 이것이 중요한 이치다.

且支與胎('脂'의 잘못)之三韻은 古則絶異하야 故로 詩三百及楚辭古歌詩는 皆不通叶이러니 唯之韻姬期는 却與臺來와 叶하고 支韻枝知는 與涯와 叶하고 綺被는 與解와 叶하니 皆同攝之內故也라. 李唐時에 字音이 已訛하야 故로 禮韻合三爲一已成이라.

또 支·胎('脂'의 잘못)·之 3운은 옛날에는 절대적으로 달랐기 때문에, 시경과 조사 같은 옛날 가·시에서는 모두 조화를 이루시 못했는데, 오직 之운의 姬·期는 오히려 臺·來와 조화하고, 支운의 枝·知는 涯와 조화하고 綺·被는 解와 조화하니, 모두 같은 섭 안에 있기 때문이다. 이씨의 당나라 때 자음이 이미 변하였기 때문에 『예부운략』에서는 셋을 합하여 하나로 이룩한 것이다.

功令을 今不可改나 其元初界限族派는 自有라 不可誣者나 不得不闡明也라. 此外又有別叶을 不可勝紀五贊이라 飜切이 出自梵天云者는 西僧了義始刱字母하야 而未備러니 其後神珙眞空等繼之하야 始備三十六母라. 漢時에 未有飜切하야 史漢註中所載는 是顔師古司馬禎等所追加라.

이루어진 법(학문의 功課에 관한 규칙, 文科 과거 때의 여러가지 글)을 고칠 수는 없으나 그 애당초 한계족파(한계·구획과 계보)는 스스로 있는 것이라 헐뜯어서 안될 것이나, 부득이 밝혀야 한다. 이 밖에 또 따로 조화를 이루는 것이 있으니, 五贊(『경세정운』 오찬을 말함)을 이루 다 기록할 수 없으나, 반절이 인도로부터 나왔다고 말한 것은, 인도 승 요의가 처음으로 자모를 시작했는데 제대로 갖추어져 있지 않아서, 그 뒤 신공·진공 등이 이를 이어서 비로소 36모가 갖추어진 것을 말하는 것이다. 한나라 때에는 아직 반절법이 없어서, 사기의 한서 주 가운데 기록되어 있는 것은 안사고(581～645)·사마정 등이 추가한 것이다.

霞 : 蔡氏之於經世에 可謂深於其學者也라. 今與癈疾并稱하니 膏肓如何오?

채씨(蔡元定)는 『황극경세서』에 대하여 가위 그 분야에 깊이 연구한 사람이다. 이제 잘못된 것(불구자)과 낫기 어려운 부분을 함께 일컬음이 어떠한지?

明 : 蔡氏固深於經世나 而其於聲音數에 無甚發明하고 只依倣訓解而已라. 祝氏所論은 多舛駁己論於折衷矣라. 鄭氏以何休爲膏肓하고 范氏爲廢疾하니 此猶言成癖云爾라. 鼎亦只取沈潛癖하야 好而已라.

채씨는 참으로 경세서에 대한 이해가 깊으나 성음수에 대해서는 자세히 설명한 일이 없고 다만 훈해를 모방했을 따름이다. 축씨(祝泌)의 설은 많이 틀리고 자기 소론은 절충에서 자기 주장이 많이 뒤섞이었다. 정씨(정제두)는 어째서 낫기 어려운 병을 끝내려고 하고, 范씨를 불구자(잘못된 사람)로 하니, 이것은 마치 고질을 이루었다고 말하는 것과 같다. 나 석정은 역시 다만 고질에 깊이 빠져 잠긴 것을 취하여 좋아할 뿐이다.

霞 : 群書折衷이 以廣韻으로 先於沈韻者는 豈以音母爲先而然邪아!

여러 책을 절충함에 『광운』이 심약(441～513)의 운서보다 앞선 것은 어찌 音으로써 母를 먼저 해서 그렇게 되었겠는가!

明 : 羣書折衷에 廣韻이 先於沈約者는 以廣韻三十六母로 爲主故耳라. 沈韻是四聲之祖나 鼎未曾得見全書하고 只以見於他書者라 略記如此矣라.

여러 책을 절충함에 광운이 심약보다 앞선 것은 광운 36모를 주로 하였기 때문일 뿐이다. 심약의 운서는 사성의 비조이나, 석정은 아직 일찍이 그 책을 얻어보지 못하고 다만 다른 책에서 보았을 뿐이라 이와 같이 간단히 기록하는 것이다.

※ 이 글의 앞 部分은 연세대학교 국학연구원에서 계획한 『실학연구총서』 가운데 한 항목의 내용과 일부 겹친다. 『총서』의 한 항목인 「실학시대의 문자·음운에 관한 연구」는 거의 순 한글로 쓰였고, 최석정의 『경세정운』에 대한 고찰도 포함되어 있다. (2006)

〈附〉聲音解 : 花潭集 권2

≪해설≫

宋나라 邵雍(1011~1077)은, 일종의 韻圖인 「皇極經世聲音圖」를 작성하여 그가 생각하고 있는 11세기의 현실 漢語 가운데 특히 開封 지역(宋나라 首都)의 字音體系를 보이었다. 소옹은 漢語의 音節을 '聲'(韻)과 '音'(聲)으로 분석하고, '聲'을 天, '音'을 地라 하고, 天地의 配合으로 생길 수 있는 모든 音節表를 만든 것이다. 이 소옹의 '성음도'(律呂 聲音 部分)는 그의 저서인 『皇極經世書』(본래는 數理를 밝힌 책, 12권)의 권7부터 권10까지에 걸쳐서 수록되어 있다.

每卷 4篇, 모두 16篇으로 이루어져 있고, 各篇은 上段에 聲圖(韻類에 해당함), 下段에 音圖(聲類에 해당함)를 배열하여 모두 32圖로 되어 있는데, 이 32도의 앞에 이들을 요약한 10正聲 12正音圖(十聲十二音唱和圖라고도 함)가 실려 있다.

『皇極經世書』는 『性理大全』(1415) 권7부터 실려 있고 「창화도」는 권8에 수록되어 있다.

소옹은 이 「창화도」에서 '聲'(韻)을 闢(開口)과 翕(合口)으로 나누고, 平(日)・上(月)・去(星)・入(辰)으로 나누었다. '音'(聲類)을 淸과 濁으로 나누고 等에 해당하는 구별을 開(水)・發(火)・收(土)・閉(石)라고 하였다.

『花潭集』 권2에 수록되어 있는 「聲音解」는 中宗 때의 徐敬德(1489~1546)이 「皇極經世聲音唱和圖」에 대하여 자세히 해설한 글이다.

1415年(明 永樂 13)에 편찬되어, 1419年(朝鮮 世宗 1)에 우리나라에 전래된 『性理大全』은 1443年(세종 25)의 訓民正音 창제 때에도 여러 면에 걸쳐서 참고하였었는데, 그 뒤 이와 같이 徐花潭이 관심을 가졌었으며, 숙종 때 崔錫鼎의 『經世正韻』(1678, 숙종 4), 英祖 때 申景濬의 『韻解訓民正音』(1750, 영조 26)도 이 「창화도」의 영향을 받은 저술이었다.

다음에 「성음해」를 번역하고 괄호 안에 간단히 주를 기록해 보겠다.

天有陰陽大小異氣하고 地有剛柔大小異質하며 氣變於上而象生焉하고 質化於下而形具焉이라. 日月星辰이 成象於天하고 水火土石이 成形於地하며 象動於天而萬時生하고 形交於地而萬物成하며 時之與物有數存焉이니라. (괄호 안의 글은 필자의 註)

하늘에는 음과 양의 크고 작은 다른 氣(자연계의 현상)가 있고, 땅에는 剛과 柔의 크고 작은 質(물질의 바탕)이 있으며, 氣가 위에서 변해서 象(자연스럽게 나타나는 형태)이 생기며, 質이 아래에서 변화해서 具(도구)가 나타난다. 日月星辰이 하늘에서 象(형태)이 이루어지며 水火土石이 땅에서 形(형체)이 이루어진다. (日月星辰의) 象이 하늘에서 바뀌어서 만시가 생겨나며 (水火土石의) 形이 땅에서 서로 교제하여 만물이 이루어지는데, 시와 물건에는 數가 존재하는 것이다.

物有聲色氣味하며 聲之數爲盛하니 故로 邵子窮陰陽剛柔大小之數하야 原本以推體하고 推體以致用하며 致用則體數退而本數藏矣라.

물체에는 성색(말소리와 얼굴빛)과 냄새(성향)가 있으며, 聲(소리)의 수가 가장 많아서(盛 : 왕성하다) 소옹(邵雍)이 음양·강유·대소의 수를 밝혀서, 사물의 근원으로써 體(본체)를 밝히고, 본체를 밝히어 실제에 응용할 수 있게 하며, 치용하면 체의 수가 줄고 근본의 수가 숨게 되는 것이다.

天之用數는 百有十二요 地之用數는 百有五十二니 於是에 推正聲正音之字母하야 列之爲圖하고 聲有高下하니 故로 分以平上去入하고 闢翕이 隨焉하며 音有屈伸하니 故로 別以開發收閉하고 淸濁이 隨焉하니라.

천의 용수는 112요 지의 용수는 152이니 이에 정성과 정음의 자모를 밝혀서 도표에 나열하고, 聲에는 높낮이가 있으므로 평·상·거·입으로 나누고 闢翕(원순성과 비원순성)이 이에 따르며, 音에는 굴신(굽혔다 폈다 하는 것)이 있으므로 개·발·수·폐(소옹의 용어)로 나누고 청과 탁이 이에 따른다.

日日聲은 陽之陽也니 其聲이 宜平이요 以闢으로 多良以下七聲이 皆爲平하고 闢之字則知其爲日日聲이요 陽則主闢也라. 日月聲은 陽與陰也니 其聲이 宜平이요 以翕으로 禾光以下六聲이 皆爲平하고 翕之字則知其爲日月聲이요 陰則主翕也라.

일일성은 양의 양이니 그 성조가 마땅히 평성이요, 闢(비원순모음, 개구)으로서 多·良 이하 7성이 모두 평성이 되고, 闢란에 나열되어 있는 글자(字音)들이 日日聲이 되는 것을 알 수 있고, 陽은 闢音을 주관한다.

일월성은 양과 음이며 그 성조는 마땅히 평성이요, 翕(원순모음, 合口)으로서 禾·光 이하 6성이 모두 평성이 되고, 翕란에 나열되어 있는 글자(字音)들이 日月聲이 되는 것을 알 수 있고, 陰은 翕音을 주관한다. (이 글은 正聲正音圖에 나열되어 있는 字音에 대한 설명이다.)

日爲暑하고 月爲寒하니 寒者는 暑之餘也며 陰從陽者也라. 故月之聲은 從日之星하고 而禾之聲은 多聲之變也요 光之聲은 良聲之變也라. 日月은 同聲而特闢翕異하야 讀宮與龍之聲則 知龍聲乃宮聲之變也라.

해는 덥고 달은 찬데, 차다는 것은 더운 것의 여분이며, 음은 양에서 나온 것이다. 그러므로 皇極經世聲音唱和圖表上의 十聲圖(韻母音表) 月란에 있는 聲(운모음)은 日란에 있는 星에서 나온 것이어서, 성음창화도 제1성란에 배열되어 있는 禾란의 성은 日日聲 제1성란에 배열되어 있는 多란의 성이 변한 것이며, 日月聲 제2성 光란의 성은 日日聲 제2성 良란의 성이 변한 것이다. 日란과 月란에 배열되어 있는 음은 같은 음(자음)이지만 다만 闢(비원순, 개구)과 翕(원순, 합구)으로 달라서, 日日聲의 제6성 宮란과 日月聲의 제6성 龍란에 배열된 성(운모음)을 발음할 때에는, 龍란에 배열된 성(운모음)이 곧 宮란에 배열된 성(운모음)이 변한 것이라는 것을 알 것이다.

而變闢爲翕者는 爾獨心聲이니 變之爲翕則推不得이라 是爲龍字下白圈이요 乃有聲而無字者也라. 若使心聲變하야 以爲翕聲則 似可作琴字나 然이나 非

翕聲之正也요 白圈之不成字를 調之則 琴聲之似也나 三箇黑圈이 列於每聲之下者는 卽所去陰體數四十八也니 是不唯無字乃無聲者也라.

闢(비원순운모음, 개구)을 변화시켜 翕(원순운모음, 합구)이 되게 하는 것은 황극경세성음창화도 정성도 日日聲 제7성 心란에 배열되어 있는 성뿐이니, 그것을 변화시켜 翕음이 되게 하려 해도 바꾸어 낼 수 없으므로(변화시켜 낼 수 없으므로) 이것이 日月聲의 제6성 龍자란 다음의 제7성란은 흰 동그라미가 된 까닭이며, 곧 성(소리)은 있어도 이를 나타낼 글자가 없는 것을 보인 것이다. 만일에 心란의 성을 변화시켜 翕음이 되게 하면 '琴'자를 만들 수 있을 것 같으나 그러나 翕성의 정음은 아니며, 흰 동그라미로서 글자를 이루지 못하는 것을 조절하면 琴성 비슷하게 될 것이나, 세 개의 검은 동그라미가 聲마다 아래에 배열되어 있는 것은 곧 陰의 體數 48을 뺀 것이니, 이것은 다만 글자가 없다는 것이지 곧 소리가 없다는 것은 아니다.

日星聲은 太陽中之少陽也라 其聲이 亦宜平闢이로되 比日日聲則爲不甚闢이라. 開丁以下六聲이 皆爲平闢之轉이니 則知其爲日星聲이나 但不若太陽之太闢爾라.

황극경세성음창화도 10聲圖의 日(평성)과 1부터 7까지의 聲圖 星란에 배열되어 있는 성(운모음)은 太陽 중의 少陽이라 그 성(운모음)이 역시 마땅히 평성의 闢(비원순운모음, 개구)이 되어야 하나, 10성도의 日(평성)란과 1부터 7까지의 聲圖 日란에 배열되어 있는 성(운모음)에 비하여 闢(비원순성)이 심하지 않다. 제1성도의 '開'와 제2성도의 '丁'부터 제7성도의 '男'란까지에 배열되어 있는 자음들은 모두 평성의 闢음이 변한 것이니 곧 그것이 日星聲이 되는 것을 알 수 있을 것이나, 다만 太陽(日日聲)의 太闢과 같지 않을 뿐이다.

日辰聲은 太陽中之少陰也라 其聲이 宜平翕이라 回兄以下六聲이 皆爲平翕之字하야 而其於太陰之翕也니 則知其爲日辰之聲이라. 星爲晝하고 辰爲夜하니

夜者는 晝之餘요 而陰從陽者也라 故로 辰之聲은 從星之聲하야 而回之聲은 開聲之變也요 兄之聲은 丁聲之變也니 星辰은 同聲而唯闢翕異爾라.

10정성도의 日(평성)란과 1성도부터 7성도까지 배열되어 있는 辰란의 성(운모음)은 太陽 中의 少陰이라 그 성(운모음)이 마땅히 평성이고 翕(원순운모음, 합구)이어서, 1성도의 回란과 2성도의 兄란부터 7성도까지 모두 평성의 翕(원순운모음)의 글자가 되어 太陰의 翕이 되니, 곧 그것이 日辰의 聲(운모음)이 된다는 것을 알 수 있다. 星이 낮이 되고 辰이 밤이 되니, 밤은 낮의 연속이며 음은 양을 따르는 것이라, 各 성도 辰란의 성(운모음) 배열은 星란의 성(운모음) 배열을 따라서, 제1성도 辰란의 '回' 계열 자음은 제1성도 星란의 '開' 계열 자음이 변한 것이며, 제2성도 辰란의 '兄'의 성은 제2성도 星란의 '丁'의 성이 변한 것이니, 星란과 辰란에 배열되어 있는 음(자음)은 같은 음이며 다만 闢(비원순)과 翕(원순)이 다를 뿐이다.

君烏二字下白圈은 乃牛男二聲之推不得者也니 推其例면 變闢爲翕則 牛字似可作鉤聲하고 男字似可作堪聲이나 然이나 闢翕이 不揩正인 故로 不爲字而徒有其聲也라. 龜字는 乃牛字下白圈之成字者也라.

제3성도 君란과 제6성도 烏란의 아래 즉 제4성도와 제7성도 辰란의 흰 동그라미는, 곧 제4성도 星란의 牛와 제7성도 星란의 男의 두 성(운모음)을 변화시켜 내지 못함을 뜻하는 것이니, 이 예로 미루어본다면 闢이 변하여 翕이 되는 것이므로, 牛字는 鉤성이 될 수 있을 것 같고 男字는 堪성이 될 수 있을 것 같으나, 그러나 闢과 翕이 揩正(바른 것을 모으다)이 되지 못하는 고로 글자(자음)가 되지 못하고 다만 그 성(운모음)만 있는 것이다. 제5성도 辰란의 龜字는 곧 제4성도 牛字 아래의 흰 동그라미가 이룬 글자(자음)다.

推聲之變字로 固不成於闢而成於翕者가 亦有하며 成於闢而不成於翕者也하야 牛下之圈은 從日日聲하야 妻字之變而不成字者也라.

성(운모음)을 확장시켜 변한 글자(자음)로 진실로 闢(비원순운모음)을 이루지 못하고 翕(원순운모음)이 된 것이 또 있고 闢을 이루고 翕을 이루지 못한 것이 있어서, 제4성도 星란의 牛 아래의 동그라미는 日(평성)과 제5성도 日란의 성을 따라서, 제5성도 日란의 '妻'자(자음)가 변해서 글자(자음)를 이루지 못한 것이다.

上去入三聲은 皆平聲之推也니 月日星日辰日之聲이 皆多聲等字之變也요 日月星月辰月之聲은 皆禾字等聲之變也요 月辰星辰辰辰之聲은 回字等聲之變也라.

상·거·입 3성은 모두 평성을 확대한 것이니, 月(상성)과 제1성도의 日, 星(거성)과 제1성도의 日, 辰(입성)과 제1성도의 日이 결합하여 표시하는 성(운모음)은 모두 제1성도의 '多'의 성(운모음) 등의 글자(자음)가 변한 것이요, 日(평성)과 제1성도의 月, 星(거성)과 제1성도의 月, 辰(입성)과 제1성도의 月과 결합되어 나타내는 성(운모음)은 모두 제1성도의 '禾'자 등의 성(운모음)이 변화한 것이요, 月(상성)과 제1성도의 辰, 星(거성)과 제1성도의 辰, 辰(입성)과 제1성도의 辰이 결합되어 나타내는 성(운모음)은 제1성도 '回'자 등의 성(운모음)이 변한 것이다.

其中白圈은 皆從其變位니 第幾字而推也면 字聲之無窮於八十三聲之調하니 是自然之理요 更推不去라.

그 가운데 흰 동그라미는 모두 그 변한 자리를 따른 것이니, 다만 몇 글자(운모음)만 가지고 확대하면 자성(운모음)이 10正音圖에 배열된 83성(운모음)의 調(調和)보다 무궁하니, 이것이 자연의 이치요 더 확대할 수가 없다.

又約以求其本則 不出於多禾開回四聲七調之外矣라.

또 요약해서 그 근본을 구하려고 한다면 제1성도에 배열되어 있는 多·禾·開·回의 4성(운모음)과 제1성음도~제7성음도의 밖으로 벗어날 수가 없다.

至於水火土石之音則 與日月星辰之聲으로 共變이 同一規也니 其開發收閉之四調가 切以淸濁하니 猶平上去入之四變이 分以闢翕也라.

성모를 나타내는 12正音圖의 水火土石의 음(성모)은 운모음을 나타내는 10正聲圖의 日月星辰의 성(운모음)과 함께 그 변화가 같은 규칙으로 이루어지는 것이니, 12正音圖의 開發收閉라는 네 분류가 淸·濁과 결합되어 하나의 자음을 나타내는 방식은, 운모음이 平上去入으로 변하여 闢과 翕으로 나뉘는 것과 같다.

惟在聲則 陽爲闢而陰爲翕하고 在音則 柔爲淸而剛爲濁하니 其故何也오? 以水則明而火則暗하고 土則疎而石則確爾라. 水者는 火之質이요 火生於水하니 故로 火之音은 從水之音하고 土者는 石之質이요 而石生於土하니 故로 石之音은 從土之音也라. 是則淸濁有異而音則相從而近也라.

생각컨대 성(운모음)에 있어서는 (소옹의 「황극경세성음창화도」를 가지고 본다면) 陽이 闢이 되고 陰이 翕이 되며, 音(성 모)에 있어서는 柔가 淸이 되고 剛이 濁이 되니, 그 까닭이 무엇인가? 12正音圖上에 배열되어 있는 水火土石을 보면, 물(水)은 밝고 불(火)은 어두우며, 흙(土)은 성글고 돌(石)은 단단하다. 물(水)은 불(火)의 바탕이요 불(火)은 물(水)에서 생겨나는 것이므로, 火란에 배열되어 있는 음(성모)은 水란에 배열되어 있는 음을 따르고, 흙(土)이라는 것은 돌(石)의 바탕이요 돌(石)은 흙에서 생겨나는 것이므로, 石란에 배열된 음은 土란에 배열되어 있는 음을 따른다. 이러한즉 청·탁의 다름이 있으나 음(성모)은 서로 따르고도 가까운 것이다.

發收閉三音之調는 皆開音四調之變也라. 黑圈之方은 卽所去陽體數四十이니 是爲無音者也라. 其白圈之方은 皆前音之推不得하야 而有音無字者也라. 火土之音이 多於他音은 何也오? 四行之中에 土가 居其多하고 其生成之數도 亦多요 火는 潛而不常現하나 其用則至大라.

12正音圖 안의 發·收·閉 3음(성모)의 분류는 모두 開란에 배열되어 있

는 음(성모)이 4단계로 변화한 것이다. 검은 사각형은 곧 陽의 體數 40을 뺀 것이니, 이것은 음이 없는 것이 된다. 흰 사각형은 모두 앞의 음이 확대되지 못한 것이니, 음(성모)은 있으나 이를 나타낼 글자가 없는 것이다. 12正音圖에서 火(發)와 土(收)란에 배열된 음(성모)이 다른 난의 음보다 많은 것은 무슨 까닭인가? 「황극경세성음창화도」에서 地로 간주한 正音圖의 4행(정음도는 4행으로 구성되어 있음) 가운데에서 土가 많은 자리를 차지하고 있고 거기에서 생성되는 수도 또한 많으며, 火는 숨어 있어서 늘 나타나는 것이 아니나 그 쓰임은 매우 크기 때문이다.

辰之入聲과 石之閉音이 獨少於他는 何也오?

正聲圖 辰란의 入聲과 正音圖 石란의 閉音이 홀로 다른 음보다도 적은 것은 무슨 까닭인가?

天有四辰이나 日月星則顯而辰不顯하고 且辰屬夜하니 自戌至寅爲夜하고 夏至萬物用事之하며 夜極短則 戌與寅이 猶在用數而亥子丑全不用也라.

하늘에는 네 별(여기서는 日月星辰)이 있는데, 日・月・星은 나타나되 辰은 나타나지 않고, 또 辰은 밤에 속하니 술시(하오 7~9시)부터 인시(상오 3~5시)까지가 밤이 되고, 여름에 이르러 만물이 이를 활용하며, 밤이 극히 짧으면 술시로부터 인시에 이르기까지가 마치 쓸 수 있는 수이나, 해시(하오 9~11시)・자시(하오 11~상오 1시)・축시(상오 1~3시)를 전연 쓰지 않는 것과 같다.

地有四行하니 水火土居多하고 石次焉하니 石之爲物은 全於質而氣不饒하야 故로 不能生物化物하니 然則辰石之字가 不亦少乎아!

「황극경세성음창화도」에서 地를 음(성모음)과 결합시켜서 12正音圖에서는 水火土石으로 분류하였으니, 水란(開)과 火란(發), 土란(收)에 배열된 자음들은 많고, 石란(閉)에 배열된 자음은 그 다음이니, 돌이 물건(物은 이 세상의 모든 것)이 되는 것은 전적으로 바탕을 둔 것이나, 氣(자연계의 현상)는 많지 않아서 물건을 만들어낼 수 없고 물건으로 변화될 수 없으니, 그러한즉 10정성도 辰란(입성)과 12정음도 石란의 글자가 또 적지 않겠는가!

聲之數가 止七하고 音之數가 止九는 何也오?

성(운모음)의 수가 正聲圖上 7에서 그치고 음(성모)의 수가 正音圖上 9에서 그치는 것은 무슨 까닭인가?

天之用數는 常盈於六而極於七하니 故로 天星之明可見者는 北斗이나 而數止七하고 晝夜之數는 過七則變矣라.

天의 用數는 늘 6에서 가득차고 7에서는 극에 달하는 까닭에, 하늘 별의 밝음을 볼 수 있는 것은 북두칠성이나 數가 七에서 그치고, 낮과 밤의 수는 7을 넘으면 변하는 것이다.

地之用數는 常止於九하니 故로 開物於月之戌亥子丑하고 三月不爲用數하고 究於九而變化極矣라. 是則聲은 不得不七箇調列하고 音은 不得不九樣調列하고 音은 不得不九樣調切하니 聲衍以至於八十三字하고 音衍以至於百有三十二字하야 摠聲音字母之數二百有一十五하야 括盡變化之要라.

地의 用數는 늘 9에서 그치니 그러므로 月의 戌·亥·子·丑(밤 7시~새벽 3시)에 개물하고, 3의 月은 용수가 될 수 없고, 9에서 다해서 변화가 극에 달하는 것이다. 이러한즉 성(운모음)은 반드시 7단계로 배열해야 하고 음(성모)은 반드시 9가지 단계로 배열해야 하며, 음은 반드시 9가지 모습으로 자음을 나타내야 하니, 성(운모음)을 늘리면 83자(자음)에 이르며 음(성모)을 늘리면 132자(자음)에 이르러, 성과 음의 총 자모수는 215에 달하여 변화의 요점을 두루 다 포괄하는 것이다.

雖二萬八千九百八十一萬六千五百七十六字之變이라도 皆不能出此區域

하야 以其撮其本而紀其會爾라 有如諺書之十六字母로 約而盡矣라. 天地之數는 窮於十六이니 日月星辰之聲과 水火土石之音이 相乘而皆至於十六矣라.

비록 289,816,576자의 변화라고 하더라도 모두 이 구역에서 나갈 수 없으니, 그 근본을 간추려서 그 구성을 기록할 뿐이라, 한글의 16자모 같은 것으로도 요약하여 다 나타낼 수 있다. 천지의 수는 16으로 끝나는 것이니, 正聲圖 日月星辰란의 성(운모음)과 正音圖 水火土石란의 음(성모)이 서로 결합하여 모두 16에 이르는 것이다.

聲主淸濁하고 而音主闢翕이어늘 乃反以闢翕隨聲而淸濁隨音은 何也오?

성(운모음)이 정음도란의 음(성모)의 청・탁을 주관하고 음(성모)이 정성도란의 운모음의 벽・흡을 주관하여야 되거늘, 곧 도리어 벽・흡이 성(운모음)을 따르고 청・탁이 음(성모)을 따르는 것은 무슨 까닭인가?

其平上去入은 卽聲之淸濁이요 而開發收閉는 卽音之闢翕이니 故로 淸濁隨音而闢翕隨聲互相備하야 而以見聲字之不能無音이요 音字之不能無聲也라. 故로 平上去入每聲之中에 開發收閉字가 具焉하고 開發收閉每音之中에 平上去入之字가 具焉하니라.

저 평・상・거・입은 즉 성의 청・탁이고, 개・발・수・폐는 곧 음의 벽・흡이니, 고로 청・탁이 음을 따르고 벽흡이 성을 따라서 서로 갖추어져 있어서, 성(10성도)에 배열된 글자(자음)가 음이 없을 수가 없고 음(12음도)에 배열된 글자(자음)가 성이 없을 수 없는 것을 알 수 있다. 그러므로 평・상・거・입의 성마다 개・발・수・폐 글자가 갖추어져 있고, 개・발・수・폐의 음마다 평・상・거・입 글자가 갖추어져 있는 것이다.

日月聲은 必以多良以下七字로 當之하니 何也오?

正聲圖에 배열되어 있는 日란의 성과 月란의 성은 반드시 제1성도부터 제7성도 日란에 배열되어 있는 多・良 이하 7자(자음)가 마땅하다고 하였으니, 무슨 까닭인가?

是則於字林中에 求其平闢之聲이면 如多良等字聲異而平闢同則 引以當之니 不必多良獨可爲平闢之聲이요 推多良之聲類則 凡可爲平闢者는 皆爲日日聲하야 此持括其字母爾라.

이러한즉 수많은 글자(자음) 가운데에서 평성이고 벽인 성(운모음)을 구하려고 한다면, 多·良 등의 글자처럼 성(운모음)은 달라도 평성이고 벽인 것은 같으면 이를 인용하여 마땅하다고 하면 되는 것이니, 반드시 多·良만 홀로 평성이고 벽인 성이 된다는 것이 아니고, 多·良의 성류로 미루어본다면, 무릇 평성·벽이 될 수 있는 것은 모두 일일성이 되어, 이것이 그 자모를 포괄하는 것이다.

古黑等字도 亦然이라. 音主調切하니 故不拘於平上去入而惟하건대 開淸同調則 當水水之音이요 不必古黑이 獨爲開淸也라.

正音圖 안의 古·黑 같은 글자(자음)도 역시 이와 같다. 음(성모)이 자음 표시를 주관하므로 평·상·거·입성에 얽매이지 않고 생각하면, 정음도 안의 開란과 淸란이 같으면 마땅히 水와 水가 결합된 음(성모)으로 표시되는 것이요, 古와 黑만 홀로 개·청이 될 필요는 없는 것이다.

音之調는 不出於喉𠰥咢舌齒唇이나 而喉𠰥咢舌齒唇之交則變化無窮하고 開發收閉는 枯盡喉舌齒唇之變하거늘 聲不出平上去入하고 音不出開發收閉는 何哉아?

음의 변화(조음)는 목구멍·입천장·혀·이·입술에서 나오지 않았으나 이들이 결합하면 음의 변화가 무궁하고, 개·발·수·폐는 목구멍·입천장·혀·이·입술에서 조음되는 음의 변화를 다하거늘, 성이 평·상·거·입을 내지 않고 음이 개·발·수·폐를 내지 않는 것은 무슨 까닭인가?

豈溫凉寒燠氣가 節於四時하고 雪月風花景이 分於四致歟아!

어떻게 덥고 차고 춥고 따뜻한 기운이 4시의 절기가 되고, 눈·달·바람·꽃 같은 자연 경치가 4가지 경계로 나누어지겠는가!

聲音妙處는 在數하니 原其本而致其體하고 退其體而達其用하야 至於窮萬物之數면 非天下之至變이면 其孰能與於此哉아!

성음의 오묘한 곳은 수에 있는 것이니, 그 근본을 밝히고 그 근본(중심)을 실현하고, 그 중심에서 물러나서 그 작용을 나타내어 만물의 수를 다 밝히는데 이르면, 천하의 큰 變이 아니라면 그 무엇이 이와 같이 할 수 있겠는가!

跋前聲音解未盡處(앞의 『성음해』에서 다하지 못한 말)

圓圈而白者는 象陽之虛明이요 方圈而白者는 象陰之虛明이니 虛明之地면 聲音必通이니 今謂之면 有聲音而不成字者는 轉闢爲翕하고 變淸爲濁則 有半聲半音之不成字者는 理之必然이니 無足疑矣라.

흰 동그라미는 陽의 허명(빈 것)을 나타내며 흰 사각형은 陰의 허명을 나타내는 것이니, 허명의 처지면 성음이 반드시 통하는 것이니, 이제 이를 말한다면, 성음이 있는데 글자를 이루지 못하는 것은 闢이 변하여 翕이 되고 淸이 변하여 濁이 되는 것인즉, 半聲·半音으로써 글자를 이루지 못하는 것은 당연한 이치니 의심할 여지가 없는 것이다.

圓圈而黑者는 象陽之窒塞하고 方圈而黑者는 象音之窒塞이니 窒塞之地면 聲音必不通則 非獨無字而聲音亦無也니 字雖不成而半聲音者는 宜著其變하며 其無聲無字者는 宜去之니 亦著於圖者示數之니 體用迭爲進退爾라.

검은 동그라미는 陽이 막힌 것을 나타내며, 검은 사각형은 음이 막힌 것을 나타내는 것이니, 막힌 처지면 성음이 반드시 통하지 않는 것인즉 홀로 글자가 없는 것이 아니라 성음도 역시 없는 것이니, 글자가 비록 이루어지지 않아서 半聲音이 되는 것이라고 하더라도 마땅히 그 변화를 나타내어야 하며, 그 성이 없고 글자도 없는 것은 마땅히 이를 제거하여야 하니, 역시 정성도나 정음도에서 나타내어 이를 수로 보이니, 體와 用이 번갈아 나아가고 물러나는 것이다.

但吾方之音은 多訛하야 故로 難於上去開發之辨하나 然이나 比之華語不失本字之調而差訛爾라. 如宮音白은 舌居中하야 吾亦讀來便如此하니 故로 知差訛而不失本字之調라. 且訛成一規하야 從訛而要通하니 亦有此理라. 看聲音圖하야 理透則便見破了니 初不係邦言之差訛爾라. (象石之音은 疑陰이라.)

다만 우리나라 한자음은, 많이 와전되었기 때문에 上성과 去성, 開와 發의 구별이 힘들기는 하나, 한어에 비하면 본글자의 가락(성조)을 잃지 않아 차이가 나는 것이다. 예를 들면 宮音 白은 혀가 가운데 있어서, 나 역시 책을 읽으면 이와 같으니, 그러므로 차이를 알고서 본글자의 가락을 잃지 않은 것이다. 또 와전도 하나의 규칙을 이루어서 와전을 따르면 통할 수 있으니, 역시 이런 이치가 있는 것이다. 성음도를 보고서 이치에 밝으면 곧 알아낼 수 있으니, 애당초 우리말의 와전에 사로잡힐 것은 없다. (1998.12.25., 洛陽에서)

(『韓國語研究』 3, 2006, 韓國語研究會)

참고 문헌

姜信沆(1992), 『증보개정판 國語學史』, 普成文化社.

兪昌均(1969), 『新稿 國語學史』, 螢雪出版社.

______(1987), 「徐敬德의 '皇極經世聲音解'에 대하여」, 『第一回韓國學國際學術會議論文集』, 仁荷大韓國學研究所.

安東지역 방언의 문체법

1. 머리말

1964년부터 1976년까지 成均館大學校 安東文化圈學術調査團 方言班은 安東地域 方言(安東·奉化·盈德·蔚珍 일대 포함, 이하 '安東方言'이라고 함)에 대하여 약 1,400개의 조사 항목을 가지고 반복 조사를 실시한 뒤 3권의 調査報告書를 펴낸 바 있다(1967, 1971, 1976). 이 글은 이들 자료집을 중심으로 하여 안동방언의 文體法을 정리해 보고자 한다.

이 글을 씀에 있어서 다시금 통감한 일은, native speaker 아닌 조사자가 타지역어의 언어체계를 파악한다는 것이 얼마나 힘든가 하는 사실과 또 그 동안의 조사가 얼마나 소홀했던가 하는 점이다. 더욱이나 崔明玉, 「現代國語의 疑問法硏究-西南 慶南方言을 中心으로-」(1976)에서 너무나도 자세히, 이 지역방언과 유사한 방언의 의문법에 대하여 고찰하고 있으므로 이제 더 이상 부연할 필요가 없는 듯이 느껴진다. 그래서 이 글에서는 최명옥(1976)에서 기술한 것과 같은 상세한 분석이나 통시적인 고찰은 피하고, 간략한 정리에 그치려 한다.

이 글에서 말하는 문체법은, 종결어미(체언의 서술격조사 포함)로 표시되는 敍法을 말한다. 이 문체법은 話者와 聽者와의 사회적 身分·年齡·行列 등의 차이에 따라 下稱·等稱·中稱·上稱 등 몇 階層으로 구분되어, 이를 恭遜法, 尊卑法, 待遇法 등 여러 가지로 일컫고 있으나, 이 글에서는 대우법이라고 하기로 하겠다. 근래 우리들이 이렇게 語尾를 구분하여 대화를 하는 것은, 사회적 신분이나 계층에 따르는 차이보다도, 대화를 할 때 화자가 청자를 어떻게 의식하고 대우하느냐에 따라 달리 나타나는 것이라고 설명된 바가 있는데(서정수, 1972), 보수성이 강하고 전통을 가장 고수하고 있다는 안동지역의 언어에서도 조사자에게는 이런 면이 느껴졌으므로, 이 글에서도 대우법이라는 술어를 쓰기로 한 것이다.

姜信沆(1976)에서 지적한 바와 같이 한마디로 '안동방언'이라고 하더라도 이 지역에서 사용되고 있는 언어는, 각 마을마다 특색을 지니고 있으므로, 이 글에서 기술된 어미들이 각 마을마다 공통적으로 쓰이고 있는 것은 아니다. 즉, 이 글에서 말하는 안동방언이란, 서두에서 말한 바와 같이, 안동군을 중심으로 하여 봉화·영덕·울진군 남부지역까지, 경북 동북부지역에서 사용되고 있는 언어를 말한다. 애당초 필자가 조사를 했을 때에는, 적어도 동해안 지역 언어만은 산맥 등이 가로막고 있어서 안동군 일부의 언어와 다르리라고 예상했었다. 그러나 港口·漁村의 언어를 제외하고 실지에 있어서는, 交通路, 婚姻, 交友 등의 관계로 경북 동북부 일대의 지역에서도 안동군 내의 각 촌락에서 사용되고 있는 언어와 大同小異한 언어를 사용하고 있었다. 영덕부터 북상하면, 제보자(informant)들이 箕城부터는 말이 다르다고 하고, 또 어떤 이는 梅花부터는 딴 말을 쓴다고 하였지만, 실지로 조사에 임하여 보면 蔚珍郡 近南面 杏谷里의 언어도 안동군 내 언어와 비슷한 모습을 보여 주고 있었다.

같은 지역 내의 언어라고 하더라도 엄밀히 말하면 각 촌락마다 다를 수 있고, 극단적으로 말하면 각 가정, 각 개인마다 다를 수 있으므로, 어떤 지역 거주의 어떤 個人語를 완전히 조사해야만 가장 정확한 방언조사를 기할 수 있다고 한다. 그런데 이 글에서 기술하는 안동지역 방언은, 경북 동북부 지역 일대에서 1964년부터 1976년 사이에 쓰여지고 있는 언어의 여러 현상을 조사하여 정리한 것이지, 결코 어떤 특정 촌락이나 특정 인물의 개인어를 기술한 것이 아니다. 그러므로 어떤 활용어미는 안동어가 아니고 어떤 어미는 누락되었다는 지적은 당연히 제기될 수 있는 문제라고 생각한다. 왜냐하면 안동지역은 필자가 졸고, 「慶北安東·奉化·寧海地區의 二重言語生活」(1976)에서도 지적한 바와 같이 각 촌락 간의 언어 차, 특히 이른바 班村과 民村 간의 언어 차가 심했던 지역이며, 여기에다가 동해안의 漁村語까지도 포함시킨다면, 상호간의 차이가 매우 심한 곳이라고 할 수 있기 때문이다. 게다가 이 글에서는 안동방언(경북 동북부 지역어)의 문체법을 개관하려고 한 것뿐이어서, 각 촌락별로 세밀히 기술되기를 바라는 처지에서 본다면, 위에서 말한 바와 같은 부족한 면이 많이 지적될 수 있을 것이다.

2. 서술법

2.0.

전통적인 학교문법(이희승, 1960 등)에 의하면, 현대국어의 대우법은

下稱(해라체)　　等稱(하게체)　　中稱(하오체)　　上稱(합쇼체)

등으로 구분되고, 성기철(1970)에 의하면 이에 半稱(반말체)을 더 첨가시킬 수 있는데, 안동방언에서는 특히 중칭의 존재가 매우 희미하고, 어떤 경우에는 하칭과 등칭의 구분조차도 분명치 않을 때가 있다. 이것은 그 지역 거주자도 똑같이 느끼는 점이라고 한다. 그러나 이 글에서는 우선 그 등분을 넷과 半稱(반말체)으로 나누고 기술하고자 한다. 崔明玉(1976)은 서부 경남 방언의 등분을

說明法	命令法
1. 한다	해:라

2. 하네　　　　　하게
3. 하오　　　　　하소
4. 합니다　　　　하이소
5. 하십니다　　　하시이소

로 나누고 반말체를 인정하지 않았다.

2.1.

안동방언의 서술법은 다음과 같다.

2.1.1. 下稱(해라체)

(1) -(ㄴ)다, -(이)ㅅ다

일반적인 서술을 할 때에는 '-(ㄴ)다'가 쓰이고, 체언 아래에서는 '-(이)ㅅ다'가 쓰인다.

1. a. 기림 기린다. (그림 그린다)
   b. 책 일는다. (책 읽는다)
   c. 사람이 게그르다. (사람이 게으르다)
   d. 물이 말다. (물이 맑다)

2. a. 내차짓다. (내차지다)
   b. 꿈잇다. (꿈이다)
   c. 내 아: 아닛다. (내 아이 아니다)

"저게 머로?", "비행깃다"와 같은 대화나 2.의 여러 용례들을 보면, 이 지역에서는 체언 서술어의 어미에 역점을 주어서 이른바 지정사 '-(이)다, 아니다'를 강하게 의식하고 있는 것처럼 느껴진다. 그러나 단순히 '-(이)다'가 쓰이어 '개다', '말이다'와 같이 쓰이는 경우도 많다.

(2) -(이)래

여기서 편의상 '-래'로 표기했으나 이 방언에서는 '-래'와 '-레'의 구별이 없으므로 '-레'로 써도 좋다.

이 어미는 하칭으로 쓰이는지 등칭으로 쓰이는지 분명치 않아서, 앞으로 기술할 '-(으)ㄹ래', '-(이)제' 등과 함께 그 등분을 말하기가 어렵다. 하칭이란 결코 청자를 하대해서가 아니라 친밀감을 표시하기 위해서도 쓰이기 때문에 친밀감 표시를 특징으로 하는 등칭과의 구별이 힘들게 된다. 이 글에서는 일단 다루어 둔다.

3. a. 시묵이 아들이래. (시묵이 아들이다. 시묵이 아들이네.)
   b. 친정 꽂이래. (친정 곳이다, 곳이야.)
   c. 아이래. (아니다, 아니야.)
   d. 난 몰래. (난 모른다, 몰라)

체언과 용언에 두루 쓰인다.

그런데 이 형은 표준어에서

A. 그게 누구 글씨지?
B. 秋史 글씨래.

라고 할 때, '세상사람들(즉 남들)이 ~라고 한다'를 뜻하는 경우의 '-래'처럼 쓰이기도 한다.

3. e. 고기래. (그곳이래. 그곳이네.)

이 경우에는 분명히 등칭으로 쓰이는 것 같다.

(3) -(이)라, -ㄹ라

-(이)라 : 체언에만 연결되는 어미(형태소). 어떤 조건이나 원인을 표시한다기보다도 '단정 또는 定義的 표시'다.

-ㄹ라 : 동사 어간에만 연결되는 어미로, 推測 · 可能의 표시보다도 '疑懼'를 표시하는 것.

4. a. 조선 유가 앙이라. (조선 유가 아니다.)
   b. 진찰해 보라 이게라. (진찰해 보라는 이것이다.)
   c. 예:서 팽해가 육십 리라. (여기서 평해가 육십 리다.)
   d. 그라믄 빠질라. (그렇게 하면 빠질 것이다. → 빠질지 모르겠다. 빠질까 염려스럽다.)

(4) -(으)ㄹ다

안동방언에서는 '-라' 이외에도 유달리 추측 · 가능 · 의도를 표시하는 어미가 많은 것 같으며, '-ㄹ다'도 그 하나다. '-ㄹ따'로 발음된다.

5. a. 죽어실다. (←죽었일다. 죽었을 것이다.)
   b. 옳을다. (옳겠다.)
   c. 내사 몰다. (나야 모르겠다.)

6. a. 넘겨야 델다. (넘겨야 되겠다.)
   b. 못 할다. (못 하겠다.)

5.의 예문들은 추측과 불확실한 가능성을 나타낸 것이고 6.의 예문들은 의도를 나타낸 것이다. 한 제보자(河回)는 '-ㄹ다'는 확실한 사실을, '-겠다'

는 불확실한 사실을 추측하는 것이라고 하였다.

(5) -ㄹ래

역시 추측·가능을 나타낸다.

7. a. 요번에 소득이 이실래→이실레라.
(요번에 소득이 있을 것이다.)

어떤 분은 '-ㄹ래'를 '추측·가능'보다도 意志未來로 보았다.

요번에는 끝까지 남아 이실래. (있겠다)
그거 그 사람한테 다 줄래. (주겠다.)

(6) -걸, -걸로, -ㄹ걸, -ㄹ걸로

(5)처럼 추측·가능을 나타내며, 등칭에도 쓰인다.

8. a. 못 밨일 걸. (못 보았을 걸.)
b. 가직걸로. 가직을 걸로 (가까울 걸.)

(7) -더라

회상은 '-더+라'로 나타낸다.

9. a. 잘 지끼더라. (잘 지껄이더라, 말 잘하더라)
b. 참 부불더라. (참 부럽더라.)

2.1.2. 等稱(하게체)

앞에서도 언급한 바와 같이, 근자 되도록 상대편(청자)을 존중하고 친밀감을 나타내는 서법을 쓰려는 경향이 강해진 탓인지, 이 방언에서도 똑떨어진 하칭의 사용은 드물고, 비록 손아랫사람(手下者)이나 친한 친구들 사이에서도 등칭이 널리 쓰이고, 하칭인지 등칭인지 분간하기 힘든 어미들이 쓰이고 있다.

(1) -(이)네

10. a. 다 아네. (다 아네.)
    b. 못 일네. (못 읽네.)
    c. 짜리네. (짧으네.)
    d. 많잖네. (많지 않네.)
    e. 다 아는 사람이네.

이 어미는 표준어의 경우와 별로 다를 것이 없다.

(2) -(이)ㄹ세, -(으)ㄹ세
긍정과 추측·가능 등을 나타낸다.

11. a. 그건 몰세. (그건 모르겠네.)
    b. 올세. (옳네. 그렇네. '올으세'(옳네)로 보기도 한다.)
    c. 어른일세. (어른이네. "그 사람 큰일 날 사람일세(사람일 것같이 여겨지는데)"로 해석하기도 한다.)
    d. 통용델세. (통용되겠네.)
    e. 많을세. (많겠네.)
    f. 있을 수 있을세. (있을 수 있겠네.)

d·e·f는 추측과 가능을 나타내고 있다.

(3) -(으)ㄹ 겔레, -께레

역시 추측과 가능을 나타낸다. '-ㄹ 겔레'에서 '-ㄹ'은 탈락하나 '-ㄹ'의 영향으로 실제 발음은 '-껠레'가 되고, 다시 여기에서 말음의 'ㄹ'이 탈락되어 '-게레'(실제 발음은 -께레)로 쓰인다.

이러한 분석에 대하여 '-(으)ㄹ 겔레'형은 없고, '-(으)ㄹ 거이레→(으)ㄹ 게레(께레)→께레'형으로 보는 것이 좋다는 의견도 있다.

12. a. 쌔겔레. 쌨으께레(쌔씨께레). (많을 걸.)
    b. 차께레. (찰 걸.)
    c. 있으께레. (있을 걸.)
    d. 없으께레. (없을 걸.)
    e. 우연만하면 델께레. (우연만하면 될 것일세.)

이 형은 '-껜데'로도 나타난다.

f. 있으껜데. (있을 것인데.)

'-(으)ㄹ 께레'형은 또 특별한 경우에는 의도를 나타내는 데도 쓰인다고 한다.

나는 니가 내 곁에 오기만 오면 차께레. (찰 것이다)

(4) -(이)ㄹ래

'-더-'가 삽입되지 않았는데도 회상을 나타낸다.

13. a. 퍽 걱정일레. (퍽 걱정이겠데.)
    b. 존 줄 모를래. (좋은 줄 모르겠데.)
    c. 그거 참 좋래. (그것 참 좋데. 그것 퍽 좋더라.)

'-ㄹ래'와 같은 뜻으로 '-데'가 쓰이기도 한다.

d. 그거 참 이상스럽데. (그거 참 이상스럽데.)

노인층에서 가끔 쓰는 형식이며 '-(이)ㄹ래라'가 일반적인 자연스러운 표현이라고 한다.

(5) -아/어

표준어에서 반말체를 대우법의 등분에서 제외해 버리거나 아주 애매하게 다루어 왔는데, 성기철(1970)은 이를 다음과 같이 완전히 하나의 등분으로 정립시킨 바 있다.

- 대우의 등분
  - 높임
    - 등분 예사
      - 아수높임(하십시오, 하소서)
      - 높임(하오)
    - 등외-두루높임(해요)
  - 낮춤
    - 등분
      - 예사낮춤(하게)
      - 아주낮춤(해라)
    - 등외-두루낮춤(해)

서정수(1972)도 이런 분류에 찬동하고 있는데, 안동방언도 분명히 이런 경향을 보여 주고 있다. 이것이 몇십 년 동안 실시된 표준어 교육의 영향인지는 몰라도 표준어와 마찬가지로 '-아/어'('하다'의 경우에는 '해')로 하칭과 등칭의 구별 없이 두루 사용하고 있다.

14. a. 드갈 수 있어. (들어갈 수 있어.)

b. 잘못했어.

c. 머잖아. (멀지 않아.)

d. 그래 데 뿌렜어. (그렇게 되어 버렸어.)

e. 아무도 몰러. (아무도 몰라.)

본동사의 경우나 보조(의존)용언인 경우에 두루 쓰인다.

f. 가당토 안해. (가당치도 아니해.)

g. 게 안해. (괜치 아니해.)

(6) -지

'-지'도 하칭과 등칭의 구별 없이 표준어와 마찬가지로 강조의 뜻을 나타낼 때 쓰인다. 崔明玉(1976)에서는 "「-아」와 「-지」가 敍法終結語尾로서의 기능을 부담하고 있지 않다."라고 하고 "반말체의 「-아」 「-지」는 副詞形語尾로서 부사어를 형성할 뿐이며, 서법 표시의 기능은 그 위에 얹히는 抑揚이 가지는 것이다."라고 했다. 그러나 이 글에서는 반말체를 인정하는 쪽을 취하겠다.

15. a. 맹 한가지지. (늘 마찬가지지.)

b. 드가기야 하지. (들어가기야 하지.)

c. 잘 아지. (잘 알지.)

d. 줄랐지. (줄였지.)

e. 곤쳤지. (고쳤지.)

현재형뿐만 아니라 과거형에도 쓰이고 있다.

(7) -지러/로

일부 제보자가 '상말'이라고 지적하기는 했으나, '-지'와 마찬가지로 강조할 때 쓰인다.

16. a. 그 처녀지로. (그 처녀였지.)
    b. 어제 왔지러. (어제 왔지.)
    c. 넉넉히 하지로. (넉넉히 할 수 있지.)
    d. 몰랐지로. (몰랐지.)
    e. 있었지러. (있었지.)

'-러'와 '-로'는 혼용된다.

(8) -제

崔明玉(1976:155~156)에서는 "「-제」는 副動詞語尾에서 起源되었을 것으로 추정되는 「-지」와 의문 표시의 添辭 「-아」가 縮約(contraction)된 것으로 생각된다. 이 방언(서부경남방언)에서는 다른 서법에 사용되는 일이 없으므로 의문법어미라 할 수 있다."라고 했으나, 안동방언에서는 다음과 같이 敍述法에도 쓰이고 있는 것 같다.

17. a. 배가 불른 모양이제. (배가 부른 모양이지.)
    b. 그가 제일 많았제. (그가 제일 많았지.)
    c. 그타고 볼 수 있지. (그렇다고 볼 수 있지.)
    d. 상세히 났제. (상세히 났지.)

(9) -야

표준어의 영향인지 몰라도 '-야'도 쓰이기는 하나 용례는 드물다.

18. a. 그게 구신이야. (그것이 귀신이야.)

2.1.3. 中稱(하오체)

안동방언에서 제일 파악하기 힘든 어미가 중칭(하오체)어미다.

(1) -오

19. a. 나 책 보오.
    b. 난 잘 모르오.

이런 어미는 참으로 드물게 쓰이며, 일상회화에서는 거의 쓰이지 않는 것으로 보인다.

2.1.4. 上稱(합쇼체)

중칭보다는 상칭 어미가 풍부하며, 일반적으로 일상회화에서 화자가 청자를 높이 대우할 때에는 이 어미를 사용한다.

(1) -니더

가장 널리 쓰이는 어미다.

20. a. 보니더. (봅니다.)
    b. 봅니더. (봅니다.)
    c. 먹니더. (먹습니다.)
    d. 없니더. (없습니다.)
    e. 다 했니더. (다 했습니다.)
    f. 보겠니더. (보겠습니다.)

현재・과거・미래형에 두루 쓰이고 있다. 年少層에서는 '-니데이'를 쓰기도 한다.

g. 이따가 네립니데이. (이따가 내립니다.)

경우에 따라서는 '-이더'가 쓰인다.

h. 도로 고마우이더. (도리어 고맙습니다.)

그리고 더 한층 높이기 위해서는 '-니이더'를 쓴다. 그래서 만일에 이 어미를 인정하면 또 하나의 등급을 설정할 수가 있다. 명령법의 경우에도 이 구별은 뚜렷하다.

명령법 : 주소　　주이소　　주시소　　주시이소

i. 잘 모르니이더. (잘 모르겠습니다.)

(2) -시더

이 어미는 동사보다도 체언 아래에서 많이 쓰인다.

21. a. 몰시더. (모르겠습니다. 단, 모르니더가 보통으로 쓰임.)
b. 한 마:시더. (한 마을입니다.)
c. 네 시시더. 네 싯시더. (네 시입니다.)
d. 祖行이시더. 祖行잇시더. (祖行입니다.)
e. 뜻일시더. (뜻이겠습니다.)
f. 아니시더. 아닛시더. (아닙니다.)

(3) -ㄹ게니더, -ㄹ게시더, -라니더

'ㄹ'의 영향으로 '게'는 '께'로 발음되며, 모두 추측·의도·가능을 나타낸다.

22. a. 볼게니더. (보겠습니다.)
    b. 볼게시더. (볼 것입니다.)
    c. 갈라니더. (갈랍니다.)

a의 '게'는 '-겠-'에서, b의 '게'는 '것'에서 온 것임은, '-니더'와 '-시더'의 구별로 알 수 있다.

이 어미들은 約束法어미와 구별이 힘든데, '게'는 표준어의 영향이라고 한다.

22. a. 볼게니더. → 볼겟니더.
    b. 볼게시더. → 볼겟시더.

와 같이 쓰이기도 하며, 22.a.는 다음과 같이 可能과 意圖표시 두 가지로 쓰인다고 한다.

A. 가:는 거기 가면 볼게니더.
   (그 아이는 거기 가면 볼 수 있을 것입니다.)
B. 그건 내가 볼게니더. (볼 것입니다.)

(4) -디더

회상을 나타낸다.

22. d. 맵디더.

(5) -겻니더

'-니더'에 尊敬접사 '-시-'를 넣어 '-시니더'가 되면

23. a. 보사니더. (보십니다.)
b. 모르시니더. (모르십니다.)

와 같이 쓰이며, 推測·意圖法은

c. 보실겝니더. (보시겠습니다.)

와 같이 되는데, '-겻-'도 그 기능은 '-시-'와 같아 보인다. 다만 '오다' 동사 아래에만 쓰이고 疑問法으로도 쓰인다.

d. 와겻니더. (와 계십니다.)

따라서 23.c.는 '보실셋시너'로도 쓰이며 다음과 같이 쓰인다.

A. 그 어른은 거기 가면 보실게니더. (보실 수 있을 것입니다.)
B. 그건 그 어른께서 보실게니더. (보실 것입니다.)

(6) -아/어+요

崔明玉(1976:169)에서는 '-요'에는 "敬語表示의 機能"이 없고, 단순히 "狀況的機能(phatic function)만을 지닌 語辭"라고 설명했는데, 필자의 관찰에 의하면 '-요'는 역시 경어 표시의 기능을 가지고 있다. 안동방언 사용자도 표준어 사용자와 마찬가지로 청자에 따라 '-아/어'와 '-아/어+요'를 구별해서 사용한다.

A. 보래, 얼마나 아펐는지 말도 못해. 가직께레.
B. 보래요, 얼마나 아펐는지 말도 못해요. 가직께레요.

따라서 이 글에서는 下稱·等稱에 두루 쓰이는 '-아/어'에 대하여, 中稱·上稱에 두루 쓰이는 '-아/어+요'를 인정하려 한다.

24. a. 쩍어요. (적어요.)
    b. 나오잖아요. (나오지 않아요.)
    c. 오시는 거 가태요. 오시는가태요. (오시는 것 같아요.)
    d. 그 말이 올해요. (그 말이 옳아요.)

c의 경우는, 중세국어에서 '곹아-'와 '곧ᄒᆞ-'가 공존했던 것처럼 '가태요'는 '같+애+요'가 아니라 '갇+하+요'에서 온 것으로 보이며, d의 '올해요'는 '올하+아요→올해요'로 보아야 될 것이다.

(7) -지+요

강조를 표시하는 '-지+요'도 많이 쓰인다.

25. a. 잘 노지요. (잘 놀지요.)
    b. 호수야 많지요. (호수야 많지요.)
    c. 봤을세 아지요. (봤어야 알지요.)
    d. 노다 들어오지요. (놀다가 들어오지요.)

(8) -래+요

이 어미도 널리 쓰이고 있다.

26. a. 갈 참이래요. (갈 예정입니다.)
    b. 원래는 절이래요. (원래는 절이랍니다.)
    c. 아니래요. (아닙니다.)
    d. 민도래요. (면도입니다.)

이상에서 설명한 안동방언의 敍述法어미를 정리해 보면 다음과 같이 된다.

下 稱	等 稱
(1) -(ㄴ)다, -(이)ㅅ다	(1) -(이)네
(2) -(이)래	(2) -(이)ㄹ세, -(으)ㄹ세
(3) -(이)라	(3) -(으)ㄹ겔레
(4) -(으)ㄹ다	(4) -(이)ㄹ레
(5) -ㄹ래	
(6) -걸, -걸로	
(7) -더라	

(5) -아/어

(6) -지

(7) -지러, -지로

(8) -제

(9) -야

中 稱	上 稱	最上稱
(1) -오	(1) -니더, -이더	(1) -니이더
	(2) -시더	(-시니더)
	(3) -ㄹ게니더, -ㄹ게시더	
	-라니더	
	(4) -디더	
	(5) -겠니더	

(6) -아/어+요

(7) -지+요

(8) -래+요

3. 의문법

3.0.

안동방언의 疑問法은 다음과 같다.

3.1. 下稱(해라체)

의문법어미도 하칭과 등칭의 확연한 구별이 힘들다. 이것은 하칭 어미를 반드시 話者가 聽者를 下待할 때에만 쓰는 것이 아니라 일종의 친밀감을 표시할 때에도 쓰기 때문이다. 그러므로 다음에 열거하는 어미들은 하칭의 경우 이외에 등칭의 경우에도 쓰인다고 할 수 있다.

(1) -가/고

경상도방언의 疑問法어미 가운데 '-가/고', '-나/노', '-라/로' 등이, 그 문장 내 疑問詞의 有無에 의하여 결정된다는 것은 이미 잘 알려진 일이다(안병희 1965, 성균관대국문과 1967, 최명옥 1976 등).

27. a. 이 아:가 자네 손주가? (이 아이가 자네 손자인가?)
    b. 저게 학교가? (저게 학교인가?)
    c. 이 아:가 누: 손주고? (이 아이가 누구 손자인가?)
    d. 저게 누: 하교고? (저게 누구 학교인가?)

a・b는 의문사가 없는 경우, c・d는 의문사가 있는 경우다. 그리고 이 어미는 체언 아래에서만, 즉 체언이 서술어로 쓰일 경우에만 나타난다.

(2) -나/노

이 어미도 文內 疑問詞의 有無에 의하여 구별되며, 용언 어간 아래에서만 쓰인다.

28. a. 내일 집에 있나? (내일 집에 있느냐?)
    b. 지가 아나? (제가 아느냐?)
    c. 역사 책 일나? (역사책 읽느냐?)
    d. 공부 많이 하나? (공부 많이 하느냐?)

29. a. 먼 기림 기리노? (무슨 그림 그리느냐?)
    b. 왜 그리 가만 있지 못하노? (왜 그렇게 가만히 있지 못하느냐?)
    c. 누가 안 보이노? (누가 안 보이느냐?)
    d. 멧 번 돌리노? (몇 번 돌리느냐?)

28의 예문들은 의문사가 文中에 없는 경우에 '-나'가 쓰인 경우고, 29의 예문들은 文中에 의문사가 있어서 '-노'가 쓰인 경우다.

그러나 경우에 따라서는 '-냐'가 쓰이기도 한다.

30. a. 와 디다 보냐? (왜 들여다 보느냐?)
    b. 몰: 보느냐? (무얼 보느냐?)

(3) -(이)라/로

체언이 서술어로 쓰일 때 나타난다. 의문사의 유무로 대립을 보임은 마찬가지다.

31. a. 이게 사과나무라? (이것이 사과나무냐?)
    b. 니도 나무하로 갈끼라? (너도 나무하러 갈 것이냐?)
    c. 내가 학생이라? (내가 학생이냐?)
    d. 그게 범이 앙이라? (그것이 범이 아니라고?)

32. a. 이게 누: 다리로? (이것이 누구 다리냐?)

b. 저거 무신 차로? (저것이 무슨 차냐?)

c. 근마 너는 머:로? (그러면 너는 무엇이냐?)

d. 그 사람 이름이 유 뭣일로? (그 사람 이름이 유 무엇이던가?)

31.d. 예문의 "앙이라?"는 '-이지?'와 '-아니라고?'의 두 가지 뜻이 있다고 한다.

예) 그 사람 또 자는 거 앙이라? (자는 것이지?)
저게 너 집 앙이라? (네 집이지?)
나는 죽은 게 앙이라? (나는 죽은 줄 알았는데 죽은 것이 아니라고?)

32.d. "그 사람 이름이 유 뭣일로?"는 推定만 나타낸다고 한다.

~ 유 뭣일로? (~ 유 무엇일까? 유 무엇일 것 같으냐?)
뭐로? (무엇인가?)
뭐시로? (무엇이신가?)
너의 아버지 성함이 유 뭐시로? (유 무엇이신가?)

(4) -(으)ㄹ까/꼬?

추측·의도·가능을 표시하며 'ㄹ'이 생략되는 수가 많다. 그리고 이 어미도 동사가 서술어로 쓰일 때에만 나타난다.

33. a. 가: 지금 안동즘 가까? (그 애 지금 안동쯤 갔을까?)

b. 어메, 나도 밥 먹으까? (어머니, 나도 밥 먹을까?)

c. 전마 저거 어예뿌까? (저 놈 아이, 저것 어떻게 하여 버릴까?)

d. 이거 주까? (이것 줄까?)

34. a. 누: 집에 놀로 가꼬? (누구네 집에 놀러 갈까?)
    b. 니 다 머어뿌만 나는 머: 먹으꼬? (네가 다 먹어 버리면 나는 무엇을 먹을까?)
    c. 가:는 지금 어데 가꼬? (그 애는 지금 어디 갈까?)

이미 위에서 여러 번 보아온 바와 같이 33의 예문들은 문중에 의문사가 없을 때고, 34의 예문들은 문중에 의문사가 있을 때다. 역시 -까/-꼬의 대립을 보여 주고 있다.

'-(으)ㄹ까/꼬?'가 의문사 유무에 의해 결정되지 않는 예도 있다.

그거 날 줄라꼬? (그것을 나에게 주려고?)
그거 니 다 먹을라꼬?
오늘 밤에 집에 살라꼬?

'-(으)ㄹ까?'는 진행의 뜻도 있다고 한다.

가: 지금 안동쯤 가까? (가고 있을까?)
가: 지금쯤 밥 먹으까? (먹을까? 먹고 있을까?)
갔으까? (갔을까?-완료)

(5) -(이)래?

널리 쓰이지는 않지만 체언이 서술어로 쓰일 때 이 어미가 나타난다. 그리고 敍述法에서 설명한 바와 같이 이 어미는 하칭인지 등칭인지 파악하기가 힘들다. 제보자들은 두루 쓰인다고 한다.

35. a. 누: 소래? (누구 소냐? 누구 소니?)
    b. 무신 꽃이래? (무슨 꽃이냐? 꽃이니?)

c. 그게 아니래(아이래)? (그게 아니야?)

두 가지 뜻이 있다고 한다.

35. a. 누: 소래?

① 누구 소냐? 누구 소니?

② 누구 소라고? 누구 소라고 사람들이 말하더냐?

(6) -ㄹ다?

실제 발음은 '-ㄹ따'로 나타나며 추측 · 가능 · 의도를 표시한다.

36. a. 내일 먹을다? (내일 먹겠느냐?)

b. 잔채 잘 먹을다? (잔치 잘 먹겠느냐?)

c. 담부가 이실다? (담배가 있겠느냐?)

d. 대포사 못 먹을다? (대포야 못 먹겠느냐?)

다음은 추측을 나타내는 용례다.

36. b'. 니 내일 잔채 잘 먹을다? (너는 내일 잔치 잘 먹겠네?)

c'. 니한테는 담부가 이실다? (있겠네?)

d'. 니 내일 대포는 못 먹을다? (너는 내일 딴 것은 모두 먹어도 대포는 못 먹겠네?)

(7) -(으)ㄹ라/로

가능 · 추측 · 의도를 나타낸다.

37. a. 차가 있을라? (차가 있겠느냐?)

b. 강물이 넘을라? (강물이 넘겠느냐?)

c. 내가 그거 할라? (내가 그것을 할까? 내가 그것을 할 수 있을까?)

d. 가:가 그거 할라? (그 애가 그것을 할까? 할 수 있을까?)

38. a. 내가 머: 할로? (내가 무엇을 할까? 할 수 있을까?)

b. 가: 어데 갈로? (그 애가 어디 갈까? 갈 수 있을까?)

c. 가:가 지금 어데 있을로? (그 애가 지금 어디 있을까?)

언제나 용언이 서술어로 쓰일 때에 이 어미가 나타난다.

(8) -(으)ㄹ래?

하칭과 등칭으로 두루 쓰인다고 하며, 청자의 의도를 물을 때 쓰인다. 崔明玉(1976:157~158)에서는 서부 경남 방언에서 동사가 서술어로 쓰일 때 이 어미가 쓰이며, 서술어의 주어가 2인칭(문법상·의미상)일 때에만 가능하다고 설명하였는데, 안동방언에서도 그 용법은 같다.

39. a. 니도 앞산에 나무하로 갈래? (너도 앞산에 나무하러 갈래?)

b. 니 읍내 갔다 언제 올래? (너 읍내 갔다가 언제 올래?)

c. 근마 니 먼저 먹을래? (그러면 네가 먼저 먹을래?)

일반적으로 시제의 미래형은 추측·의도의 의미도 아울러 나타내는 일이 많은데, 이 어미도 미래를 나타낸다.

(9) -다/도?

회상을 나타낸다.

40. a. 그 차가 읍내 가는 차다? (그 차가 읍내 가는 차더냐?)

b. 니도 거기 있었다? (너도 거기 있었더냐?)
c. 내가 꿈꾸다? (내가 꿈꾸더냐?)

41. a. 가:는 집에서 머: 하도? (그 애는 집에서 무얼 하더냐?)
b. 니 아까 어데 갔도? (너 아까 어디 갔더냐?)
c. 아까 내가 머: 하도? (아까 내가 무엇 하더냐?)

3.2. 等稱(하게체)

여기서 설명한 것도, 반드시 화자와 청자가 동등한 관계에 있을 때에만 사용되는 것이 아니라, 화자가 자기보다 손아래인 사람(청자)에게도 사용하는 수가 있다.

(1) -ㄴ가/-ㄴ고?

체언 서술어와 용언 서술어에 다 쓰인다.

42. a. 이 사람 하마 자는가? (이 사람 벌써 자는가?)
b. 자네도 같이 갈란가? (자네도 같이 가겠는가?)
c. 저게: 자네 댄기던(댕기덩) 학곤가? (저것이 자네가 다니던 학교인가?)
d. 근너 오는가? (건너 오는가?)

43. a. 자네는 식전에 머: 하셨는고? (자네는 식전에 무엇 하셨는가?)
b. 여보게, 자네 아부지는 어데 가셨는고? (여보게, 자네 아버지께서는 어디 가셨는가?)
c. 여보게, 이 사람은 누구고? (여보게, 이 사람은 누구인가?)

현재・과거・미래(의도)형에 모두 쓰일 수 있음을 알 수 있다. 42.의 b 예문에 나타난 '-ㄹ란가?'는 미래 표시보다도 다음과 같이 청자의 의도를 묻는 기능이 더 강한 것 같다.

자네도 볼란가(볼랑가)? (자네도 보겠는가?)

(2) -(느)ㄴ강/공?

체언과 용언 서술어에 다 같이 쓰이며, 추측의 뜻을 강하게 나타내고 있는 것으로 보인다.

44. a. 저 사람이 민서긴강(깅강)? (저 사람이 面서긴가?)
b. 순자가 자: 갔다 오는강? (순자가 시장 갔다 오는가?)

45. a. 저 사람이 어느 학교 선생인공(잉공)? (저 사람이 어느 학교 선생인가?)
b. 순자가 어네 갔나 오는공? (순자가 어디 갔다 오는가?)
c. 저 아:들 누: 아들인공? (저 아이들은 누구 아들인가?)
d. 아부지가 어데 가시는공? (아버지께서 어디 가시는가?)

(3) -아/-어

서술법의 경우와 마찬가지로 반말체의 '-아/어'가 의문법에 쓰이어, 하칭과 등칭의 구별 없이 두루 쓰이고 있다. 그러나 다른 어미에 비하여 그렇게 널리 쓰이는 것 같지는 않다.

46. a. 그 길은 머잖아? (그 길은 멀지 않아?)
b. 마실 수 있어?
c. 그 사람 키는 커?

(4) -(이)지?

용언과 체언의 서술어에 다 쓰이며, 하칭과 등칭에 걸쳐 쓰이는 것도 서술법의 경우와 같다.

47. a. 멫 갑이지? (몇 갑이지?)
    b. 이거 머신 책이지? (이것이 무슨 책이지?)
    c. 니는 언제 올 꺼지? (너는 언제 올 것이지?)
    d. 이 밭 멫 백 정보 데지? (이 밭 몇 백 정보 되지?)

(5) -(이)제?

역시 용언과 체언의 서술어에 다 나타난다. 서술법의 경우와 마찬가지로 하칭과 등칭에 두루 쓰이고 '-지'와 같이 강조를 나타내는 어미로 보고자 한다.

48. a. 가: 니하고 사촌간이제? (그 애가 너하고 사촌간이지?)
    b. 학교 졸업하자마 아즉 멀었제? (학교 졸업하자면 아직 멀었지?)
    c. 자네 자: 가실꺼제? (자네 시장에 가실 것이지?)

3.3. 中稱(하오체)

중칭으로 표시되는 의문법어미도 파악하기가 꽤 힘들다.

(1) -오?

49. a. 머: 보오? (무엇 보오?)
    b. 거: 보시오? (그것 보시오?)
    c. 지시우? (계시오?)
    d. 모:를 보시오? (무엇을 보시오?)

3.4. 上稱(합소체)

(1) -니껴?

용언 서술어에 쓰이며, 이른바 班村語와 民村語를 구별짓는 가장 중요한 요소의 하나가, 이 어미를 '-니껴'로 발음하느냐, 또는 '-니꺼'로 발음하느냐에 달려 있었다고 한다. 그러나 지금은 '-니꺼'를 듣기가 퍽 힘들게 되었다.

50. a. 자: 가니껴? (시장에 갑니까?)
    b. 책 보니껴? (책 봅니까?)
    c. 잘 데: 가니껴? (잘 되어 갑니까?)
    d. 이거 아이껴? (이것 아닙니까?)

51. a. 알 수 있니꺼? (알 수 있습니까?)
    b. 어데 갔니꺼? (어디 갔습니까?)
    c. 이거 아입니꺼? 이거 아니꺼? (이것 아닙니까?)

또 주로 체언 서술어에서는 '-이껴'로 나타나는 일이 많다.

52. a. 이거 먼: 책이껴? (이것 무슨 책입니까?)
    b. 뭣이껴? 뭐이껴? (무엇입니까?)
    c. 바쁘이껴? (바쁩니까?)
    d. 아이껴? 아니이껴? (아닙니까?)

체언 서술어의 '-이껴'는 다음과 같이 봄이 좋다는 의견이 있다.

52. a. 이거 먼: 책이껴? → 책이ㅇ껴?

b. 뭣이껴? → 뭣이ㅇ껴?

c. 바쁘이껴? → 바쁘이ㅇ껴?

존경접사 '-시-'를 개입시키면 '-시니껴'로 쓰인다.

53. a. 넙으시니껴? (넓으십니까?)

b. 머: 보시니껴? (무엇 보십니까?)

c. 올라 오시니껴? (올라 오십니까?)

'-니껴?'의 경우에는 '-니이더'와 같이 더 높이기 위하여 '-니이껴?'로 쓰는 일은 드문 것 같다.

(2) -잔니껴?

안동방언의 특색의 하나가 축약형을 많이 쓰는 일인데, 이 어미는 청자의 동의를 구하는 反語法으로 널리 쓰인다. 용언과 체언 서술어로 다 쓰인다.

54. a. 갔다 오시잔니껴? (오시지 않습니까? 오시고 있지 않습니까?)

오셨잔니껴? (오셨지 않습니까? 오시지 않았습니까?)

왔잔니껴? (왔지 않습니까? 오지 않았습니까?)

저기, 아부지께서 읍내 갔다 오시잔니껴?

어제 아부지께서 읍내 갔다 오셨잔니껴?

b. 친필이잔니껴? (친필이지 않습니까?)

c. 뚤버잔니껴? (뚫었지 않습니까?)

d. 없잔니껴? (없지 않습니까?)

현재와 과거에 쓰이며, '-잔니껴'는 '-지 아니껴'의 축약형으로 보인다.

(3) -겼니껴?

서술법의 경우와 마찬가지로 '-시-'와 동일한 기능을 가진 '-겼-'을 개입시켜 한층 더 높일 때, '오다' 동사에만 '-겼니껴'를 사용한다. 그 근원은 '겨시다'의 '겨-'에서 나온 것으로 보인다.

55. a. 언제 와겼니껴? (언제 오셨습니까? 언제 와 계십니까?)
    b. 언제 오니껴? (옵니까? 왔습니까?)
       cf. 지금 가면 언제 오니껴(오이껴)? (옵니까?)
       내가 잠든 새에 언제 왔니껴? (왔습니까?)

(4) -시요?

체언 서술어의 경우에만 쓰인다.

56. a. 侍下시요?
    b. 누:시요?

중칭의 '-오'에 존경접사 '-시-'가 첨가되어 '-시오'가 되고, 다시 '-시요'(실제 발음)가 된 것 같다.

(5) -능기요?

市場 · 해변지방에서 쓰인다.

57. a. 뭐 보능기요? (무엇 봅니까?)
    b. 뭐 보시능기요? (무엇 보십니까?)

(6) -ㄹ라니껴?

청자의 의도를 물어볼 때 사용한다. 동사 서술어에 쓰인다.

58. a. 저것 볼라니껴? (저것 보겠습니까?)
    b. 올라 가실라니껴? (올라 가시겠습니까?)
    c. 줄라니껴? (주겠습니까?)
    d. 있을라니껴? (있겠습니까?)

(7) -디껴?

용언 서술어에 쓰이며, 회상을 나타낸다.

59. a. 똑같지 않디껴? (똑같지 않습니까?)
    b. 영수 어데 갔디껴? (영수 어디 갔습니까?)
    c. 가:는 아푸다카디: 밥 먹디:껴? (그 애는 아프다고 하더니 밥을 먹습디까?)

일부 마을에서는 '-ㄹ라니껴?'를 '-ㄹ라니꺼?', '-ㄹ라니꺄?'로, '-디껴?'를 '-디꺼?', '-디꺄?'로 쓰기도 한다.

    d. 손님이 오딧꺼? (손님이 옵디까?)

(8) -아/어+요?

60. a. 어데 갔다 오시나요?
    b. 뭐 보는가요?
    c. 나오잖아요?
    d. 누가 밥해요?
    e. 나도 따라 가까요?

60. e는 참고로 보인 예문이지만, a~d의 예문들은 완전히 표준어와 같다.

'-요'는 서술어와 마찬가지로 敬語를 표시한다.

f. 와 보고 있는 기요?

(9) -지+요?, -제+요?

강조를 나타내며, '-제'는 '-제+요'로 쓰인다.

61. a. 뭐 보지요?

b. 하마 춥제요?

이상에서 설명한 안동방언의 의문법어미를 정리하면 다음과 같다.

下 稱	等 稱	中 稱	上 稱
(1) -가/고	(1) -ㄴ가/고	(1) -오	(1) -니껴
(2) -나/노	(2) -(느)ㄴ강/공		-이껴
(3) -(이)라/로	(3) -아/어		-니꺼
(4) -(으)ㄹ까/꼬	(4) -(이)지		(2) -잖니껴
(5) -(이)래	(5) -(이)제		(3) -겠니껴
(6) -ㄹ다			(4) -시요
(7) -(으)ㄹ라/로			(5) -능기요
(8) -(으)ㄹ래			(6) -ㄹ라니껴
(9) -다/도			(7) -디껴
			(8) -아/어+요
			(9) -지+요, -제+요

여기까지 안동방언의 敍法體系 중 敍述法(說明法)과 疑問法 관계 어미만을 정리해 보았다. 필자의 조사 소홀로 모든 어미를 파악했다고 할 수는

없으나 대체적인 윤곽은 드러난 것으로 생각한다.

몇 가지 특징을 들면 다음과 같다.

1. 下稱(해라체)과 等稱(하게체)의 구분이 모호해져 가고 있다.
2. 中稱(하오체)의 어미가 매우 드물다. 따라서 下稱과 上稱(합쇼체)만이 두드러지게 나타난다.
3. 표준어와 마찬가지로 하칭과 등칭을 하께 묶은 반말체가 차츰 발달하고 있고, 중칭과 상칭을 함께 묶어 '반말체+요' 형식으로 표현하는 방식도 발달하고 있다.
4. 안동방언의 두드러진 특징의 하나인 촌락별 언어의 차이는, 서술법과 의문법 어미의 경우 上稱의 疑問法語尾 중 '-니껴?'와 '-니꺼?'로 구분될 뿐이다. 그러나 이 구별도 차츰 파악하기 힘들게 되어 가고 있다.
5. 文中 疑問詞의 存在 有無로 대립을 보이는 경남방언의 의문법어미의 특징은, 안동방언의 경우, '-가/고', '-나/노', '-(이)라/로', '-(으)ㄹ까/꼬', '-(으)ㄹ라/로', '-다/도', '-ㄴ가/고', '-(느)ㄴ강/공' 등 여러 종류의 어미에서 나타나고 있다.
6. 上稱 의문법어미 가운데, '오다' 동사에만 '와겼니껴'가 쓰인다. 그러나 일부 인사는 다른 동사에도 이 '-겼-'이 쓰이는 것 같으나 확실치는 않다고 했다.

4. 명령법과 허락법

4.0.

李熙昇, 『새고등문법』(1960)에 따르면, 文體法은 說明法(敍述法), 疑問法, 命令法, 共同法, 約束法, 許諾法, 感歎法으로 나눌 수 있는데, 高永根(1976:31)이 지적한 바와 같이 명령법과 허락법은 의미상의 차이는 있으나 구조상의 차이는 별로 없으므로, 이 글에서도 명령법을 고찰할 때 허락법을 함께 고찰하려고 한다.

4.1. 명령법

안동방언의 명령법은 서술법 및 의문법의 경우와 마찬가지로 下·等·中·上稱과 最上稱을 다 갖추고 있는 것으로 보인다. 4.1.1. 이하에서 좀더 자세히 살펴보겠다.

下 稱	等 稱	中 稱	上 稱	(最上稱)
바:바	보게	보소, 보오	보시소	보시이소
	보시게	보이소, 보시소	(보시이소)	

4.1.1. 下稱(해라체)

(1) -아/어+라

가장 일반적인 형식으로서 널리 쓰이나, '-아/어'는 語幹 母音과 같을 때 重複되어 어간 모음을 길게 발음하게 한다.

62. a. 그만 둬라. (그만 두어라.)
    b. 소죽 끼리라. (소죽 끓여라.)
    c. 세수물 뜨사:라 (세숫물 뜨습게 해라.)
    d. 목깐물 데와라. (목욕물 데워라.)

'뜨사:라'는 '뜨솨라, 뜨수:라'로, '데와라'는 '디와라, 디워라'로 나타나기도 한다.

63. a. 차: 뿌레라. (치워 버려라.)

b. 딲아 나:라. (닦아 놓아라.)

c. 불 케 놔:라. (불 켜 놓아라.)

d. 곤쳐 바라. (고쳐 보아라.)

e. 알과 조라. (알려 주어라)

cf. 나한테 알과 주라.

62.의 예들은 本動詞의 命令形이고, 63.의 여러 예는 補助動詞의 용례들이다.

64. a. 조심해 가그라. (조심해서 가거라.)

b. 방에 드가그라(들가그라). (방에 들어가거라.)

c. 빨리 자그라. (빨리 자거라.)

d. 저 가 놀다 오나라. (저리 가 놀다 오너라.)

e. 퍼뜩 가라(가:라). (빨리 가라.)

f. 그만 자라(자:라). (그만 자라.)

64.의 a·b·c는 이른바 '거라'변칙이고, d는 '너라'변칙 동사의 예인데, 後述하는 바와 같이(예문 66.) '-너라'는 잘 안 쓰이며, '-거라'도 64.의 e·f처럼 안 쓰는 경우가 많다. e·f처럼 장음으로 발음할 때에는 억양도 높아진다.

(2) -레, -레이

안동방언에는 애[ɛ]와 에[e] 모음 사이에 구별이 없으므로, '-래, -래이'로 표시해도 된다. 이 명령법어미는 下稱에만 쓰이는 것이 아니라 等稱(하게체)으로도 쓰이어서 친분이 두터운 平交間에도 쓰인다. '-레이'는 '-레'보다 좀더 강한 語調를 띤 명령법이기도 하고, 권유를 뜻하기도 한다.

65. a. 먼동 뜯어 보레(바레, 바레이, 바라). (무엇인가 뜯어 보아라.)
    b. 무신 일인동 자시: 알아 보레. (무슨 일인가 자세히 알아 보아라.)
    c. 불 끄고 퍼뜩 자레이. (불 끄고 빨리 자거라.)
    d. 공부를 부지런히 하레이. (공부를 부지런히 하여라.)

(3) -나

66. a. 일로 가존나. (이리로 가지고 오너라.)
    b. 꾸물대지 마고 쫓아 온나. (꾸물거리지 말고 쫓아 오너라.)
    c. 어므이요, 알로 온나. (어머니요, 아래로 와(오너라).)
    d. 밖에 나온나 으이. (밖에 나오너라, 응.)

주로 '오다' 동사에만 쓰이녀, d는 권유의 '으이'가 셜부된 형식이다.

(4) -라왜

좀더 强調할 때나 確認할 때에 쓴다. '-라웨'로 쓰이기도 한다.

67. a. 많이 먹거라왜.
    b. 좀 바라왜.
    c. 학교 가지 마라웨.

'달라' 동사는 독특한 모습을 보여 준다. '다+오→도:'로 볼 수 있을 것이다.

68. a. 신발 도:. (신발 달라.)
    b. 그거 인 도:. (그것 이리 달라.)
    c. 신발 인 조:. (신발 이리 달라. 주+오→조)

4.1.2. 等稱(하게체)

(1) -게

69. a. 이리 오게.
    b. 많이 먹게.
    c. 자시: 보시게. (자세히 보시게.)
       cf. 자셔 보시게. (잡수어 보시게.)
    d. 날 주게 이:. (날 주게 응.)

'-레'형이 하칭과 등칭으로 쓰인다고 하는데, '-게'형은 等稱으로만 쓰이는 것 같다. 69.c는 하게체에도 존경을 나타내는 '-시-'가 개입된 예이며, d는 친밀감을 가지고 부탁하는 투의 표현이다.

(2) -아/어

서술법·의문법에서 해라체와 하게체에 걸쳐 두루 쓰이는 이른바 반말체 '-아/어'형이 있었는데, 이 형이 명령형에도 쓰이어, 역시 下稱(해라체)과 等稱(하게체)에 걸쳐 두루 쓰인다.

70. a. 나지오 틀아 놔 바(틀 놔 봐). (라디오 틀어 놓아 봐.)
    b. 물 떠 와 (으이). (물 떠 오게, 응.)
    c. 쪼맨만(쪼만마) 먹어. (조금만 먹어.)
    d. 가방 인 조. (가방 이리 주어.)

4.1.3. 中稱(하오체)

(1) -소, -오

71. a. 끔 주소. (껌 주오.)
 b. 이거 좀 보소. (이것 좀 보오.)
 c. 그러지 마소. (그러지 마오.)
 d. 퍼뜩 빼내소. (빨리 빼내오, 빼내 놓으시오.)

<-오>

 e. 나 좀 보오.
  cf. 4.1.1. 예문 68.의 '도:'와는 다름. '보:'가 아님.

하오체의 명령법어미는 '-소'가 널리 쓰이고 '-오'는 간혹 쓰인다고 한다. 71.a는 10代 소년이 50代의 가게 주인에게 한 말인데, 이런 면으로 본다면 이 방언에서는 하오체 형식을, 합쇼체로 써야 될 청자에게까지 널리 쓸 수 있는 것으로 보인다.

하오체에 존경 표시 '-시-'가 개재된 하시오체는 다음과 같이 나타난다.

<하시오체>

(2) -이소

72. a. 혼자 하이소. (혼자 하시오.)
 b. 춤이나 추이소. (춤이나 추시오.)
 c. 안녕히 가이소. (안녕히 가시오.)
 d. 알로 오이소. (아래로 오시오.)
 e. 안에 드가이소. (안으로 들어가시오.)

그러나 4.1.4.에서 예시할 합쇼체와 하시오체의 구별은 참으로 힘들어서, 서로 混用하고 있는 것으로 보인다.

4.1.4. 上稱(합쇼체)

(1) -시소

73. a. 잘 좀 보시소. (잘 좀 봅시오.)
    b. 수고하시오. (수고합시오.)
    c. 재미있게 노시소. (재미있게 놉시오.)

이 예들이 실지로는 하시오체로도 쓰이어서, 제보자들도 분명히 구분하여 대답해 주는 이가 드물었다.

합쇼체의 尊敬形이라고 할 수 있는 하십시오체는 다음과 같이 쓰이나, 이것도 합쇼체와 구분하기가 힘들고 실지 언어생활에 있어서는 분명한 구분에 의하여 대화가 이루어지는 것이 아니다.

<하십시오체>
-시이소

74. a. 절로 가시이소. (저리로 가십시오.)
    b. 많이 자시이소. (많이 잡수십시오.)
    c. 잘 노다 오시이소. (잘 놀다 오십시오.)

그런데 아주 손위 어른이나 낯선 外來者를 대할 때에는 의식적으로 하십시오체를 사용하려는 경향이 있다. 그래서 尊卑法 관계를 표시해 보면 다음과 같이 된다.

75. a. 어서 먹어라, 들어(라).
    b. 어서 먹게, 들게.

c. 어서 잡수소, 드소.

d. 어서 잡수이소, 잡수시소, 드시소.

e. 어서 잡수시이소, 드시이소.

(2) '-아/어+요'체

서술법·의문법과 마찬가지로 中稱과 上稱에 걸쳐 두루 쓰이는 '-아/어+요'체가 명령법에도 쓰인다.

76. a. 많이 자수서요. (많이 잡수시오.)

b. 어므이, 내 옷 사 조요. (어머니, 내 옷 사 주어요.)

'사 조요'는 '사 주어+요'로서 '주어'의 '-어'가 '오' 모음과 구별이 힘든 이 방언의 특징에 의하여 '주+어'→'주+오'로 들리고, 다시 '주+오→조'로 된 것으로 볼 수 있다.

下 稱	等 稱	中 稱	上 稱
(1) -아/어+라	(1) -게	(1) -소 (-오)	(1) -시소 -시이소
(2) -레, -레이	(2) -아/어	(2) -이소	(2) -아/어+요
(3) -나			
(4) -라왜			

4.2. 허락법

안동방언의 許諾法은 명령법과 대체로 같으나 일단 다음과 같이 정리해 보고자 한다.

4.2.1. 下稱(해라체)

(1) -아/어+라

77. a. 느 맘대로 기레라. (너의 마음대로 그려라.)
b. 보고 저:면 바:라. (보고 싶으면 보아라.)
c. 먹고 시우면(먹고 저:면) 먹어라. (먹고 싶으면 먹어라.)

(2) -레

'-레'형도 여기에 소속시킬 수 있을 것이다.

d. 이 책 바:도 데니껴?
-니 맘:대로 보레.

(3) -무나

78. a. 게:서 볼나무나. (거기서 보려무나.)

이 밖에 제보자(informant)들은 '바:라', '볼나무나' 대신

바:도 좋다, 바:도 덴다.

로 대답하는 일이 많았다.

4.2.2. 等稱(하게체)

(1) -게

79. a. 자고 저브면(저:면) 먼저 자게. (자고 싶으면 먼저 자게.)

b. 일고 저:면 일게. (읽고 싶으면 읽게.)

c. 먹고 저:면 먹게. (먹고 싶으면 먹게.)

d. 수고했으이 이자 그마 가게. (수고했으니 이제 그만 가게.)

'-게'형은 '-게나'형으로 쓰이기도 하는데, 그 이외에는 딴 형이 없는 것 같다.

4.2.3. 中稱(하오체)

(1) -소

80. a. 바:도 좋소.

b. 먼저 가고 저:면 먼저 가소. (먼저 가고 싶으면 먼저 가오.)

c. 그럼 이자부터 걸으소. (그럼 이제부터 걸으오.)

드물기는 하지만 '-오'가 쓰이기도 한다.

d. 맘:대로 보오.

(2) -이소

81. a. 맘:껏 보이소. (마음껏 보시오.)

b. 일이 있으면 먼저 가이소. (가시오.)

4.2.4. 上稱(합쇼체)

명령법과 마찬가지로 하시오체와의 구별이 힘들어, '-이소'형과 '-시소'형이 混用되고 있다. 이것은 실지 대화에 있어서 화자가 어렵게 여겨야 될 청자나 손위 어른에 대하여, 무엇을 명령하거나 허락한다는 일이 어려운 일이어서, 이렇게 不分明하게 使用되는 것으로 보인다.

그러나 이런 형식이 안 쓰이는 것은 아니어서, 꽤 자주 듣는 쪽이다.

(1) -시소

82. a. 보고 저븐 대로 보시소. (보고 싶은 대로 봅시오.)
 b. 일로 와 참관하시소. (이리 와 참관합시오.)
 c. 마음대로 드시소. (원하신다면 마음대로 듭시오.)

<하십시오체>

(2) -시이소

83. a. 방에 드가 보시이소. (원하신다면 방에 들어가 보십시오.)
 b. 사고 저:면 사시이소. (사고 싶으면 사십시오.)

일부 제보자 중에는 '-시이소' 대신에

 c. 마음대로 바도 좋으이더. (마음대로 보아도 좋습니다.)

라고 대답하기도 하고, "보시오, 보십시오, 보세요"라고 대답한 이들이 있는데, 후자의 경우는 표준어의 영향이다. 근자 표준어가 급속도로 각 방언 속에 침투되어 가고 있는 것을 알 수 있다. 그러나 이렇게 표준어로 대답하는 것은 外地 人士에 대하여 意識的으로 대답하는 경우이고, 현지주민 인사들끼리 대화할 때에는 순수한 안동방언을 사용한다.

下稱	等稱	中稱	上稱
(1) -아/어+라	(1) -게	(1) -소	(1) -시소
	(-게나)	(-오)	-시이소
(2) -레		(2) -이소	
(3) -무나			

5. 청유법

5.0.

안동방언의 請誘法(共同法)어미는 待遇法(尊卑法)에 따라 다음과 같이 4단계로 나누어 볼 수 있다.

5.1. 下稱(해라체)

(1) -자, -제, -제이

하칭은 '-자'형 이외에는 달리 나타나지 않고 좀 강조할 때에만 '-제, -제이'형이 쓰인다.

84. a. 같이 기림 기리자. (같이 그림 그리자.)
 b. 죽 쏴: 먹자. (죽 쑤어 먹자.)
 c. 두 쪼각으로 농개자. (두 조각으로 가르자.)
 d. 담:자에 바꾸제. (다음 장날에 바꾸자.)
 e. 어둔데 잘 가제이. (어두운데 잘 가자, 잘 가거라.)
 f. 강가로 가 보제이. (강가로 가 보자.)

5.2. 等稱(하게체)

(1) -세

85. a. 자시: 보세. (자세히 보세.)
 b. 퍼뜩 모를 숭거 내세. (빨리 모를 심어 내세.)
 c. 고단하만 고만 자세. (고단하면 그만 자세.)

(2) -까

'-세'보다는 좀 소극적으로 청자의 의향을 떠보는 경우, 상대편의 동의를 구할 때 사용한다.

86. a. 함께 가 보까. (함께 가 볼까.)
 b. 고만 일나 드가까. (그만 일어나 들어갈까.)

5.3. 中稱(하오체) 이상

이 방언에서 中稱(하오체) 이상의 청유법은 그 구별이 없는 듯, 하시오체, 합쇼체가 모두 같은 어형으로 나타난다.

<中稱(하오체)>

-시더, -시데이

87. a. 천천이 가시더. (천천히 갑시다.)
 b. 즐겁게 노시더. (즐겁게 놉시다.)
 c. 하차합시데이. (下車합시다.)
 d. 방에 드갑시데이. (방에 들어갑시다.)

<하시오체>

88. a. 자고 가시더. (자고 갑시다.)
    b. 끄트막에 가입시더. (마지막에 가십시다.)
    c. 낭중에 봄시더. (나중에 봅시다.)

<합쇼체>

-시더, -입시더

89. a. 아브지, 내려 가시더(가입시더). (아버지, 내려 가십시다.)
    b. 다녀 오시더(오입시더). (다녀 오십시다.)

연소자들은 '-시데이'형을 쓰고, 좀더 정중하게 표현할 때에는 88.c.처럼 '-ㅁ시더'형으로 나타낸다. '-입시더'형은 '-시더'형을 사용하는 청자보다 덜 친밀한 관계에 있는 청자에게 쓴다고 한다.

원래 대화에서 친밀한 사이의 사람이나 손위 사람에게 대하여 너무 강하게 권유하는 의도를 나타내면 請誘法이 命令法으로 되는 경향이 있어서, 이 방언에서도 중칭 이상의 청유법어미가 발달하지 않은 것으로 보인다.

청유법도 표준어의 영향을 많이 받아서 간혹 다음과 같은 대화를 들을 수 있었다.

90. a. 알로 와 같이 보오. (아래로 와서 같이 보오.)
    b. 자시: 봅시다. (자세히 봅시다.)
    c. 드가 봅시다요. (들어가 봅시다요.)

下稱	等稱	中稱	上稱
(1) -자	(1) -세	(1) -시더	(1) -시더
-제, 제이	(2) -까	(-시데이)	-입시더
		(-ㅁ시더)	

6. 약속법

6.0.

안동방언의 約束法語尾는 다음과 같다.

6.1. 下稱(해라체)

(1) -마, -꼬/꾸+마

91. a. 내일 니한테 가마. (내일 너한테 가마.)
    b. 냉중에 기리(기레) 주마. (나중에 그려 주마.)
    c. 저모레 사 오마. (글피에 사 오마.)

-꼬/꾸+마

d. 시간 있으 때 보꼬마(볼꼬마). (시간 있을 때 보마.)
e. 이 담:에 기라 주꾸마. (이 다음에 그려 주마.)

(2) -께

92. a. 내일 사오께. (내일 사올께.)
    b. 내일부터 나는 학교 안 가께. (내일부터 나는 학교 안 갈께.)

c. 니 저거 볼래? 응, 이따가 볼께.

d. 낼: 기리껭이. (내일 그릴께.)

92.d.는 연소자들의 대화 예다.

(3) -다

93. a. 인지는 니깐니꺼 신은 다시 안 사 준다. (이제는 네까짓꺼 신은 다시 안 사 준다. 안 사 주겠다.)

b. 이따 니가 와 준다믄 내 꺼 다 준다. (이따가 네가 와 준다면 내 것 다 주겠다.)

c. 염려 마라, 내 오늘은 소 판다. (염려 마라, 내 오늘은 소를 팔겠다.)

d. 너거들한테 내가 술 샀다. (너희들한테는 내가 술을 사겠다.)

약속법은 화자가 청자에 대하여 자기 의사에 따라 어떤 사실을 결정하고 약속하는 것이므로, 어떤 경우에는 93.의 예문들과 같이 서술법처럼 '-다'형으로 나타내기도 한다. 그러나 語調上에는 차이가 있다.

6.2. 等稱(하게체)

한 제보자에 의하면, 원칙적으로 '-ㅁ세'형이 쓰이고 간혹 '-세'형도 쓰이며, 대답할 때에는 '-ㅁ세'형을 쓰고 約定 時에 '-세'형을 쓴다고 설명하였으나, 또 다른 제보자는 '-ㅁ세'형만이 쓰인다고 하였다. 이 밖에 語彙調査表에는 '-ㄹ세'형도 기록되어 있으나 역시 확인되지 않았다. 그래서 이 글에서는 '-ㅁ세'형의 예만을 들기로 했다.

(1) -ㅁ세

94. a. 언제 와 먹을란가?

내일 가 먹음세. (내일 가서 먹겠네.)

b. 내가 다 해 놈세. (내가 다 해 놓겠네.)

c. 그 책 모래 사 봄세. (그 책을 모래 사 보겠네.)

6.3. 中稱(하오체) 이상

청유법과 마찬가지로 等分을 잣기가 퍽 힘들다. 대체적인 경향은 다음과 같다.

<中稱(하오체)>

(1) -시더

95. a. 내일 보시더. (내일 보리다, 만납시다.)

b. 그거 주믄 나도 줄시더. (그것을 주면 나도 드리겠어요.)

(2) -ㄹ라니더

약속법은 미래의 어떤 사실에 대한 청자의 약속이므로 자연히 청자의 대답에는 청자의 의지가 나타나게 되어, '-ㄹ라니더'형과 같은 의지미래형 어미도 약속법어미로 쓰이는 경우가 있는 것 같다. 따라서 이 어미는 순수한 약속법어미라고 하기는 힘들다.

c. 내일 우리 집에 와 먹어 줄란가?

내일 가 먹을라니더. (내일 가 먹겠어요.)

d. 언제 와 볼란가?

이따가 갈라니더. (이따가 가겠어요.)

(3) -겠니더

e. 내일 여섯 시에 가겠니더. (가겠어요.)
f. 누야하고 같이 먹겠니더. (누나하고 같이 먹겠어요.)

(4) -리더

g. 내일 꼭 하리더. (내일 꼭 하리다.)

이 '-리더'형은 잘 쓰이지 않는다고 한다.

<上稱(합쇼체)>

(1) -ㅁ시더

96. a. 몇 시에 밥 줄라니껴? (몇 시에 밥을 주겠습니까?)
여섯 시에 줌시더, 드림시더. (여섯 시에 드리겠습니다.)
b. 여:서 기다림시더. (여기서 기다리겠습니다.)
c. 내일 읽음시더. (내일 읽으오리다, 읽겠습니다.)

(2) -께요

꼭 상칭에만 쓴다고 할 수 없고 中稱과 上稱에 두루 걸쳐 쓰인다고 함이 좋을 것이다.

d. 니 저거 볼레? (너 저것 보겠느냐?) 이따가 보께요. (이따가 보겠어요.)
e. 아브지요, 갔다 반다시 오께요. (아버지, 갔다가 반드시 오겠어요.)

이 밖에 널리 쓰이지는 않지만 다음과 같은 경우도 있다. 97. c・d는 역시 중칭과 상칭에 걸쳐 두루 쓰이는 것이라고 할 수 있다.

(3) -겠십니더

97. a. 내일 보겠십니더. (내일 보겠습니다.)
b. 어더:질 때 오겠십니더. (어두워질 때 오겠습니다.)

(4) -지요

c. 니 저거 볼라나? (너 저것 보겠느냐?)
담:에 꼭 보지요. (다음에 꼭 보지요.)
d. 사고 절 때는 이 점빵으로 오지요.
(사고 싶을 때는 이 가게로 오지요, 오겠어요.)

下稱	等稱	中稱	上稱
(1) -마	(1) -ㅁ세	(1) -시더	(1) -ㅁ시더
-꼬/꾸+마			
(2) -께		(2) -ㄹ라니더	(2) -께요
(3) -다		(3) -ㄹ겠니더	(3) -겠십니더
		(4) -리더	(4) -지요

7. 감탄법

7.0.

지금까지 기술한 명령법부터 약속법까지는 순전히 동사의 경우였는데,

感歎法은 敍述法·疑問法의 경우와 마찬가지로 동사·형용사·체언의 서술격조사(이다)에서도 나타난다. 이를 대우법(존비법)에 따라 정리해 보면 다음과 같다.

7.1. 下稱(해라체)

(1) -데이

98. a. 니 기림 참 잘 기린데이! (너 그림 참 잘 그리는구나!)
   b. 니 참 존 거 본데이! (너 참 좋은 것 보는구나!)
   c. 비행기가 빨리도 온데이! (오는구나!)
   d. 오늘도 디:게 칩데이! (몹시 춥구나!)
   e. 이거 참 맛있는 뿕은 빱이데이! (볶은 밥이구나!)

(2) -다

99. a. 니 기림 참 잘 기린다! (너 그림 참 잘 그린다!)
   b. 니 참 존 거 본다! (너 참 좋은 것 본다!)
   c. 참 날씨도 칩다! (춥다!)
   d. 아:따, 그 집 참 크다! (야, 그 집 참 크다!)
   e. 와:따, 큰 비행깃다! (와, 큰 비행기다!)
   f. 디:게 붉은 꽂잇다! (매우 붉은 꽃이다!)
   g. 그 터 참 모하것다! (그 터가 참으로 묘하겠구나!)

(3) -ㄹ다
미래는 '-ㄹ다'로 표시한다.

h. 그 생선 맛 좋을다! (그 생선 맛이 좋겠구나!)

i. 그 꼬치가 디:게 메울디! (그 고추가 매우 맵겠구나!)

'-다'형의 경우는 주로 語調에 의하여 감탄의 느낌을 나타낸다. 99. c·d의 경우에는 꼭 감탄사와 대응되며, e·f의 경우는 체언의 서술격어미가 감탄어미로 쓰인 예다.

(4) -ㄴ가

100. a. 가:가 어예 데서 저런가! (그 애가 어떻게 되어서 저런가!)

b. 자네 아:는 어예 갈체낄레 이리 잘하능가! (←하는가. 자네 아이는 어떻게 가르쳤기에 이리도 잘하는가.)

'-가'형의 경우에는 반드시 의문사와 호응한다.

(5) -네

101. a. 그 집 참 존네! (그 집 참 좋구나!)

b. 그 꽃 디:게 아름답네!

c. 그 문제 디:게 까리하네! (매우 혼동되는구나!)

d. 저 지지바 디:게 깔삽하네! (저 계집아이 매우 모습이 좋구나!)

(6) -라

102. a. 아이고 얼굴도 미버라! (아이구 얼굴도 미워라!)

b. 날씨도 추바라! (추워라)

c. 아이고, 니:라! (아이고 너구나!)

d. 여:가 도산서워이라! (여기가 도산서원이구나!)

a・b는 형용사의 경우, c・d는 체언의 경우다. 또 드물기는 하지만 간혹 다음과 같이 文語 식으로 쓰이기도 한다.

e. 가:가 가삐이 나는 존니라! (그 애가 가 버리니 나는 좋으니라!)

(7) -레이

103. a. 기림 잘 기리더레이! (그림 잘 그리더군!)
b. 어제는 날씨도 칩더레이! (어제는 날씨도 춥더군!)
c. 그 사람 참 나쁜 사람이더레이! (그 사람 참 나쁜 사람이더군!)

'-레이'형은 回想過去를 나타내는 '-더-'와 결합되어 쓰인다.

(8) -웨

104. a. 그 학새이 장타웨! (그 학생이 장하구나, 왜!)
b. 그 옷이 좋응웨! (존네 웨!) (좋구나, 왜!)

(9) -구나

널리 쓰이지는 않지만 표준어의 영향인지 용언과 체언의 서술격조사에 모두 나타나고 있다.

105. a. 멋지게 기리는구나!
b. 그 샐 못 참아 벗났구나! (←벗놓다. 그 사이를 못 참아 달아났구나!)

c. 토꼈다 하믄 니구나! (도망갔다 하면 너로구나!)

d. 그 사람 모씰 사람이로구나! (그 사람 몹쓸 사람이구나!)

(10) -나

또 경우에 따라서는 疑問法語尾로 나타내기도 한다.

106. a. 아:래 가디: 하마 왔나! (그저께 가더니 벌써 왔느냐!)

b. 와:따 그렇게 마이 하고 또 하나! (와 그렇게 많이 하고 또 하느냐!)

7.2. 等稱(하게체) 이상

표준어에서도 하게체 이상의 감탄법은 불분명하게 나타나지만, 이 지역 방언에서도 하게체 이상의 감탄법어미는, 그 등분을 지을 수 없을 만큼 不分明하게 나타난다.

<等稱(하게체)>

(1) -네

107. a. 자네 거 참 존: 책 보네! (자네 그것 참 좋은 책 보네그려!)

b. 자네 지끔 존: 책 봤:네그려! (자네 지금 좋은 책 보았네그려!)

(2) -ㄹ세

108. a. 그 사람 모씰(몹씰) 사람일세! (몹쓸 사람일세!)

b. 야:따 그게 옳을세! (야 그것이 옳겠구나!)

a는 體言 서술어의 경우, b는 形容詞의 경우인데, 未來의 豫定・推測을

감탄으로 나타낼 때에는 動詞 語幹에도 쓰인다. 그러나 108.e.와 같은 용례는 잘 안 쓰인다고 일부 제보자는 말하고 있었다.

108. c. 내일은 우리 존: 구경 볼세! (좋은 구경 보겠네그려!)
    d. 모레 장 갈라믄 고생 좀 할세! (모레 시장에 가려면 고생 좀 하겠네그려!)
    e. 그 책은 몹씰 책일세! (몹쓸 책이겠네!)

<中稱(하오체)>
-소

109. a. 당신 참 존: 거 보고 있소! (참 좋은 것 보고 있소, 있군 그래!)
    b. 당신 참 존: 데 갔:소! (좋은 데 갔었군 그래!)
    c. 와:따 저 드놓은 거 좀 보소! (와, 저기 크게 던져 놓은 것 좀 보소!)

'보겠소'는 잘 안 쓰이는 형식이며, 간혹 '-소'형 대신 '-오'형이 쓰이기도 한다. 그리고 '-소'형을 쓸 경우에는 敍述法과는 다른 語調로 감탄을 나타낸다.

<上稱(합쇼체)>
-니더

110. a. 참 존: 경치 보니더! (참 좋은 경치 봅니다그려!)
    b. 그 원수이 디:게 웃기니더! (그 원숭이가 되게 웃깁니다그려!)
    c. 집에 올라이 대:구 잡니더! (집에 오려고 하니 자꾸 잡습니다그려!)

역시 표준어의 유입으로 볼 수 있는데, 中稱과 上稱에 걸쳐서 '-네요, -시

네요, -시는데요'형이 나타나기도 한다.

111. a. 샘:요, 저게 그 아:네요! (선생님요, 저게 그 아이입니다!)
b. 공짜로 막 들나뿌리시네요! (공짜로 마구 들어 넣으시네요!)

감탄법어미가 유달리 많은 것은, 동사에만 국한되어 있는 명령법어미 등과는 다르게 감탄법어미는 동사·형용사·체언에 두루 쓰이기 때문일 것이다.

下稱	等稱	中稱	上稱
(1) -데이	(1) -네	(1) -소	(1) -니더
(2) -다	(2) -ㄹ세		(2) -네요 -시네요
(3) -ㄹ다			
(4) -ㄴ가			
(5) -네			
(6) -라			
(7) -레이			
(8) -웨			
(9) -구나			
(10) -나			

8. 맺는 말

이상으로 안동지역 방언 종결어미의 문체법에 관한 개략적인 고찰을 마무리지으려 한다. 머리말에서도 밝혔듯이, 이 글은 하나의 자료 제시에 지나지 않을 뿐, 이 지역방언에 대한 더욱 상세한 분석과 고찰은, 전문 연구가에게 맡기는 수밖에 없다고 여긴다.

※ 이 글은 다음 두 논문을 하나로 묶은 것임.

姜信沆(1978), 「安東方言의 敍述法과 疑問法」, 『언어학』 3, 한국언어학회.

姜信沆(1979), 「安東方言의 命令法·約束法 등」, 『成大論文集』 26, 成均館大學校.

이 글에 대하여 여러 가지로 助言해 준 분 가운데 특히 釜山大學校 文理科大學 國語國文學科 申昌淳 교수, 嶺南大學校 文理科大學 國語國文學科 崔明玉 교수, 그리고 김방경 양(豊山邑), 장규섭 군(安東市)의 叱正과 조언에 심신한 사의를 표한다.

또 이 글을 씀에 있어서 安東·尙州 어린이 문집인 李五德 편, 『일하는 아이들』(靑年社, 서울, 1978), 同, 『우리도 크면 농부가 되겠지』(청년사, 서울, 1979)도 참고로 하였다.

참고 문헌

姜信沆(1976), 「慶北安東·奉化·寧海地區의 二重言語生活」, 『成大論文集』 23.

高永根(1973), 「現代國語의 終結語尾에 대한 構造的研究」, 『語學研究』 9-2.

______(1974), 「現代國語의 尊卑法에 대한 研究」, 『語學研究』 10-2.

______(1975), 「現代國語의 語末語尾에 대한 構造的研究」, 『應用言語學』 7-1.

______(1976), 「現代國語의 文體法에 대한 研究」, 『語學研究』 12-1.

金永泰(1977), 「慶南方言 終結語尾의 敬語法考察」, 『慶南大論文集』 4.

徐正洙(1972), 「現代國語의 待遇法研究」, 『어학연구』 8-2.

______(1974), 「韓日兩國語의 敬語法에 대한 比較研究」, 『首都女師大論文集』 6.

成耆徹(1970), 「國語待遇法研究」, 『忠北大論文集』 4.

安秉禧(1965), 「後期中世國語의 疑問法에 대하여」, 『學術誌』 3.

李熙昇(1960), 『새고등문법』, 一潮閣.

崔明玉(1976), 「現代國語의 疑問法研究」, 『學術院論文集』 15.

大江孝男(1976), 「大邱方言における半敬語について」, 『朝鮮學報』 81.

成均館大學校 國語國文學科(1967), 『安東文化圈學術調査報告書』, 1964～1966.

______(1971), 上同, 1967～1969.

______(1976), 『東海岸地區學術調査報告書』, 1971～1976.

경북 安東·奉化·寧海 지역의 二重言語生活

1. 머리말

이 글에서는 경북 安東·奉化·寧海 지역 일부 住民의 二重言語生活에 대해서 살펴보고자 한다.

원래 二重言語生活이란, 크게 잡으면 완전히 이질적인 두 개 이상의 언어(때로는 같은 系統에 속하는 두 개 이상의 언어)를, 同一人 또는 일정 지역의 주민들이 한 시대 한 시기에 사용하는 것을 말한다.[1] 8·15 이전의 일제 강점기에, 우리말과 日語를 함께 쓰도록 강요당했던 우리들이 이중언어생활자들이었고, 미국으로 이민 가서 집단적으로 생활하고 있는 중국인이나 일본인 1세들의 언어생활이, 또한 이중언어생활이다. 오늘날 이 지구상에는 單一民族만으로 구성되고, 單一 言語만을 사용하고 있는 국가는 오히려 매우 드물고, 대부분의 나라 안에는 여러 언어가 사용되고 있기 때문에, 이중언어생활을 영위하고 있는 사람들은 의외로 많다고 한다.

다음으로 二重言語生活의 범위를 좁히면, 한 나라 안에서 同一 言語의 方言差에 의하여 두 가지 方言을 사용하는 사람들도, 이에 속한다고 할 수

---

1) 예를 든다면, 1970년대 中華民國 臺灣省 거주 중국사람들 가운데 閩南사람은, 같은 漢語에 속하면서도 극심한 方言差로 인하여 외국어처럼 느껴지는 여러 가지 한어의 방언을 이해해야 하였다. 즉 고유어인 閩南語 이외에, 이웃하여 살고 있는 客家語, 그리고 중국 전국공통어인 '國語'(北京語를 중심으로 해서 성립된 것)까지 이해해야만 정상적인 언어생활을 할 수 있었다.

있다. 이런 사람들이 사용하는 두 가지 언어는, 대개 소위 표준어라고 하는 全國共通語와, 또 하나는 자기가 居住하고 있는 地域의 方言이라고 할 수 있다. 이런 예는 근래 우리나라 안에서 흔히 볼 수 있는 것으로서,[2] 8·15 이후 初·中等教育이 날로 普及됨에 따라서 각 지방 住民들이 營爲하고 있는 言語生活이 이에 속한다.[3]

한 예를 들어 보면, 경상북도 安東·奉化지구 住民들은 아직도 강력하게 전통적인 地域方言을 使用하고 있는데, 이 지역의 아동들의 작문에는 이러한 사실이 그대로 반영되고 있다.

名 詞 (괄호 안은 全國共通語)

비노(비누)　　디(뒤)　　하루불(화롯불)　　엄씩(음식)

動詞·形容詞

방을 씨고(쓸고)	씨켜서(시켜서)
조만할 때(조그마할 때)	끼려서(끓여서)
떠신 물(더운 물)	시지도 안하고(쉬지도 않고)
나뚜고(놔 두고)	노다가(놀다가)
갔떠냐고(갔었더냐고)	기여워(귀여워)
일나면(일어나면)	덜 빠뿌제(덜 바쁘지)
피 주는(펴 주는)	

副 詞

모 하고(못 하고)	하마(벌써)

2) 註 1)에서 설명한 閩南사람의 경우와 우리의 경우와는, 그 方言差의 정도가 엄청나게 다르다. 우리도 여러 방언권으로 나눌 수 있으나, 漢語의 방언차처럼 상호 이해가 불가능할 정도로 심하지는 않다.

3) 필자가 1967년 여름에 安東市 法興洞에서 만난 安東教育大의 두 學生은 필자하고는 전국공통어로 대화하고, 자기네끼리는 安東方言으로 대화를 하고 있었다.

※ 이상은 경북 奉化郡 鳳城面 愚谷1里 愚谷分校 3~5학년 作文 중에서 뽑음.

이들은 국민학교 입학 후 3~5년 동안 전국공통어를 배웠으나 그것은 教室에서만 쓰는 文語일 뿐, 실지 日常會話에서는 전통적인 地域方言을 쓰고 있는 관계로, 글을 지을 때에는 지역방언이 가끔 쓰이고 있는 것이다.

한 예만 더 들어 보자. 周양(당시 24세)은 순 釜山토박이인 부모님을 따라 고교 재학 중인 6년 전에 出生・成長地였던 釜山에서 서울로 이사해 왔다. 그 뒤로도 家庭 內에서는 종전대로 거의 그대로 釜山方言을 쓰고 있으므로, 가정 내에서의 언어생활에는 별로 변화가 없었고, 가정 밖의 서울 사람들과 대화할 때, 다음과 같이 그 差異點을 의식하게 되었다.

서 울	부 산
쌀	살
볶은 밥	뽂은 밥
해 버릴 것이다	했뿔 끼다
죽일 거다	죽일 끼다
쌀 산다[4]	살 판다
어떻게 했느냐?	우쨌노? 어쨌노?
해 버릴까 보다	해쁘릴라
언제 왔습니까?	언제 왔습니꺼? 언제 왔는데예?
아니다	아이다
아니요	언지예, 언제예

周양이 항상 느끼는 것은 家族呼稱의 차이다. 다음에 이들을 비교해 보

4) 이것은 젊은 층의 언어일 것이다. 서울사람들도 老人層에서는 '쌀을 팔아 먹는다'고 한다.

겠다.

<서 울>			<부 산>		
명칭(지칭)	부를 때	제3자에게	명칭(지칭)	부를 때	제3자에게
할아버지	할아버지	(우리)할아버지가	할배	할배요	(우리)할배가
아버지	아버지	아버지가	아브지	아브지(예)	아브지가
시아버지	아버님	(시)아버님께서	(시)아브님	아브님	(시)아브님이
삼촌	작은아버지	삼촌이	삼춘	삼춘(예)	삼춘이
할머니	할머니	할머니가	할매	할매(요)	할매가
어머니	어머니	어머니가	어므이	어므이	어므이가
	엄마	엄마가		(엄마)	어므니가
시어머님	어머님	(시)어머님께서	어므님	어므님(예)	시어므이가
외숙모	아주머니	외숙모가	웨숙모	웨숙모	웨숙모가
형수	아주머니	형수가	형수님	형수님	형수가
아주머니			아즈므이	형수요	아주므이가
					아즈므이요
계수	계수씨	계수씨가	제수씨	제수씨(요)	제수씨가
고모	아주머니	고모가	고무	고무예(/요)	고무가
				고무야[年少]	
이모	아주머니	이모가	이모	이모요	이모가
				이모야[年少]	
형	언니	형(님)이	형	형	형이
	형(님)			세이야	세이가
아우	얘!	아우가	동생	(야!)	동생이
동생	(야!)	동생이			
오빠	오빠	오빠가	오빠	오빠요(/야)	오빠가
오라비		오라비가	오라비		오라비가

			오래비		오래비가
누님	누님	누님이	누님	누님요	누님이
	누이		누부	누부야	누부야가
여동생	얘	여동생이	여동생	(이름)	여동생이
	(이름)	누이가			
올케	올케	올케가	올키	올키예(/야)	올키가
	(형/동생)		(올케)		올케가
시누	작은아씨	작은아씨가	시누	아가씨요	시누가
		시누가		애기씨	아가씨가
					[친척끼리]
도련님	도령님	도령님이	도련님	도련님	시동생이
시동생	(데린님)	시동생이	데련님	데렴님	도련님이
		(데린님이)	데름	데름	[친척끼리]
고모부	아저씨	고모부가	고모부	고무아브지	고무아브지가
					고무아브지
남편	(여보)	사랑에서	남편	보소,	남편이
	(아빠)	남편이		보이소(예)	애기 아브지가
		바깥어른이		누구아브지(예/요)	영감이
		애기아빠가		예!	바깥양반이
아내	(여보)	안에서	아내	어이	마누라가
		안사람이		바라	예펜네가
		애엄마가		(아내 이름)	집사람이
		집사람이		(아기 이름)	아 어마이가
		예펜네가			할망구가

이 제보자의 언어생활에서의 특징은, 이상에서 열거한 것과 같은 차이를 인식하면서도 조금도 시골사람이라는 의식이나 창피하게 느낀 일이 없었다

는 데 있다. 그리고 주위의 서울 주민들도 이러한 慶尙道 釜山方言을 듣고서도, 조금도 흉을 보는 일이 없었다고 한다. 이 점이 타지방 출신, 특히 忠淸道 출신자들이 처음으로 서울에 와서 겪는 언어생활과는 다른 면이라고 하겠다.[5)]

그런데 이 小稿에서 살펴보고자 하는 것은, 同一 地域方言圈 내의 二重言語生活에 관한 것이다.

2. 동일 '地域方言圈' 내의 二重言語生活

경북 安東・奉化・寧海 등 일부 지역에서는, 同一 '地域方言圈' 내에 속하면서도 村落에 따라 딴 言語生活을 營爲해 온 흔적이 남아 있는 곳이 있다.[6)] 이것은 각 촌락의 歷史的 背景이 다른 데서 말미암은 결과다. 그러나 오늘날에는, 敎育의 普遍化, 어느 정도 자유롭게 개방된 각 마을 사이의 交流, 각 촌락 주민들의 심한 移住 등으로, 각 마을마다의 특색 있는 언어생활은 점점 희미해져 가고 있다. 그러므로 이 글에서 설명하는 각 마을 언어생활의 특색은, 거의 50대 이상 一部 老人層의 주민 사이에 남아 있는 在來式 言語生活의 흔적이라고 할 수 있을 것이다.

그리고 이 小稿를 쓰기 시작하면서 분명히 밝혀 두고자 하는 것은, 이 小稿의 집필 목적이 各 村落의 言語生活 面에서의 差異點을 들추어내어, 각

---

5) 野林正路(1971:33~45)에서는 日本 各地 方言圈에서 성장한 兒童들이 딴 지역으로 이주했을 때 겪은 二重言語生活에 대하여 여러 면으로 분석하고 있다. 대개 '支配型'(도시→시골 이주자), '屈伏型'(시골→도시), '反抗型'(시골→도시)으로 大分했는데, '反抗型'은 新・舊 두 언어 사용으로 內部 言語生活에 混亂이 일어난 상태라고 했다. 그런데 우리나라에서는 '嶺南지역 주민→서울 등 大都市로의 이주'型 言語가 위의 어느 型에도 속하지 않는다는 데 특색이 있다. '支配型'은 아니지만 '對等型'이라고나 할 만하다.

6) 李翊燮(1970:57~83)에서는 語彙・音韻・形態音韻上의 특징 외에 言語外的 要因을 가지고 言語分化 문제를 다루었다.

촌락의 歷史的·社會的 背景을 밝혀내려는 데 있는 것이 아니라는 점이다. 오직 표면상으로 나타난 現象만을 比較하여 객관적으로 說明해 보려는 것뿐이다. 그러나 설명의 순서상 각 촌락의 背景에 대해 간단히 언급하지 않을 수 없다.

1) 二重言語生活의 배경

경북의 일부 지방에는 이른바 班村과 이와 상대적으로 구별되는 民村이라는 것이 있었다. 이른바 班村은 조선시대에, 名門의 後裔들이 宗孫을 중심으로 해서 集團的으로 生活하고 있던 촌락을 말한다. 이런 촌락도 오늘날에는 점점 허물어져 가는 경향에 놓여 있지만, 그동안 이런 촌락을 형성하고 있던 구성원들의 특징은 다음과 같았다. 즉 그들은 명문의 후예들이라는 점에서 그들에게는 仕宦의 길이 열려 있었고, 따라서 그들은 儒學的인 素養을 필수 조건으로 해야만 했다. 그리고 서울과의 往來가 잦았다. 이러한 역사적인 배경이 그들의 언어생활에 그대로 반영되고 있다. 家族呼稱이나 文體法 등에는 지역방언으로서의 특색이 나타나 있으나, 正確한 漢字音의 發音, 어느 정도 中部方言의 母音·子音體系와 비슷한 母音·子音體系 등은 이런 촌락의 특징이라고 할 수 있다.

다음으로 民村이란, 이른바 '各姓바지'라고 하여 집단적으로 어느 한 성씨가 촌락을 이루고 있는 것이 아니라 여러 姓氏들이 모여 사는 마을을 말한다. 이러한 촌락의 구성원들은 名門의 후예들이 아니었기 때문에 仕宦의 길이 별로 없었고, 주로 生產業이나 驛村·漁村에서의 '구실'을 맡고 있었다. 따라서 그들의 언어생활은 비교적 자유로운, 民衆의 가식 없는 言語生活을 그대로 反映하게 되었다. 그리하여 그들의 언어는, 국어의 시대적인 변천상을 그대로 나타내는 것이 되었다. 口蓋音化現象·i 母音 逆行同化·된소리의 발달 등을 순조롭게 보여 주고 있다.

이와 같이 이들 두 촌락은, 그 구성원이나 언어생활상에 있어서 差異를 나타내게 되어 경북 安東·奉化·寧海 等地에서는 불과 2, 3킬로미터밖에 떨어져 있지 않은 마을 사이에서도 언어생활상 다른 양상을 보여 주게 되었다.7)

그런데 이들 두 특징 있는 촌락들은, 서로 격리되어 고립적으로 존재하는 것이 아니고 相互 密接한 관계를 가지고 生活해 왔다. 따라서 이들 두 촌락의 주민들이 서로 접촉할 때에는 각각 二重言語生活을 경험하게 되는 것이라고 할 수 있다.

필자의 조사에 의하면, 이 지역 주민들은 이러한 이중언어생활의 경험을 확실히 의식하고 있었다. 그럼에도 불구하고, 이른바 班村의 老人層 일부 주민들은, 이러한 이중언어생활에 의하여 전통적인 그들의 언어생활이 조금도 변화를 입은 바 없었음을 강조하고 있었다. 심지어 한 걸음 더 나아가서 되도록 이른바 民村의 언어는 전혀 모른다는 사실을 내세우려고 했다. 이것은 서로의 理解를 위해서도 도저히 不可能한 일인데도, 이들이 民村의 언어를 俗化된 것, 紊亂해진 것, 正確하지 못한 것이라고 인식하고 있는 데서 나온 결과였다. 그렇다고 民村 住民들은 전적으로 班村의 언어를 崇仰의 대상으로 여기고 있는 것도 아니었다. 1966년 겨울에 필자가 浮石寺(경북 풍기군)에서 만난 60대의 民村 거주 村婦는, '할배'면 '할배'지 '큰아배'가 무어냐고 班村의 언어를 비웃고 있었다. 5, 60년 전까지만 해도 설마 이런 현상은 없었겠지만 6·25 전란 이후 급격하게 변화한 우리나라 일반대중의 의식구조가 이런 촌부의 '비웃음' 속에도 반영되고 있다고 하겠다. 그래서 이른바 班村 거주 老人層 주민들이 民村言語를 알고 있다는 사실조차도 수치로 알고 이를 되도록이면 숨기려고 한 데 비하여, 이들 民村 거주 村婦들은 아무런 거리낌 없이 자기네들 일상용어를 있는 그대로 말하고 있

7) Peter Trudgill, *Sociolinguistics : An Introduction*(1974) [土田滋日 譯 : 言語와 社會]에서도 '言語와 社會階級' 등의 문제를 詳述하고, 二言語 使用者(bilingual) 및 多言語 使用者(multilingual)에 대하여, 여러 경우를 들어 설명하고 있다. 그러나 필자의 이 小論에서는 아직 그렇게 깊이 통계까지 내면서 고찰하려는 것이 아니고 대체적인 概觀만 하려는 것이다.

었다. 그러나 이것도 실지 조사에 있어서는 50대 이상 老年層에서의 反應이었고, 40대 이하에서는 될 수 있는 대로 자기 居住地域의 언어를 정확하게 보여 주지 않으려는 경향이 있어서 言語生活의 실태를 파악하기가 여간 힘들지 않았다. 그러므로 이 글에서 例示하는 각 촌락의 언어는, 어디까지나 標本的인 것에 지나지 않고 이들 촌락의 언어를 전부 있는 그대로 보인 것이라고 할 수는 없다.

2) 실례

安東·奉化·寧海 지역 二重言語生活의 實例를 다음에 들어 보겠다.[8]

(1) 安東지역

安東지역은 臨河面 川前洞과 臨東面 中平洞을 표본으로 잡았다. 前者는 '내앞'마을이라고 하며 義城金氏가 宗家를 중심으로 集團的으로 살고 있었고, 後者는 臨東面 鞭巷里와 이웃하고 있다. 이 鞭巷里는 朝鮮朝 시대에 동해안 盈德지역의 해산물을 주로 말[馬]로 실어다가 安東지역의 각 지방으로 補給하던 곳이라고 하여 '책거리', '채찍골'이라고 한다.

이 두 촌락(川前洞과 中平里)은 安東에서 盈德으로 통하는 도로변에 있으며, 相互間의 거리는 겨우 10里 정도인데, 먼저 느껴지는 것은 家族呼稱의 차이였다. 다만 여기서 또 한번 分明히 밝혀 둘 것은, 앞에서도 언급한 바와 같이 오늘날에는 두 촌락의 전통적인 특징이 거의 없어졌으므로, 이 小稿에서 예시하는 語彙만이 해당 촌락에서 쓰이고 있지는 않다는 점이다. 실지로는 상당히 뒤섞여 있으며, 이들 위에다가 全國共通語까지도 덮쳐 있다. 그러므로 여기에서 예시하는 것은 어디까지나 傳統的인 言語의 흔적이다.

---

8) 成均館大學校 國語國文學科, 『第1次 및 第2次 3個年計劃 安東文化圈學術調査報告書』(1966年 및 1969年) 方言篇 참조.

① 家族呼稱의 예

표준어	川前	中平
할아버지	큰아배, 할배	할브지, 할배
曾祖父	큰할배	할배
아버지	아배, 아브지	아브지
시아버지	아뱀	아버님, 시아버님
큰아버지	맏아배[9]	큰아브지
할머니	큰어매	할매
어머니	어매	어므이
시어머니	어맴	어머님, 시어머님
큰어머니	맏어매	맏엄니
힝(님)	형(님)	성(님)
동생	동생	동상
시숙	아지뱀	아지바님

이상 제시한 가족호칭 가운데 'ㅐ'와 'ㅔ'의 구별은 분명치 않아 어느 쪽으로 표기해도 무방한 듯하여, 이 글에서는 'ㅐ'로 통일하였다. 앞으로 예로 들 여러 단어들의 경우도 같다.

② 口蓋音化의 예

표준어	川前	中平
흉년	흉년, 숭년	숭년[10]
형(님)	형(님)	성(님)

9) 큰아배는 大父=祖父, 맏아배는 伯父(伯맏백)에서 온 것이라고 하나 분명치 않다.
10) 이 글에서는 편의상 h>s의 변화도 口蓋音化로 다루었다.

향나무	향나무	상낭기, 향낭기
기름	기름	지름
콩나물	콩기름	콩지름
개와, 기와	개와, 기와	지와
길	길	질
길다	기: 다	지: 다
김[수증기]	김	짐
교사(教師)	교사	조사
(불을)켜라	불켜라, 써라	불써라, 불켜라
갸름하다	개름하다	쨀쫌하다

이들 마을 언어의 차이로 가장 뚜렷하게 지적되는 것이 k-의 口蓋音化 有無다.

③ 半母音 /j/의 발음

半母音 /w/는 이 지역방언에서 거의 나타나지 않는데, /j/의 경우에는 마을에 따라 차이를 보여 준다.

표준어	川前	中平
꿩	꿩	꽁
사위	사우, 사위	사우
사마귀	사마구	사마구
봐라	바라	바라
뒤	디	디
봉선화	봉숭아	봉숭아

(※ 1988년에 개정된 표준어 규정에 따라 현재는 '봉선화'와 '봉숭아'가 모두 표준어다.)

비녀	비녀	비네
벼루	벼로	베루
별	별	빌
벼락	베락	베락
새벽	새벽	새벽
염소	염세	염세
편지	편지	펜지
예순	예순	여순, 예순
차표	차표	차포
잡수셨는가	잡산는가	잡산는가
별로	별로	벨로
병	병	병, 빙

환경에 따라 나타나는 모습이 다르지만, 대개의 경우 한 마을에서 /j/가 유지되고 있는 데 비하여, 다른 마을에서는 /j/와 결합된 二重母音을 單母音으로 나타내는 경향이 강하다. 그리고 공교롭게도 脣音과 결합된 예만 보이게 되었는데, 이것은 이런 현상이 脣音 아래에서 가장 두드러지기 때문이다. /jə/가 /i/로 나타나는 경우는 다음과 같다.

표준어	川前	中平
면소	면소	민소
별	별	빌

④ /ㅂ/과 /ㅅ/의 유지

中世國語의 中部方言에서 /p/>/β/, /s/>/z/의 현상을 보이었던 단어들 가운데, 川前洞에서만 중부방언에서 /β/>/w/, /z/>zero로 변화하였던 것과 비슷한 모습을 나타내고 있고, 中平洞의 언어에는 /ㅂ/과 /ㅅ/을 유지하고 있는 모습을 보여 주고 있다.

표준어	川前	中平
춥구나	추워라	추버라
밉구나	미워라	미버라
어려워서	어려워서	어려버서
어둡습니다	어둡니더	어두부이더
더워	더워	더버
무우	무꾸	무수
가위	가웨	가시게, 가세
마을	마을, 말:	마실
가을	가을, 갈:	가실

⑤ i 逆行同化의 예

이 지역방언에서 i 逆行同化는 일반적인 현상이지만, 이것도 역시 마을에 따라 차이를 보여 주는 것 같았다. 몇 예를 들어 보겠다.

표준어	川前	中平
먹인다	먹인다	멕인다
옮긴다	옹긴다	웽긴다
학교	학교	핵교
향교	향교	행교

⑥ 疑問形 活用語尾의 차이

경북 안동·봉화·영해 등 지역 방언에서 가장 두드러진 모습을 나타내는 것은 用言의 活用語尾다. 體言의 敍述形(소위 지정사)도

내 차짓다(내 차지다)	비행깃다(비행기다)
내 아: 아닛다(내 아이 아니다)	꿈잇다(꿈이다)

와 같이 독특하게 나타나지만, 用言의 活用語尾가 더 독특하다.

<用言의 活用語尾 예>(동사 합쇼체의 문체법)

표준어	川前	中平
봅니다	보니더	보니더
봅니까	보니껴	보니껴
보시오(봅쇼)	보소	보소
봅시다요	봄시더, 보시더	보시더
보오리다	봄시더, 보시더	보시더, 봄시더
봅쇼그려	보소, 보시이소	보시더
보았습니다	밨니더	밨니더
보겠습니다	볼께시더	볼께시더
보았습니까	밨니껴	밨니껴
보겠습니까	볼라니껴	볼라니껴

이와 같이 다 같은데, 다만 때때로 두 마을의 차이는 疑問形에 나타나고 있다.

표준어	川前	中平
있습니까	있니껴	있니꺼, 있닝겨(있는기요)
아닙니까	아이니껴	아이니꺼
잡수시었습니까	자셴니껴	자셴니꺼

밀폐되지 않는 現代의, 더군다나 이웃하고 있는 마을 사이의 언어 차이

를 파악한다는 것은 여간 힘든 일이 아니다. 그러므로 이상 열거한 몇 예는, 여러 차례에 걸쳐 조사할 때에 간혹 느껴졌던 차이를 지적했을 따름이다. 실지로는 이들 각 촌락이 하나의 지역방언권 안에 있으므로, 거의 공통적인 언어생활을 한다고 볼 수 있다.

된소리를 유달리 많이 쓰고 있는 것은, 이 지역방언의 특색인데, 이것도 잘 관찰해 보면 차이를 느낄 수 있다.

표준어	川前	中平
혓바닥	혓바닥	혀빠닥
왼손	웬손	웬손, 웬짝손
빈대떡	지짐, 전	찌짐
울타리	울타리	울따리
학교	학교	학꾜
돌	돌	돌뺑이

安東郡 祿轉面 新坪1洞 장터의 한 老人(74세)의 언어도 中平洞과 비슷한 면을 가끔 보여 주었다.

시끄러버	평수(坪數)
꼰치자면(고치자면)	구름 쩌서(끼어서)
멕 깝이지(몇 갑이지)	쩍어요(적어요?)
딱가 나라(닦아 놓아라)	까자(과자)

대세를 따른다면, 이런 현상이 이 지역방언의 특색이라고 할 수 있어서, 이 지역방언의 音韻體系를 記述할 때에는 이런 면에 중점을 두어야 할 것이다.

(2) 奉化지역

奉化지역은 奉化面 酉谷里(달실), 法田面 法田里(버전 양지마:, 음지마:)의 언어와 인근 촌락 언어와의 비교가 가능하다. 그러나 여기서는 번거로움을 피하기 위하여 鳳城面 遠屯里 거주 한 村老(조사 당시 83세)의 언어를 표본으로 제시해 보겠다.

가장 두드러진 발음은 二重母音에 있었다. 특히 唇音 아래의 /jə/는 /e/로 나타난다. 이 지역방언에서의 /e/는 [E]로 실현되나 편의상 'ㅔ'로 표기한다.

① 半母音 /j/의 발음

벨유천지(別有天地)	풍벵, 풍빙(風病)
펜리(便利)	일펭생(一平生)
뻬레(뼈래=骨이래)	
멩호멘(明湖面)	메, 미(墓)

cf. 半母音 /w/의 경우

왕지(왕쥐)	자향(좌향=坐向)
추아(추워)	구신(귀신=鬼神)
딧빵(뒷房)	기(귀=耳)
머이껴(뭐입니까)	목하(목화=木花)

그런데 由緖 있는 法田里 人士들도 새삼스러이 질문을 하면, 정확하게 中部方言의 二重母音처럼 발음하는데, 같은 마을 사람들끼리 대화를 할 때에는 위에서 예시한 것과 똑같은 모습으로 나타난다. 그러므로 이 지역방언에서는 /jə/>/e/의 경향을 가지고, 어떤 촌락의 특징이라고 내세우기가 힘든 것 같다.

法田里의 예

베루(벼루)	자항(좌향-坐向)
펜리(편리=便利)	헹편(형편=形便)
멩필(명필=名筆)	멫 백(몇 백)

② 疑問形 活用語尾의 차이

이 지역방언에서도 提報者들은 두 촌락 언어의 차이로, 疑問形 活用語尾를 지적하고 있었다. 遠屯里의 村老도 中平洞과 비슷한 모습을 보여 주었다. 그러나 이 분의 語尾에도 混亂이 있었다.

갔습니까	갔니꺼
옵니까	오닛꺼
왔습디까	왔디꺼
알 수 있습니까	알 수 있니꺼
모릅니다	모르니껴
좋지 않습니까	좋잖니꺼
왔습니다	왔니더
자고 가십시오	자구 가시더
나는 모르겠다	내사 몰따
멀지 않아요	머잖아요

이 밖에 다음과 같은 語尾도 독특한 것이라고 느껴졌다.

낫지로(낫지요)	말이지로(말이지요)

③ i 逆行同化의 예

遠屯里의 村老가 보여준 i 逆行同化의 예는 다음과 같다.

행교(향교)	냄펜(남편)
방섹이가(방석이)	액시(아기씨=시누)
하내이고(하나이고)	하네이 있다가(한 사람이 있다가)
절멩이 데브고(絶命이 되어 버리고)	

이 지역방언의 호칭에 나타나는 아배, 어매, 아지매 등도 아바니, 어머니, 아즈머니 등이 i 逆行同化로 변화한 것이라고 설명하는 주민이 있었다.

④ 家族呼稱의 차이

이 遠屯里 村老의 家族들은, 家族呼稱에서도 차이를 보여 주었다. 물론 요 근래에는 川前洞・酉谷里 같은 마을의 가정에서도, 어린이들은 "아브지여!", "어므이여!", "할브지여!"와 같은 呼稱을 사용하고 있는 것은 사실이다. 그런데 이 집에서는

할배, 할마니, 아방이, 아바이, 동상, 어마이

등을 쓰고 있었다. 다른 제보자들의 언어는 다음과 같았다.

표준어	法田	遠屯
할아버지	할배	할배
증조부	증조부	큰할배
아버지	아배, 아부지	아부지
어머니	어매	어매
큰어머니	큰어매	큰어매
남편	사랑양반	(누구의)아바이
부인	내자	마누라, (누구의)어마이
며느리	며느리	언나엄마

이 지역에서는 法田里에서 큰아배[祖父], 맏아배[伯父] 등을 듣기가 힘들었고, 酉谷里에서는 할뱀[曾祖父], 맏아배[伯父], 큰어매[祖母], 어맴(시어머니) 등 呼稱을 들을 수 있었다. 그리고 위의 대조표에 나타난 遠屯里의 呼稱은 38세의 이장이 意識的으로 대답한 것이어서, 아바이·어마이를 除外하면 法田里와 같아지고 말았다.

奉化郡 鳳城面 愚谷1里(우르실) 주민들의 대화에서도, 遠屯里 거주 팔순 老人과 비슷한 모습이 나타나고 있었다.

> 아지매, 아브지, 할미, 아제빨, 얼나
> 기(귀), 바늘을 지면(쥐면), 숩게(쉽게)
> 멧(몇), 민경(면경), 헹펜(형편)
> 에럽십니더(어렵습니다)
> 고마우이더(고맙습니다), 으스스하이더(으시시합니다)
> 아이껴?(아닙니까?), 머이껴?(뭣입니까?), 오딧껴?(오십디까?)

'-껴?'로 나타나는 것이 이상하기는 하지만, 이상은 첩첩산중 인가가 드문 우르실에서 들은 것들이다.

(3) 寧海지역

경북 東海岸 지역은 太白山脈이 浦項지역까지 뻗치고 있어서 태백산맥을 경계로 하여 言語·風俗 등 여러 가지 생활이 다를 것이라는 先入見을 갖기가 쉽다. 그러나 실지의 조사를 통하여 나타난 결과는, 너무나도 安東지역의 생활방식 및 언어와 비슷하여 우리들을 놀라게 하는 것이다. 이리하여 애당초 기대하였던, 海岸지역으로서의 特徵을 별로 찾아 볼 수 없게 되었지만, 새삼스러이 경상북도의 언어·문화생활에 있어서 安東지역의 影響이 얼마나 큰 것인가 하는 것을 알 수 있었다. 이것은 東海岸 지구의 전통있는 집안들이 주로 通婚을 安東·榮州·尙州 지역의 이른바 班村들과

하였고, 朝鮮朝 시대의 서울 往來 交通路가 安東을 經由하도록 되어 있었기 때문에 생긴 결과였다. 또 그 시대에는 陶山書院을 중심으로 한 儒教文化에 대해서도 상당히 欽慕하고 있었으므로, 이것도 言語生活에 反映되었을 것이다.

이 小稿에서 標本으로 잡아 본 寧海지역 주민들은, 한결같이 세 종류의 言語가 共存한다고 지적하였다. 즉 같은 寧海面이면서도 槐市洞(英陽南氏村, 호지마을)과 面所 소재지인 '읍내'의 城內洞 및 그 이웃인 閥榮洞, 그리고 漁村인 大津洞의 언어가 다르다고 한다. 이들 마을 사이의 거리는 도보로 10분 내지 20분밖에 안 걸리는 가까운 거리에 있다. 호지마을은 高麗시대부터 자리를 잡았다는 유래 있는 마을이며, 大津은 유명한 漁港이었다. 벌영동의 주민은 원래 자기네들도 班村이었다고 하나 여러 성씨가 거주하고 있었다.

이 地域 출신 人士는 분명히 세 마을의 언어가 다르다고 말하면서도, 구체적으로 제시하라면 고개를 갸우뚱한다. 閥榮洞 출신의 어느 人士(42세)는 1950년대 초까지만 해도 벌영동 거주 국민(초등)학교 아동들이 한 학교에 다니는 대진동 거주 아동들의 언어가 다른 것을 의식하고 있었다고 하나, 다음과 같은 차이밖에 제시하지 못했다.

표준어	槐市	읍내	大津
伯父	맏아배	큰아버지	큰아버지
고모	고모	아지매	아지매
잡수십시오	잡수소	드시소	
안녕히 가십시오	살펴 가시더		잘 가소
언제 왔습니까?	언제 와견니껴?	언제 왔습니까? 언제 왔는기요?	
물을 버리라	물 쏟으라	물 쏟으라	물 쏟질러라 물 쏘지거라

아이	아:	아:	얼라, 알라

필자의 몇 차례에 걸친 관찰에 의하면, 이들 마을의 차이는 역시 正確한 漢字音 發音(中部方言과 같은 것)의 與否, 口蓋音化 및 i 逆行同化의 存在 與否로 구별되는 것 같았다.11)

다음에 몇 가지 경우를 들어 보겠다.

① 二重母音

/w/系

표준어	槐市	大津
과자	과자	까자
과거	과거	가거
사과	사과	사과
이것 봐라	이것 바라	바라
솨:지	산지	사아지
기와집	기와집	지아집, 기아집
나왔지	나왔지	나왔지
좌석	좌석	자석
좌우	좌우	자우
권가	권가	곤가
이게 뭣이냐	이게 머고	이게 머고
원두막	웨막	웬두막
원주(原州)	원주	원주
괭이	궤	켕

11) 安東지역과 마찬가지로 더러분(더러운), 더버라(더워라), 어드븐(어두운), 에러운(어려운), 치버(추워), 치분(추운), 마실(마을)과 같은 모습이 大津에서 나타나고 있었다.

궤짝	궤짝, 귀[kwi]짝	게짝

/j/系

표준어	槐市	大津
갸름하다	갸름하다	자름하다
모양	모양	모양
향교	향교	행교, 항교
겨울	겨울, 기울	겨을에
작년에	작년에	작년에
며느리	며느리	메느리
면장(面長)	면장, 멘장	멘장, 민장
죽변	죽변	죽벤
병풍	병풍	벵풍
여기	여기	여기
평해	평해	펭해
평안도	평안도	펭안도
요새	요새	오새
차표	차표	차포
혀	헤, 쎄	세
형	형	힝이, 성
현반	현반	선반
효자(孝子)	효자	소자
흉년(凶年)	흉년	숭년
계수	계수, 제수	기수, 지수
예의(禮儀)	예이	예이
예안(禮安)	예안, 이안	이안
은혜	은혜	은헤

/wi/

표준어	槐市	大津
귀	kwi	기
귀신	kwi-sin	구신
뒤	twi	디, 디집다
위험	wit'Et'a	우염타
쥐	tʃwi	지
쥐었다		tʃi:t-ta

[e]와 [ɛ], [ɨ]와 [ə]의 구별이 모두 분명치 않고, [ɨj]는 [ɨ]나 [i]로 나타내고 있으면서도(보기 : 義理 으리, 이리. 醫師 으사, 이사.), /j/系와 /w/系(/wi/ 포함) 二重母音은 대개의 경우 한 마을에서는 정확하게, 그리고 또 한 마을에서는 單母音으로 나타나고 있다.

이제 方言語彙調査表에 의거하여 세 마을의 차이를 밝혀 보겠다. 예는 표본적인 몇 개씩만 보인다.

② 家族呼稱

표준어	槐市	읍내	大津
할아버지	큰아브지, 큰아배	할배	할배
아버지	아배	아뱀	아브지
시아버지	아뱀	아뱀	시아바이, 시아바님
어머니	어매	어무이	어무이
시어머님	어맴	어매	시어마이
큰어머니	맏어매	맏어무이	맏어무이
계수	계수	제수	제수
형	형님	형님, 성님	성님, 힝

오라버니	오라비	오라버니	오라배
누님	누님	누나	누부(누부요)
형부	새아제	새아저씨	형부
아기	아이	얼라	얼라, 아:

③ 人倫・人體

표준어	槐市	읍내	大津
귀머거리	먹보	막보	막징이
점장이	점쟁이	무끄리	점징이
대장간	베름칸	대증칸	대장쟁이
곱슬머리	꼬시락머리	꼬시매머리	꼬슴머리
거지	걸배이, 얻어먹시	동냥바치	거리지, 걸빙이
눈두덩이	눈떠부리	눈꺼부리	눈뚜버리
입술	입술	입술	입수부리
무르팍	무릎종지	무릎종지	무릎정개
배꼽	배꾸무	배꾸미	배꾸녕

가족호칭뿐만 아니라 人倫・人體에 관한 어휘 가운데에도, 마을에 따라 차이를 보여 주고 있다. 정확하게 조사하지 못한 탓인지 몰라도, 다른 지역에서는 이웃한 마을끼리 이렇게 큰 차이를 보여 주는 것 같지는 않았다.

④ 口蓋音化

표준어	槐市	읍내	大津
계수	계수씨	제수씨	제수씨

갸름하다	갸름하다		자름하다
기와집	기와집	기와집	지아집
김	김, 짐	김, 짐	짐
흉년	흉년		숭년
힘	힘, 심	심	심

大津洞의 언어에서, 우리는 口蓋音化된 단어들의 예를 가장 많이 들을 수 있었다.

⑤ i 逆行同化

표준어	槐市	읍내	大津
남의 것	남이 꺼	남으 해	내미 꺼
주머니	주머니		주메이
대장간	베름칸	대증칸	대장쟁이
가깝다	가직다	가직다, 개죽다	개직다
미꾸라지	미꾸락지		미꾸래지
어렵다	어렵다, 에렵다	에렵다	에렵다

호지마을에서도 '에렵다', '에려버서'와 같은 모습이 나타났지만, 확실히 大津洞에서 i 逆行同化의 예를 많이 들을 수 있었다. "바램[風]이가 불어서", "부채(부처)가 서 있어", "낭개(나무)가"와 같은 것도 많이 쓰인다.

⑥ 活用語尾

東海岸에는 江口·大津·병곡·厚浦·箕城 등 여러 漁村들이 연달아 있다. 이들 마을 언어의 특색은 그 活用語尾에 있다고 한다.

표준어	非漁村	大津 등 漁村
주무신다	주무신다	지무신다
주무십시오	주무시소	주무시소
갔습니까	갔니껴	갔니꺼, 갔능기요(갔능교)
잡수시었습니까	잡수셋니껴	잡숬습니까, 자셨능기요(자셨능교)
	잡쉈니껴	잡숫니꺼

결국 여기서의 차이라는 것도 疑問形 '-니껴'와 '-니꺼?', '-능기요'의 차이에 있다. 다른 어미는 '-니더'가 일반적이다(보니더, 하니더, 보시더 등).

⑦ 된소리

된소리가 많이 나타나는 것은 이 지역방언의 공통적인 특색이다. 구태여 구별한다면 '槐 볼태기', '읍 빰', '大 뽈'로 나타나지만, 나머지는 거의 공통적이다. 예를 들어 보겠다.

ㄲ 꼬치장, 꾸맨다(깁는다), 베껴, 누구 꺼라예, 법먹구 가래이

ㄸ 딸, 떡, 띠장(된장), 뜰배기(드레박), 땡겨가자, 말뚝

ㅃ 삐아리(병아리), 빼긴다, 붙여쁘고(붙여 버리고), 볶은밥

ㅆ 쌀, 씨, 보리쌀, 좁쌀

ㅉ 문짝, 짝지(지팡이), 알짜, 짠지, 쪼개다

이것도 호지마을 人士에 의하면, 大津 쪽에 더 많이 나타난다고 한다. 槐 볶다, 大 뽂다. 槐 볶은 밥, 大 뽂은 빱. 槐 밥주걱, 大 빱주걱. 이런 현상이 반영된 것인지 浦項 시내의 어느 식당에는 '뽂음밥'이라고 써 있었다. 大津 거주 한 老人(70세)은 석 쨩(장), 두 찝(집), 멫 딸(몇 달), 뜰박(드레박), 꼬치깔로(고춧가루로)와 같이 발음하고 있었다.

3. 맺는 말

근래 우리나라에서도, 地域的·村落別·年齡別·敎育水準別·社會構成員別로 言語가 달리 쓰이는 것을 세밀히 관찰하는 研究傾向이 늘어나고 있다. 이를 言語社會學(社會言語學)的 考察이라고들 하는데, 이 小論은, 본격적으로 깊이 고찰한 것이 아니라 序說 格으로 概略的인 고찰을 꾀해 본 것에 지나지 않는다.

경북 일대의 언어생활을 살피면서 느끼는 것은, 우선 무엇보다도 각 촌락의 歷史(來歷)를 세밀히 알아야 한다는 점이다. 우리가 그 마을의 내력을 모르고서는 그 마을의 언어를 알 수 없다. 다음으로 중요한 것은, 그 마을 구성원들을 정확하게 분류 파악하는 일이다. 오늘날 이 지역의 언어도 날로 변하고 있어서, 한 집에 사는 60대와 40대 이하의 언어가 다르다.

(그림을)그린다	60대	기린다	기레라
	40대 이하	그린다	그려라

이와 같은 構成員에 대한 정확한 分析 없이 그 마을의 언어라고 말할 수는 없을 것이다. 더군다나 전연 그 지역의 실정에 어두운 다른 지방 사람이 잠시 동안 피상적으로 살펴보고서 이러쿵저러쿵 결론을 내린다는 것은, 참으로 위험한 일이라고 여긴다. 그러므로 이 글은 어디까지나 하나의 試論이며, 概說的인 것이다. 지금까지의 고찰에서 얻어진 결론은 다음과 같다. 즉 몇 마을 사이의 언어가 다르다는 것은,

① k-口蓋音化 현상의 有無

② 正確한 漢字音의 發音 與否

③ i 逆行同化 현상의 有無

④ 家族呼稱上의 차이 有無

⑤ 疑問形 活用語尾의 차이 有無

⑥ 된소리 사용의 정도 차이

등으로 구별지을 수 있다. 종래의 이른바 班村이었던 촌락에서는, 漢字교육의 傳統, 빈번한 서울 往來, 다른 지역 반촌과의 通婚 등으로 비교적 正確한 漢字音을 발음하고, 독특한 家族呼稱을 사용하며, k-口蓋音化 현상이 안 일어나고 있다는 점을 들 수 있다. 이에 비하여 다른 마을의 주민들은 그 地域方言의 自然的인 變化 추세를 좇아서 변화된 대로의 언어를 자유스럽게 쓰고 있다고 할 수 있다. 따라서 경북 安東·奉化·寧海 지역의 언어는 後者에 더 重點을 두고 調査를 실시해야 실태를 파악할 수 있을 것으로 여겨진다.

이 글의 목적은 각 마을 언어 사이의 차이를 밝혀 보려는 데 있었으므로, 음운론적 고찰 같은 것을 깊이 하지 않았다. 더 본격적으로 고찰할 때에는, 이런 모든 면에 관한 고찰이 필요할 것이다.

(『成大論文集』 22, 1976, 成均館大學校)

참고 문헌

李翊燮(1970), 「全羅北道 東北部 地域의 言語分化」, 『語學硏究』 6-1, 서울大 語學硏究所.

成均館大學校國語國文學科(1966), 『第1次3個年計劃安東文化圈學術調査報告書』.

________________________(1969), 『第2次3個年計劃安東文化圈學術調査報告書』.

野林正路(1971), 「少年·少女期의 二重言語生活」, 『言語生活』, 1971년 가을호, 筑摩書房, 東京.

Peter Trudgill, Sociolinguistics : An Introduction(1974)

[土田 滋 日譯, 『言語와 社會』, 岩波新書, 1975.12.]

中國에서의 方言研究

1. 中國의 方言

중국 대륙은 유럽 대륙보다도 넓고 인구가 많으며 종족이 복잡한 까닭에 이 지역 안에서 사용되고 있는 언어도 상당히 많은 수에 달하고 있다.

이 지역 안에서 살고 있는 민족은 전인구의 90% 이상이 漢族이며, 그 밖에 50여의 소수민족이 있는데, 이들이 사용하는 언어를 대개 다음과 같이 분류한다.

1. 漢藏語族(Sino-Tibetan Family)
   - (1) 漢語系(Chinese)
   - (2) 洞臺語系 : 貴州 · 廣西 일대에서 사용
   - (3) 苗傜語系
     - 苗語 : 雲貴高原과 베트남 · 타이 · 버어마 등지
     - 傜語 : 兩粵 山地와 雲南 · 베트남 · 타이 등지
   - (4) 藏緬語系(티베트 · 버어마語群)
2. 南亞語族(Austro-Asiatic Family) : 雲南 서남부
3. 阿爾泰語族 (Altaic Family) : 중국 북부 : 新疆 · 蒙古 등지
4. 印歐語族(Indo-European Family) : 新疆 서남부
5. 南島語族(Austronesian Family) : 臺灣 高地 등

이 가운데서 현대 漢語의 방언은 다음과 같다.

1. 北方官話 : 淮河와 終南山 이북 萬里長城에 이르는 一帶, 그리고 東北 3省(만주). 이를 다음과 같이 兩分하기도 한다.
   北方方言(北方官話) : 河北, 河南, 山東, 東北 3省, 內蒙古 일부
   西北方言(西北官話) : 山西, 陝西, 甘肅省과 青海, 寧夏, 內蒙古의 각 일부
2. 西南官話 : 雲南, 貴州와 湖北省의 대부분, 그리고 湖南省의 西部와 廣西省의 일부.
3. 下江官話(江淮官話) : 江蘇省 北部, 安徽省 中部, 그리고 湖北省과 江西省의 일부.

이상의 官話 분포 구역은 漢語지구의 4분의 3을 점하고, 사용 인구는 한어 인구의 70% 이상을 차지하고 있다. 中原에서 멀리 떨어진 雲南・貴州에서 관화가 사용되고 있는 것은 明・淸 시대에 四川을 통하여 개발이 이루어진 결과다.

官話音系 지역은, 한족이 역사상 일찍부터 정치・경제・문화의 각 분야에서 주요한 자리를 차지해 왔다. 여기에서 한족의 공통어 같은 것이 생겨나서, 현대의 北京방언과 같은 체계를 갖게 된 것은 唐나라 중기 이후의 일이었다. 일부 唇音의 輕唇音化(p->f- 등), 介音・韻尾의 단순화, 주모음의 단순화, 성조의 陰陽調의 분열 등 북경방언을 특징짓는 성질은 모두 이 시기 이후의 변화로 생긴 것이다.

五代경부터 관화음계의 중심이 東으로 옮겨가는 경향을 보이어, 北宋때에는 汴京(開封)이, 金때에는 中都(북경)가 중심이 되었으며, 다시 元나라가 大都(북경)를 수도로 정함에 따라 북경의 위치는 더욱 확고한 것이 되었다. 그 문화적 배경이 된 것은, 宋의 話本, 元의 戲曲, 明淸의 小說 등 훌륭하고도 수많은 白話文學 작품이었으며, 官話(Mandarin, 原義는 官吏)라

고 불리게 된 것은, 明清 이래 관리의 공용어로 쓰였기 때문이다. 그러나 현대의 표준어와 같은 규범력은 없었다고 한다.

4. 吳語 : 江蘇省의 楊子江(長江) 이남 지역, 浙江省의 대부분. 이 중에서 常州, 蘇州, 上海, 杭州, 嘉興, 湖州, 寧波, 紹興, 嚴州 등지는 순수한 吳語 구역이며, 衢州, 處州, 溫州 등지는 변화가 심한 吳語의 변두리 지역이다.

   吳語 지역은 東晋의 南遷(4세기 初경) 이래 漢族문화 중심점의 하나이었고, 근대에 이르러서는 上海라는 세계적인 대도시가 발달되어 吳音系는 중요한 자리를 차지하고 있다. 사용 인구는 약 4,600만 명이다.

5. 客家語 : 江西省 남부와 廣東省 동부가 그 주요 분포 지역이며, 福建省 남부, 湖南, 廣西, 四川, 臺灣의 各省에 산재해 있고, 동남아 화교 중에도 客家人이 많다.

   客家語는 다른 音系처럼 일정 지역에 분포되어 있지 않고, 각지에 '방언의 섬'을 만들고 있다. 전국의 客家 거주 縣은 127縣으로서, 순수한 客家縣은 32, 다른 방언과 雜居하고 있는 客家縣은 95이며, 廣東省 동북부의 중심인 梅縣방언을 보통 표준어로 삼고 있다. 사용 인구는 2,000만 명이다.

6. 贛語(공어) : 江西省 贛江 유역, 湖北省 동남과 福建省 서북의 邊境 일대.

7. 閩語(민어) : 閩南語와 閩北語로 나누이는데, 민남어는 복건성 厦門(아모이), 漳州, 泉州와 廣東省 潮州, 汕頭 일대, 臺灣, 海南島, 中南半島와 南洋 일대에 분포되어 있고, 민북어는 福州語가 중심이 되어 閩江 유역과 三都澳(복건성 북부의 항구 이름) 연안 일대에 분포되어 있다. 사용 인구는 약 4,000만 명인데, 민남어 사용 인구가 절대 다수를 차지하고 있다.

8. 粵語(월어) : 廣東語라고도 하며, 광동성의 중부, 서남부와 廣西省의 동남부, 그리고 해외 華僑 사회에서 쓰이고 있으며, 廣州市가 중심이다. 사용 인구는 약 2,700만 명이다.
9. 湘語(상어) : 湖南省 湘江, 資水와 沅江 유역에서 쓰이고 있다.

이상에서 열거한 한어 방어의 특징을 들어 보면 다음과 같다.

1) 北方官話

(1) 中古音의 유성폐쇄음, 유성파찰음, 유성마찰음이 전부 무성음으로 변했다.
(2) 聲母에 권설음이 있고, 韻母에 r化 현상이 있다.
(3) 鼻音韻尾 -m이 없고, 入聲韻尾 -p, -t, -k가 없다.
(4) 聲調는 대체로 陰平, 陽平, 上聲, 去聲 등 4개 성조이며, 中古音의 入聲調는 陰平, 陽平, 上聲, 去聲으로 分入되었다.
(5) 體系 전체가 여러 방언 중 가장 簡單하다.

2) 西南官話

北方官話와 대체로 같으며, 다른 점은 다음과 같다.

(1) 韻母에서 əŋ과 ən을 혼동하여 '徵'을 '眞'으로, '庚'을 '根'으로 발음하고, iŋ과 in을 혼동하여, '驚'을 '斤'으로, '京'을 '巾'으로 발음한다.
(2) 金沙江, 泯江 유역으로부터 四川의 嘉陵江 以上에서는, 성조가 陰平, 陽平, 上聲, 去聲, 入聲 등 5개調이며, 湖北省 동부에는 陰平, 陽平, 上聲, 陰去, 陽去, 入聲 등 6개調인 곳도 있다. 다른 지역의 성조는 北方官話와 마찬가지로 陰平, 陽平, 上聲, 去聲 등 4개調이나, 中古音의 入聲이 모두 일률적으로 陽平으로 되어서, 北方官話의 '入派三聲'과는 같지 않다.

3) 下江官話(江淮官話)

北方官話와 다른 점은 다음과 같다.

(1) 韻母에서 əŋ과 ən을 혼동하고, iŋ과 in을 혼동하여, '根'을 '庚 kəŋ'으로, '巾'을 '京 tɕiŋ'으로 발음한다.

(2) 성조는 陰平, 陽平, 上聲, 去聲, 入聲 등 5개調인 지역과 陰平, 陽平, 上聲, 陰去, 陽去, 入聲 등 6개調인 지역이 있는데, 모든 入聲韻尾는 聲門閉鎖音 [ʔ]이다.

4) 吳語

(1) 中古音의 全濁音에 대응되는 有聲音 성모를 가지고 있으며, 이들은 帶氣音이다.

(2) 單母音이 풍부하며 複母音이 적다.

(3) 鼻音韻尾는 -ŋ 하나뿐이다.

(4) 성조는 陰平, 陽平, 上聲, 陰去, 陽去, 陰入, 陽入 등 7개調인데, 어떤 지역에서는 上聲까지도 陰陽으로 나누이어 있다. 入聲字 운미는 모두 성문폐쇄음 [ʔ]이다.

5) 客家語

(1) 中古音의 全濁音이 平聲, 仄聲을 막론하고 모두 無聲帶氣音으로 변했다. 예를 들면 '停'과 '定'의 성모는 모두 t'-이며, '平'과 '病'의 성모는 모두 p'-다

(2) 中古의 非・敷・奉母(이상 脣輕音)뿐만 아니라, 曉・匣母 合口字도 f-로 발음된다.

(3) 中古音의 微母(脣輕音)와 影・喻$_3$母 合口字도 v-로 발음된다.

(4) 平上去聲은 兩唇音 鼻音韻尾 -m을 보존하고 있어서, '金 kim', '甘 kam'과 같이 발음한다.

(5) 入聲은 아직도 中古音의 -p, -t, -k 운미를 보존하고 있어서, '鴿 kap',

'日 ȵit', '錫 siak'과 같이 발음한다.

(6) 성조는 대체로 陰平, 陽平, 上聲, 去聲, 陰入, 陽入 등 6개調인데, 去聲이 陰去, 陽去로 된 곳도 있다.

(7) 文言音과 口語音의 差가 크다.

6) 贛語(공어)

이 方言의 특징은 대체로 客家語와 비슷한데, 다만 북부(鄱陽湖 일대)에서는 연속적으로 말을 할 때, 언제나 無聲有氣音을 有聲音으로 발음하는 경향이 있다.

7) 閩語(민어)

閩北語

(1) 中古 舌上音의 '知, 徹, 澄'을 모두 舌尖破裂音 t-, t'-로 발음한다.

(2) 中古音의 全濁音은 모두 無聲無氣音으로 변하여, '平', '並'이 모두 p-로 발음된다.

(3) 脣齒摩擦音은 모두 兩唇破裂音과 鼻音으로 발음된다. 즉 聲母에 f-가 없는 것은 閩音系뿐이다.

(4) 中古音 平上去聲의 -m, -n, -ŋ 운미는, 민북어에서 가끔 -ŋ 운미 하나가 된다. 入聲韻尾는 -k뿐인데, 때때로 성문폐쇄음 -ʔ으로 변하기도 한다.

(5) 성조는 陰平, 陽平, 上聲, 陰去, 陽去, 陰入, 陽入의 7개調다.

閩南語

(1) 中古 舌上音 '知, 徹, 澄' 三母字는 모두 舌尖音 t-, t'-로 발음되며, 脣齒摩擦音은 모두 兩唇破裂音 p-, p'-로, 中古의 兩唇鼻音 m-는 b-로 발음된다.

(2) 中古音의 全濁音 중 b-로써 中古音의 m-을 대신하게 된 것 이외에는, 대개 無聲音으로 변하였다.
(3) 鼻音韻尾 -m, -n, -ŋ과 入聲韻尾 -p, -t, -k를 갖추고 있는 데다가, 鼻音化韻尾 -N, 聲門閉鎖音 -ʔ 운미를 가지고 있다.
(4) 성조는 陰平(高平調), 陽平(上昇調), 上聲(下降調), 陰去(低平調), 陽去(中平調), 陰入(低平短調), 陽入(高平短調) 등 7개調다.

8) 粵語(월어)

(1) 聲母가 비교적 간단하다.
(2) 半母音 j-와w-가 있다.
(3) 長母音과 短母音의 대립이 있다.
(4) 鼻音韻尾 -m, -n, -ŋ과 入聲韻尾 -p, -t, -k를 모두 갖추고 있다.
(5) 성조가 가장 복잡하여 陰平(高平調), 陽平(低平調), 陰上(中昇調), 陽上(低昇調), 陰去(中平調), 陽去(中低平調), 上陰入(高平短調), 下陰入(中平短調), 陽入(低平短調) 등 9개調다.

9) 湘語(상어)

(1) 中古의 全濁音이 일부 지역 내에서는 有聲音을 보존하고 있고, 일부 지역에서는 얼마 전까지 有聲音이었던 모습을 보여 주고 있다.
(2) 入聲을 아직도 보존하고 있고, 성조는 陰平, 陽平, 上聲, 陰去, 陽去, 入聲(일부 지역에서는 陰入, 陽入) 등 6~7개調다.

2. 중국 방언조사의 역사

1) 20세기 이전

春秋戰國시대에 중국은, 비록 여러 諸侯國으로 분열되어 있었으나 차츰 하나의 공통적인 문화가 형성되어서, 각 지방의 방언 이외에 일종의 共通語(普通話)가 형성되어 있었다. 이것은 周나라 鎬京(陝西省 長安縣 西)의 音을 표준으로 한 것으로서, 이를 '雅音'이라고 불러 당시의 교양인은 다 이를 말할 수 있었다. 孔子는 魯國에서 生長하여 평일에는 魯國語를 사용하였으나 讀書와 典禮 거행 때에는 雅言을 사용하여, 『論語』「述而」篇에서도 "子所雅言, 詩書執禮, 皆雅言也."라고 하였다.

秦代에 이르러 秦始皇은 文字의 통일을 단행하고, 周代의 雅言을 이어받아 공통어로 삼았는데, 漢代에도 이를 이어받아 사용한 것으로 보인다. 그래서 中國方言史上 가장 먼저 귀중한 자료를 제공해 주고 있는 漢代 揚雄(B.C.53～A.D.18) 著 『方言』에서는 '通語, 凡語, 通名' 등 이름으로 漢代 共通語를 불렀다.

dialect를 '方言'이라고 번역하는 語源은 揚雄의 저서 이름에서 나온 것인데, 이 책에 입각해서 漢代의 方言區劃을 다음과 같이 나누고 있다.

(1) 秦・晋	(2) 梁과 西楚
(3) 趙와 魏의 西北	(4) 宋・衛와 魏의 一部
(5) 鄭・漢・周	(6) 齊・魯
(7) 燕・代	(8) 燕의 北邊과 朝鮮
(9) 東齊・靑・徐	(10) 陳과 楚의 一部
(11) 南楚	(12) 吳・揚・越
(13) 秦・晋의 北邊	(14) 西秦

양웅은 西漢의 수도 長安이 있었던 秦・晋方言에 관하여 가장 상세히 기술하였는데, 이것은 이 지역어가 秦代와 마찬가지로 標準語的인 위치에 있었기 때문이었다.

隋나라 陸法言은 魏・晋・六朝時代의 韻書를 집대성하여 『切韻』(601)을 편찬하고, 그 序文에서 당시의 方言區劃을 吳楚(揚子江 中・下流), 燕

趙(河北, 山西), 秦隴(陝西, 甘肅), 梁益(四川) 등 4大 方言區劃 외에, 洛陽과 金陵의 두 가지 標準的 方言을 제시하였다. 이것은 漢語의 중심이 점점 東으로 이동하는 동시에, 세력 범위가 南으로 뻗어나가고 있던 발전 방향을 말해 주는 것이었다.

『方言』은 어휘 중심으로 각지 방언을 수록한 것인데, 『切韻』은 체계적으로 음운을 기술한 것으로서, 漢語音韻學은 이 책을 기점으로 하여 발달하게 되어 唐代 孫愐의 『唐韻』, 李舟의 『切韻』 등이 이 계통을 이어받은 운서이었다. 宋代에 이르러 陳彭年 등이 다시 隋唐 운서를 이어받아 『廣韻』을 지었는데, 송 이후 元・明・清 등 1千餘年 동안 문인의 作詩・作賦와 정부의 科擧 등은 모두 『廣韻』 계통의 운서를 표준을 삼았으므로, 이 音系(讀書音)가 全國 共通語의 구실을 하였다. 이와 별도로 수도 중심의 언어는, 周・秦・漢・魏・西晋・唐 시대의 수도인 長安 또는 洛陽, 그리고 그 근방에 있는 宋代의 開封으로부터 9세기 말 이래의 수도인 북경으로 옮겨와서 北京方言이 현대 표준어의 기초가 되었다.

엄격한 의미로 말한다면 中國語音史에서 口語史에 관한 자료는 없고 字音史에 관한 자료밖에 없다고 하는데, 그래도 北宋 때 洛陽사람 邵雍(1011~1077)의 『皇極經世聲音唱和圖』와 南宋代에 작성된 『切韻指掌圖』(1176~1203)는, 그 시대의 中原 標準音을 반영한 것으로 보고 있다. 元代에 이르러 당시 북경에 유행하던 元曲을 바탕으로 하여 周德淸이 지은 『中原音韻』(1324)은, 당시의 華中・華北 共通語의 音系를 반영한 것으로서, 현 북경방언의 몇 가지 주요 특징을 보여 주고 있다.

이러한 운서 이외에, 중국 각지의 방언에 대하여 언급한 것으로는 다음과 같은 것들이 있다.

明 張 位 『問奇集』 안에 각지 鄉音 기록.

清 潘 耒 『類音』 1卷과 『遂初堂文集』 卷 3에서 南北音을 논함.

李汝珍　『李氏音鑑』 卷4에서 南北 方音을 논함.

胡　垣　『古今中外音韻通例』 卷7의 「方音分類譜略例」 등에서 方言을 논함.

勞乃宣　「等韻一得」·「外篇雜論」 중에서 方言을 논함.

劉獻廷　『廣陽雜記』 卷3에서 方言 기록.

張位는 8개 지방의 方音을 객관적으로 기록한 것이고, 胡垣은 江北方音과 다른 지방음을 비교한 것이다. 潘耒와 勞乃宣은 南北音의 장점을 모아 표준음을 정하려는 태도였는데, 方言을 訛謬로 본 것에는 袁子讓의 "方語呼音之謬", "方語呼聲之訛"(이상 『字學元元』 卷8 所收), 錢大昕의 "聲相近而譌"(『十駕齋養新錄』 卷5 所收) 등이 있다. 陳澧는 "廣州音說"(『東塾集』 卷1 所收)에서 廣州音을 가지고 隋唐 韻書音을 추정하려고 하였는데, 이상은 모두 當代의 산 언어를 대상으로 한 것이었다. 傳記나 雜錄 중에 古代 기록을 인용하여 方言을 기록해 놓은 것으로는

顧炎武　方音條(『日知錄集釋』 卷29)

錢大昕　聲相近而譌·元時方音條(『十駕齋養新錄』 卷5)

李汝珍　古人方音論條(『李氏音鑑』 卷4)

李　鄴　方音條(『切韻考』 卷1)

등이 있으며, 이 밖에도 各 地方志와 筆記 중에 상당히 많다.

또 각지의 方音을 바탕으로 해서 편찬한 민간 운서로는 福州의 『戚林八音』, 『正音通俗表』, 漳州의 『十五音』, 雲南의 『韻略易通』, 河北 일대의 『五方元音』, 山東 일대의 『十五音』, 『韻略匯通』 등이 있다.

2) 20세기 이후

西洋과 國交가 열린 이후 서양과의 교섭이 빈번해져서, 外交官이나 宣

教師의 왕래가 잦아지자 일부 선교사 가운데에는 서양의 表音文字를 가지고 中國方音을 기록한 이들이 있었다. 北京音을 적은 F. Thomas Wade의 『語言自邇集』, H. A. Giles의 『漢英大字典』, 廣州語를 적은 E. J. Eitel의 『廣州方言字典』 등 이루 열거할 수 없으나, 이 중에서도 B. Karlgren(高本漢)의 「方音字彙」(1926년에 출판한 그의 『中國音韻學研究』-原名 *Êtudes sur la phonologie chinoise*-의 끝 부분)가 가장 본격적으로 방언을 다룬 것이었다. 「方音字彙」에는 26種의 方音(韓國·日本·越南 漢字音 포함)이 수록되어 있는데, 이 중에서 山西·陝西·甘肅·河南 등 4개 省 17種 方音은 Karlgren이 직접 조사한 것이다. 그러나 그의 조사목적은, 이들 方音을 기초로 해서 『切韻』 音系를 재구하려는 것이었으므로, 배열법도 韻圖의 攝과 韻을 기준으로 한 것이었다.

중국인들이 현대언어학의 지식을 가지고 현대漢語의 방언에 대하여 조사를 개시한 것은, 1924년부터의 일이었다. 同年 1월 26일에는 北京大學에 方言調査會가 성립되고, 同年 5월 '方音 字母'를 정해서 北京·蘇州·紹興·福州·績溪·南陽·黃岡·湘潭·昆明·廣州·潮州·厦門·成都·焦嶺 등 14개 方音을 표기하여 실례를 보이었다. 또 同年 3월 파리에서 實驗音聲學 방법으로 漢語의 성조를 연구한 劉復의 『四聲實驗錄』이 출판되었는데, 劉復은 귀국 후 北京大學에 音聲學 실험실을 설치하여 方音을 과학적으로 연구하는 데 이바지하였다. 1925년 10월 18일에 魏建功은 北京大學 懇親會 席上에서 "到底怎麽樣"이라는 한 마디의 33개 方言을 국제음성기호로 표기하여 실례를 보이었다. 이러한 분위기 속에서 최초로 본격적인 조사서를 출판한 것은 趙元任의 『現代吳語的 研究』(1928, 淸華大學出版)이었다. 趙元任은 江蘇省 동남부와 浙江省 동북부 대부분에 걸쳐 33개 吳語 方言點을 조사했으나 조사결과를 전부 발표하지 않고, 일부 例字만을 가지고 『廣韻』과 비교했을 따름이었다.

中央研究院 歷史語言研究所가 성립된 이후, 1928년 11월부터 1929년 2월까지 廣東과 廣西省에서 22개 지역에 대한 제1차 방언조사를 실시하였

고, 1930년 8월에는 海南島 내 8개 지역의 方音을, 1933년 3월부터 8월까지에는 白滌洲가 陝西省 내 42개 縣 方音을 조사하였다. 1934년 6월부터 8월까지에는 羅常培가 安徽省 남부 46개 지점의 方音을 조사하였고, 1935년에는 中央硏究院 歷史語言硏究所에서 전국적인 方言調査를 계획하고 方言地圖 작성까지도 계획했었다. 그래서 1935년 봄에는 우선 江西省 方言을, 同年 가을에는 湖南省 方言을 조사하였으며, 1936년 5월에는 湖北省 方言을 조사하였다. 日帝의 침략으로 全國方言調査計劃을 완전히 전부 실천에 옮길 수는 없게 되었으나, 抗日戰爭 중의 惡條件 下에서도 1940년 3월부터 5월까지 雲南省 98縣 내 123개 지점의 方言을, 그리고 1941년 10월과 11월에는 四川省 내 대부분의 方言을 조사하였다.

이 사이에 1930년에는 羅常培의 『厦門音系』(歷史語言硏究所[이하 '史語所'라 함.] 單刊 甲種之四), 1939년에는 趙元任의 『鍾祥方言記』(史語所單刊 甲種之十五), 1940년에는 羅常培의 『臨川音系』(史語所單刊 甲種之十七)가 출판되었다.

대일전쟁 승리 후 山西省 북부와 察哈爾省 南部 方言을 조사한 W. A. Grootaers(賀登崧)는 「中國語言學及民俗學之地理的硏究」("La Geographie Linguistique en chinois," 華裔學誌, Ms, 8, 1943:10, 1945)를 발표하고, 史語所가 너무 Phonetic law만 중시하고 산 언어를 소홀히 한다고 비평하였다.

이 비평에 답하기 위하여 董同龢는 1948년에 「華陽凉水井客家話記音」(史語所集刊 第19本, 1948, 上海)을, 趙元任은 1951년에 「臺山語料」(史語所集刊 第23本, 臺北)을, 董同龢는 1960년에 「四個閩南方言」(史語所集刊 第30本, 臺北)을 발표했는데, 모두 긴 對話와 이야기를 기록한 것이다.

한편 대규모적으로 실시되었던 方言調査 報告書가 출판되기 시작하여, 1948년에는 趙元任 등이 『湖北方言調査報告』(史語所專刊之18, p.1,574, 上海)를, 楊時逢이 1969년에 『雲南方言調査報告』(史語所專刊之56, p.1,838, 臺北), 『湖南方言調査報告』(史語所專刊之66, 1974, p.1,447)를 출판하였다. 다시 中國 大陸側에서는 1960년에 『江蘇方言槪況』(1960, 南

京),『四川方言音系』(四川大學學報 所載, 1960)가 출판되었고, 1961년에는『河北方言槪況』이 출간되었는데, 이상의 각 보고에는 모두 方言地圖가 붙어 있다. 1960년에 발간된『昌黎方言』(河北省 昌黎縣 縣誌編纂委員會 出版)은 1개 縣의 방언에 관한 조사 보고였지만 方言地圖가 붙어 있으며, 상당히 상세한 語彙分類表가 갖추어져 있다.

방언 중심 辭典으로는 黃伯飛 著『粵語詞典』(Parker Po-fei Huang, *Cantonnese Dictionary*, *Cantonese-English*, *English-Cantonese*, Yale University Press, New Haven, 1970, p.490)이 있고, 廣州語의 音韻에 관한 연구로는 Diana L. Kao의 *Structure of the Syllable in Cantonese*(Mouton, 1971, p.189), 橋本·余靄芹의 *Studies in Yüe Dialects* Ⅰ-Phonology of Cantonese(Cambridge University Press, 1972, p.755) 橋本萬太郎 *The Hakka Dialect*-A Linguistic Study of Its Phonology, Syntax and Lexicon(Cambridge University Press, 1973, p.580) 등이 있다. 이 밖에 개별 방언에 대하여 깊이 연구한 논문은 다음과 같다.

趙元任·楊時逢,「績溪嶺北方言」(史語所集刊 36本 上冊, 1965)

丁邦新,「如皐方言的音韻」(史語所集刊 36本 下冊, 1965)

楊時逢,「南昌音系」(史語所集刊 39本 上冊, 1969)

楊時逢·荊允敬,「靈寶方言」(淸華學報 新 9卷 第1·2期 合刊, 1971)

楊時逢,「臺灣美濃客家方言」(史語所集刊 42本 第3分, 1971)

丁邦新,「國語中雙音節並列語兩成分間的聲調關係」(史語所集刊 39本 下冊, 1969)

楊時逢,「江西方言聲調的調類」(史語所集刊 43本 第3分, 1971)

중국 대륙(중화인민공화국)에서는 1950년대에 표준어(普通話)를 보급시키기 위하여 대대적인 운동을 전개하였는데, 이 때 이 운동의 일환으로 각 지방의 方言과 표준어와의 對譯冊을 편찬하여 결과적으로는 각지의 방언을 수록한 자료를 제공하게 되었다. 王力編著『江浙人怎樣學習普通話』

(1955, p.72), 『廣東人怎樣學習普通話』(1956, p.167), 復旦大學方言調查工作編著 『上海人學習普通話手冊』(1958, p.112), 『嘉定人學習普通話手冊』(1959, p.90), 『海門人 · 崇明人 · 啓東人學習普通話手冊』(1959, p.96), 『南通人學習普通話手冊』(1959, p.112), 『松江人學習普通話手冊』(1959, p.91), 『如皐人學習普通話手冊』(1959, p.96) 등이 이에 속한다.

방언의 文法에 관한 연구로는, 馬悅然의 "The Syntax of Bond Forms in Sichuan"(遠東博物館刊, BMFEA 33, 1961, pp.125~199. 同人에게는 "Studies in Western Mandarin Phonology," BMFEA 34, 1962, pp.129~192도 있음.), 張洪年의 『香港粵語語法的研究』(香港中文大學出版, 1972), 李壬癸(Paul J. K. Li)의 "Two Negative Markers in Taiwanese"(史語所集刊 43本 第2分, 1971)가 있는데, 대개 構造主義 언어학 이론에 입각하여 쓰여진 것이다.

그동안 전국적으로 方言調査를 실시해 온 北京大學 中國語言文學系에서는 語言學教研室 이름으로 『漢語方音字滙』(1962, p.272)를 출판하여 8개 방언구획 내 17개 지역의 방언을 열거하였고, 다시 『漢語方音詞滙』(1964, p.460)를 발간하여 18개 지역의 예를 나열하였다. 이러한 기록과 『廣韻』을 비교하여 王士元과 鄭錦全은, 캘리포니아대학 언어학과 음성실험실의 言語分析報告(Project on Linguistics Analysis, Reports) 안에서 발표하였다.

과거에는 『切韻』이 중국 방언의 대부분을 포괄할 수 있고, 上古音의 재구도 이 切韻音을 근거로 해서 추정이 가능하다고 알고 있었다. 그러나 어떤 漢語의 방언 중에는 『切韻』의 音系에서 변해 내려오지 않은 것이 있다. 예를 들면 閩語인데, 민어는 보통 閩北語와 閩南語로 나누이며, 앞에서 설명한 바와 같이 福州語는 전자에 속하고 厦門語 · 潮州語 · 海南語는 후자에 속한다. 근래에 Jerry L. Norman은 비교언어학적 방법으로 原始 閩語의 聲韻을 재구하여 周秦시대의 上古音과 비교하고, 다시 원시 한어의 聲韻을 재구하였다. 이에 관련된 그의 업적으로는 「閩語聲調的演變」("Tonal

Development in Min," 麒麟, No. 7, 1971, pp.1~32),「閩東方言的初步報告」("A pre- liminary Rcport on the Dialects of Mintung", 麒麟, No. 10, 1972) 등이 있다. 그리고 橋本萬太郎는 董同龢의『四個閩南方言』을 근거로 해서 다시 閩南方言을 조사한 다음 早期 閩南語의 성운을 재구하기 위하여 海南島 閩南方言에 대하여 연구한 바가 있다.

言語年代學(glottochronology 또는 語彙統計學 lexical statistics)의 방법론을 가지고 중국어에 적용해 본 논문으로는 王育德의「中國五大方言の分裂年代の言語年代學的試探」(『言語硏究』 38, 日本言語學會, 1960, pp.33~105, 東京)이 있다.

이 밖에 방언을 개괄적으로 다룬 것으로는 丁邦新의『臺灣語言源流』(民族文化叢書, 臺北, 1970), 張琨의「漢語方音」(Kun Chang, "Phonological Aspect of Chinese Dialectology",『淸華學報』新 9卷 第1·2期 合刊, 1971) 등이 있으며, 周法高의「中國方言學發凡」(『中國語文硏究』所收, 1955), 易家樂(Søren Egerod)의 「中國方言學」("Dialectology", *Current Trends in Linguistics*, Vol. 2, 1967, pp.91~129), 袁家驊의『漢語方言槪要』(1960) 등도 중국방언학에 관한 개설서 내지 중국 방언 전반에 걸쳐 설명한 업적들이다.

또 방언 연구의 이론과 조사방법에 관한 업적으로는 다음과 같은 것들이 있다. 趙元任의 "A System of Tone Letters"(Le Mâitre Phonétique, Vol. 45, 1920, pp.24~27)은, 그 뒤의 여러 학자들이 널리 쓰게 된 5度의 字母式 聲調 符號(예를 들면 표준 漢語의 陰平調는 55調, 陽平調는 35調로 표시하는 것)를 제시한 것이고, 劉復이 1935년에 발표한『四聲實驗錄』(*Étude Expérimentale sur les Tons du Chinois, Paris & Peking*, 佛語本과 中文本 있음)은 최초로 중국인이 성조를 실험한 보고서였다(旣述). 趙元任의 "Tone and Intonation in Chinese" (「中國字調跟語調」, 史語所集刊 第4本, 1933, pp. 121~134) 및 "The Non-uniqueness of Phonemic Solutions of Phonetic Systems"(「音位標音法的多能性, 史語所集刊 第4卷 第4份, 1934, pp.367

~397)은 構造主義 언어학파의 중요한 하나의 업적이 되는 것들인데, 비록 일반 음성학과 음운론 분야에 관한 내용이었으나 예는 모두 중국 방언에서 취한 것이다. 趙元任의 「方言記錄中漢字的功用」(中央硏究院院刊 第1期, 1954, pp.117~128), 董同龢의 "The Conception of Initials and Finals and the Modern Theory of Linguistic Analysis"(中央硏究院院刊 第1期, 1961, pp. 681~691)는, 서구 언어학에서 子音과 母音으로 분석하는 방법과는 달리, 전통적인 중국음운학에서 聲母와 韻母로 분석하는 방법이, 중국 방언을 연구하는 데 있어서 얼마나 중요한가 하는 것을 설명한 논문이다.

趙元任은 1930년에 3,000자 정도로 『方言調査表』(史語所 出版)를 만들었는데, 이 표는 常用字를 가지고 中古音의 음운체계에 맞추어 배열해서, 방언과 표준어 및 中古音과의 대응규칙을 쉽게 알아볼 수 있도록 만든 것이다. 이 밖에 1,000자 정도로 간단한 표를 만들어서, 1個 省을 대규모적으로 조사할 때 사용하도록 하였다. 1956년에는 丁聲樹가 趙氏 表를 약 3,600자로 증보하여 『漢語方言調査簡表』(方言調査字表라고도 함, 中國科學院 語言硏究所 刊)를 만들었고, 1955년에는 中國科學院 語言硏究所에서 『方言調査詞彙手冊(어휘노트)』을, 1956년에는 丁聲樹와 李榮이 漢語方言調査字音整理卡片(카드)을 만들어서, 각지의 방언조사에 쓰도록 하였다. (이상 3종류는 중국 북경에서 나온 것이다.)

이상과 같이 중국 방언에 대한 과학적 조사는, 스웨덴人 칼그렌(Karlgren, 高本漢)에 의하여 시작되어, 그의 중국음운학에 관한 역사적인 업적이 1915년부터 발표되기 시작하였다. 그러나 그의 조사범위는 별로 넓지 않았었고, 조사 대상도 주로 字音에 국한되어 있었다.

중국사람들 손에 의한 조사는, 1928년에 中央硏究院 歷史語言硏究所가 창설된 이래, 1928년부터 1944년까지에 걸쳐 9個 省에 대한 조직적인 조사가 진행되었다. 이 사이에 1937년부터는 對日抗戰이 시작되어, 湖南·雲南·四川 등지로 옮겨 다니면서 西南方言과 少數民族의 언어에 대한 조사 및 연구를 진행하였다. 그러나 이 시기의 음운과 방언에 대한 연구는, Karlgren의 영향을 받은 바가 적지 않았다.

이 시기의 조사 보고는, 都市 方言에 관한 것이 단행본(史語所單刊)으로 출판되고, 湖北 全省, 雲南 全省, 湖南 全省의 방언에 관한 조사 보고가 1948년(『湖北方言』, 上海), 1969년(『雲南方言』, 臺北), 1974년(『湖南方言』, 臺北)에 각각 출판되었고, 나머지 자료는 현재 臺北中央硏究院 歷史語言硏究所에서 정리 중에 있다. 『雲南方言調査報告』는, 총 1,838페이지로서(旣述), 101縣 方言의 音韻調査表와 中古音과의 比較表, 이야기를 音寫한 것, 常用語彙表, 雲南方言의 특징과 각 지구 언어에 대한 개설, 운남방언의 특징을 11個 表로 나누어서 설명한 것, 그리고 65張의 方言地圖 등이 수록되어 있다. 다른 調査報告書의 내용도 수록방식은 비슷한데, 語法에 관하여 간단한 설명이 붙어 있기는 하지만, 주요 내용은 字音(漢字의 讀音)을 기초로 하고 音韻의 역사적 연구에 중점을 둔 것으로서, 현대인들의 산 언어에 대한 조사는 좀 소홀히 한 느낌이 있다는 평을 받고 있다.

北京에서 발간된 『方言調査字表』도 약 3,600자에 관한 讀音調査表이며, 그 속편인 『方言調査詞彙手冊』은 참다운 農村 方言을 조사하려고 기획한 것이다.

이 밖에 중국 경내나 인근 지역에서 사용되는 漢語 以外의 언어에 대한 조사가 두 갈래로 진행되었는데, 하나는 洞臺語, 藏緬語, 苗傜語 등 漢藏語族에 속하는 언어들에 대한 조사 연구이며, 또 하나는 臺灣南島語族에 대한 조사 연구였다.

李方桂는 일찍부터 洞臺語 硏究 분야에서 중요한 업적을 남기어, 『龍州土語』, 『武鳴土語』, 『莫話記略』 등 단행본 이외에, 10數 篇의 논문을 발표하였고, 貴州 羊黃語에 대한 3편의 논문과, 10數 種의 臺語를 이용하여 古代臺語를 재구한 *A Handbook of Comparative Tai*도 저술하였다.

苗傜語와 藏語에 대하여는, 張琨이 數篇의 논문을 발표하였고, 臺灣南島語族에 대해서는 李壬癸가 「魯凱語(Rukai) 結構」와 「魯凱語料」 등을

발표한 바 있다. (이상 1980.1.까지의 기록임. 『方言』 3, 1980, 한국정신문화연구원)

참고 문헌

羅常培(1963), 「漢語方言硏究小史」, 『羅常培語言學論文選集』, 北京, pp.142～156.

周法高(1977), 「二十世紀的中國語言學」, 『中國語言學論集』, 臺北, pp.1～35.

董同龢(1964), 『語言學大綱』, 臺北.

______(1968), 『漢語音韻學』, 臺北.

鍾露昇(1968), 『國語語音學』(3版), 臺北.

謝雲飛(1976), 『中國聲韻學大綱』(再版), 臺北.

丁邦新(1975), 「中央硏究院의 最近 十年來의 言語學硏究」, 『東洋學學術會議論文集』, 成均館大, pp.93～99.

『中國語學事典』(1958), 中國語學硏究會, 江南書院, 東京.

『中國文化叢書』(1967), <1 言語>, 大修館書店, 東京.

編輯後記

韓國語文教育研究會가 기획한 <語文叢書 1> 發刊 事業은 語文運動 및 語文政策에 관련된 글들을 수집하여 이 가운데 일부를 嚴選하여 發刊하는 사업으로서, 2006년 12월에 이 사업의 첫 번째 結實로서 <語文叢書 1-1 國漢混用論>과 <語文叢書 1-2 漢字教育論>을 출간한 바 있다.

<語文叢書 1> 시리즈가 語文運動 및 語文政策에 관련된 글들의 刊行事業이라면, <語文叢書 2> 시리즈는 斯界 碩學의 論稿들을 請託 刊行하는 事業이다.

2006년 가을 語文叢書編纂委員會는 <語文叢書 2> 시리즈의 첫 번째 사업으로 第四代 韓國語文教育研究會 會長을 歷任하고, 현재 社團法人 韓國語文會 副理事長을 맡고 계신 姜信沆 成均館大 名譽教授의 玉稿를 出刊하기로 결정하고, 이번에 <語文叢書 2-1 國語學散稿>라는 書名으로 出版하기에 이르렀다. 玉稿의 刊行을 許諾해 주신 선생님께 위원회를 대표하여 感謝의 말씀을 올린다.

<語文叢書 2>의 後續되는 사업으로, 初代國立國語研究院長을 역임하신 國語學界의 元老 故 安秉禧 서울대 名譽教授의 遺稿를 출판하기로 企劃되어 있다. 이 출판사업이 2006년 10월 25일 幽明을 달리하신 선생님에 대한 追慕가 되기를 삼가 祈願하며, 아무쪼록 <語文叢書 2> 시리즈의 發刊을 통해, 韓國語文教育研究會가 주장하고 있는 國漢混用論과 漢字教育論의 根本 趣旨가 널리 알려짐과 동시에 國語國文學界와 國語教育學界의 發展에도 크게 기여하게 되기를 기원하는 바이다.

2007년 2월 15일

語文叢書 刊行委員會 委員長
江原大學校 教授 南 基 卓
nkt@kangwon.ac.kr

姜信沆
忠南 牙山 出生
서울大學校 大學院 國語國文學科 文學博士
德成女子大學校 助教授, 成均館大學校 教授, 國語學會·韓國語文教育研究會 會長 歷任. 현재 成均館大學校 名譽教授, (社)韓國語文會 副理事長.
자랑스러운 서울인상, 韋菴學術賞, 世宗文化賞, 東崇學術賞, 제10회 용재상 수상.
저서로는 『國語學史』(1990, 보성문화사), 『鷄林類事 高麗方言 研究』(1990, 성균관대학교출판부), 『朝鮮館譯語 研究』(1995, 성균관대학교출판부), 『訓民正音研究』(1987/수정증보 2003, 성균관대학교출판부), 『한국의 운서』(2000, 태학사), 『韓國의 譯學』(2000, 서울대학교출판부), 『韓漢音韻史 研究』(2003, 태학사), 『오늘날의 국어생활』(2007, 박이정) 등이 있다.

語文叢書 [2]-1
國語學散稿

초판 1쇄 인쇄 2007년 3월 15일 **초판 1쇄 발행** 2007년 3월 20일
지은이 姜信沆 **편** 韓國語文教育研究會
펴낸이 朴成福 **펴낸곳** 圖書出版 月印
등록번호 제6-0364호 등록일 1998. 5. 4.
주소 142-879 서울특별시 강북구 수유2동 252-9
대표전화 (02) 912-5000 팩스 (02) 900-5036
e-mail worinnet@hanmail.net homepage http://www.worin.net

ISBN 978-89-8477-357-8 94710
ISBN 89-8477-337-9 (세트)

값 16,000원